U0501488

陪女儿上高三

一位教师妈妈的育女励志手记

莫春香 著

SPM 南方出版传媒

全国优秀出版社　全国百佳图书出版单位　📖 广东教育出版社

· 广州 ·

图书在版编目（CIP）数据

陪女儿上高三：一位教师妈妈的育女励志手记／莫春香著．—广州：广东教育出版社，2020.1
ISBN 978-7-5548-2955-4

Ⅰ．①陪…　Ⅱ．①莫…　Ⅲ．①女性—家庭教育
Ⅳ．①G78

中国版本图书馆CIP数据核字（2019）第178518号

责任编辑：杨利强
责任技编：姚健燕
装帧设计：喻　芳

陪女儿上高三——一位教师妈妈的育女励志手记
PEI NÜ'ER SHANG GAOSAN——YIWEI JIAOSHI MAMA DE YU NÜ LIZHI SHOUJI

广东教育出版社出版发行
（广州市环市东路472号12-15楼）
邮政编码：510075
网址：http://www.gjs.cn
广东新华发行集团股份有限公司经销
广州市金骏彩色印务有限公司印刷
（广州市荔湾区芳村东沙大道翠园路123号沙洛工业区C座）
787毫米×1092毫米　16开本　17印张　340 000字
2020年1月第1版　2020年1月第1次印刷
ISBN 978-7-5548-2955-4
定价：49.80元

质量监督电话：020-87613102　邮箱：gjs-quality@nfcb.com.cn
购书咨询电话：020-87615809

谨以此书献给天下父母及终将成为父母的孩子

学子推荐

本书没有一个辉煌盛大的结尾，它始终是恬淡柔和的，最后也结束在一团温柔的情绪中，撩拨起读者心中幽微的感动，却又让人不禁在这一团温柔中扬起微笑。

——北京大学学子　刘瑷碧

起笔诙谐幽默，落笔温情深刻，看似日常的母女相处情景背后饱含真知灼见。作者以细腻的笔调记录了女儿成长过程中的酸甜苦辣，也阐释出真正的教育应是平等尊重、春风化雨。无论是教育者还是被教育者，都能从中获益良多。

——中国人民大学学子　曾琬筠

本书不只是一个母亲的"育女心经"，也试图用真切的记录、灵动的文字唤起读者对自己及下一代成长中是非观念、伦理心理发展等方面的思考，对家庭内部沟通交流方式的探寻，以期每个人都能找到独有的良性相处方式。

——复旦大学学子　陈逸飞

该书虽以"育女"为主题，但也是一位良师、一位净友对我们年轻一代的忠告与劝诫：学会自尊、自爱、自强，做到爱国、爱家、爱人，"一腔热血"还需"兼听则明"，善良待人更要"外热内坚"。对于我辈学子，无疑是一堂阔别已久、振聋发聩的"人生班会课"。

——中国政法大学学子　谭哲豪

读这本书的时候，我会忘记自己是在阅读，反而像在听邻家母亲讲述自己陪伴女儿读高三时的心路轨迹，真切而令人着迷。

——西南财经大学学子　石昊东

目　录

前　言

为什么要写这些鸡零狗碎的东西？

　　很多年前的那个下午，我从粤东某小镇搭车回广州读书（研究生），罗先生抱着不满三岁的若安到车站送我。在我上车的那一刻，若安用稚嫩的声音说："妈妈，你要注意安全！"彼时彼景，只要回想，我都忍不住流泪。

　　有一次，我从广州回家，可能实在太累了，便早早上床睡觉。睡了一会儿醒来，发现若安躺在我左边，罗先生躺在我右边，两人都直瞪着眼睛看我。彼时彼景，只要回想，我仍是忍不住流泪。

　　研究生毕业找工作时，给我体检表的那个胖乎乎的女护士说我可能有地中海贫血，属于基因遗传问题，很难治，严重者需要干细胞移植。在回广州的大巴上，我给"死党"发短信，叮嘱他说，"万一我有个三长两短，你一定得答应我照看我们家若安"。彼时彼景，回想起来，我却忍不住苦笑。

　　我和罗先生都来自湖南农村，除了父母养大的身体外，其他一切都要靠自己。从湖南农村到粤东小镇，从粤东小镇到佛山这个可爱的城市，我和他的每一步，都不容易。

　　若安觉得她很幸福，因为她有完整的家，有爱她的爸爸妈妈。其实她可能没意识到，我和罗先生的生活，因为有她，才变得完整、和谐。

　　我有个朋友很喜欢若安，说她善良、素质高，还漂亮。那个朋友常夸我教育孩子有一手，还在各种场合吹捧我、推销我。其实她不知道，我是一个基本不称职的妈妈，既没给若安优良的基因，又没给她合适的教育。很多时候，我都高高在上、严厉，还没有耐心。而且，在若安成长的绝大部分时间里，我都专注于工作。

　　只有深入接触和了解后，你才会知道，若安胆小、自卑到了什么程度。她那些不管不顾的付出，很多时候只是对外部世界不得已的讨好。为了认同与融入，她几乎丢失了自我。不走进她——这个跟爸爸或妈妈分离时间长达七年的孩子，你就根本无法知道她对这个世界有多恐惧。她因此而无法茁壮成长，她的天赋与创造力也因此无法正常发挥。

养女十八年，只有在若安高三这一年，我才变成了一个好妈妈。那些鸡零狗碎的事情，我一边做，一边记录，在做的时候想着该如何记录，在记录的时候想着该如何做得更好。我做得不够好，记录得也不够多，但若安依然固执地爱我。

有一次吃晚饭，因为别人的一件小事，我跟若安发生了小矛盾。我说："你这么不冷静，以后我什么事情都不告诉你了。"她不理我，埋头吃饭，吃了一会儿后猛地抬头，拿眼睛瞪我："以后你有任何事情，都要告诉我，不准瞒我。你要是敢瞒我，我就，我就……"

"我要是瞒着你，你就怎样？"我不屑地问。

"你要是敢瞒着我，我就离家出走！"若安恨恨地说。

好吧，你赢了！

有人说，这个世界上所有的爱都以聚合为目的，只有一种爱以分离为目的，那就是父母对孩子的爱。如今高三已过，若安已离家求学，"离家出走"这类威胁父母的蠢话，只是徒增笑料和眼泪罢了。

这个世上，可能有许多跟我类似的人，一心想做最好的父母，却因为各种原因，在这件人生最重要的事情上，充满了纠结、无助，甚至懊悔。但愿这本书能给他们些许经验教训以及内心片刻的安宁。也愿天下的孩子都能在他们还不够强大的时候获得应有的保护，得到正确的教育，长成他们应该长成的样子。而我的教师同行们，若能从我的经历中获得些许感悟，并在实践中做出些许调整，那便是我无上的荣光了。

至于我亲爱的女儿，若安，妈妈从不奢望你未来的人生路是坦途，是光明一片，只希望你能更勇敢一些，遵从自己的内心，多想些办法，努力坚持下去，活出真我就好。

2019 年 11 月 13 日

第一章

2017 年 5 月

地理奥赛选拔赛成绩不错 (＾－＾)v

5 月 17 日　星期三

带了三年的年级终于上完课了！

尽管还有很多事情要做，但我终究没那么忙了。三年来，我陪伴着年级一千多个学生度过了一千多个日夜，闲下来，才想起自己有个"被流放"的女儿，一个人孤独地成长。作为佛山一中的教师子弟，她，真的幸运吗？

可能在别人看来，我能力很强。其实我并没有很强，我只是要强。遗憾的是，我只能专注地做好一件事，没有办法兼顾其他。在学校，我很努力地扮演好老师的角色，而对女儿却有太多忽略、太多愧疚。她的学习情况（包括知识、能力、思维与方法），我几乎不了解。在激烈的高考竞争与难度极大的全国卷面前，她现在到了哪个程度，离理想的大学还有多远，我也几乎不清楚。当我停止忙碌想起女儿时，那种对未来的不确定与焦虑吞噬着我，让我紧张甚至发狂。

所以当志伟兄说若安在上个星期佛山市地理奥林匹克竞赛（奥赛）选拔赛中拿到一等奖时，我几乎不敢相信，因为前两次考试，她的地理成绩还排在 300 名后（全年级文科生一共 350 人左右）。从小学到高中，若安的成绩都算不上优秀，是个标准的中等生。我对她不抱多少希望，却又怀着可耻的功利目的，然后又莫名其妙地失望甚至指责。或许正是因为这样，若安一直都不够自信。她自卑、怯懦，想尝试却又害怕失败。尤其在公开场合，她生怕出什么纰漏，总是眼眉低沉，声若蚊蝇。

真的，她对地理奥赛好成绩的反应刺痛我了。她尖叫，在房间里狂跳，一再向我确认是不是真的，然后用极快的速度洗澡、吃饭，背起书包回学校奋斗，出门的时候却突然回头问我："妈妈，参加决赛的话要交 800 块钱，可以吗？"

听到她这么问，我真的想哭：这个乖巧的女儿呀，生怕给爸爸妈妈增添经济负担！其实 800 块算什么，只要是你成长必要的，哪怕是一万块也没有问题呀！财富的价值在于它能带来使用价值而不在于财富本身，作为一个穷教师，我从来都不吝啬对女儿的教育投资。但现在看来，钱并不是问题，问题在于我没有给予她充分的引导和陪伴。

我在学校可能是好老师，但我真算不上是好妈妈。我有一个孩子，她还不够强大，她需要陪伴和引导。不能说我完全准备好了，但我愿意改变。随着2017 年高考的临近，很多教学管理工作已接近尾声，除了站好"管理千娃"这最后一班岗，我也准备开启"独宠一娃"模式了。

语文课上"瞪"老师（ ¯ㄟ¯ ）

5 月 18 日　星期四

"妈妈，你读过铁凝的小说吗？"

"没有读过，但上个星期听了一节《哦，香雪》的公开课，然后就读了一下她的这篇短篇。"

"你觉得香雪是个有心计的人吗？"

"不觉得哟。你呢？"

"我也不觉得。但尹老师竟然说她是个有心计的人！"

"是吗？尹老师为什么这么说？"

"他说了他的理由，但我不认同，拿眼睛瞪了他。哈哈，可能他发现我瞪他了，就说这只是他个人的看法，我们可以保留自己的意见。"

"你上课的时候拿眼睛瞪老师呀？"

"嗯，为啥不瞪呢？当仁不让于师嘛。嘻嘻，我比其他同学好多了，我一直都很配合老师的。"

接着若安就开始了自娱自乐的"碎碎念"。

看着她那自鸣得意的样子，我想起了昨天在《读者》上读到的余秋雨的短文《君子之妒》，里面的观点颇为有趣，摘录如下——

下世纪的嫉妒会是什么样的呢？无法预计。我只期望，即使作为人类的一种毛病，也该正正经经地摆出一个模样来。像一位高贵勇士的蹙眉叹息，而不是一群烂衣兵丁的深夜混斗；像两座雪峰的千年对峙，而不是一束乱藤缠死名花。

嫉妒也可能高贵，高贵的嫉妒有一条底线，那就是，在嫉妒背后还保留着关爱他人、仰望杰出的基本教养。

我们宁肯承受君子的嫉妒，而不愿面对小人的拥戴。人类多一点奥赛罗的咆哮、林黛玉的眼泪、周公瑾的长叹怕什么？怕只怕，那个辽阔的而又不知深浅的肮脏泥潭。

每个人都是赤条条来到这个世界，但从呱呱坠地那一刻起，便各自走上了不同的路，因为每个人都要面对属于自己的社会资源、生活环境与教育方法。有些人因为某些先天社会性原因，处于一种艰难而尴尬的境地；有些人的处境尽管在旁人看来并不悲惨，但他们总是眼睛向上，内心那些关于阶层沟壑的愤懑无法排遣，就做出了违背本心的蝇营狗苟之事。孔子说："君子固穷，小人穷斯滥矣。"对于女儿，我可以忍受她做庸人，但无法接受她做小人。哪怕她将来处境困顿，也要有所为有所不为。做人坦荡，才能获得内心的宁静与幸福。因此，若安想在课堂上"瞪"老师就光明正大地去"瞪"吧，只要她不陷入"辽阔的而又不知深浅的肮脏泥潭"就好。

从前有个家长，说很希望自己女儿能干点坏事，因为太过乖巧的孩子内心充满了恐惧。如此一想，若安在课堂上"瞪"老师该是多么了不起的进步，这意味着她的世界要开始说话！

既然如此，那就把眼睛"瞪"得再大一些，让你的"小宇宙"勇敢地爆发吧！

该进行爱爸爸教育了 (ˇ－ˇ)

5 月 19 日　星期五

"你爸爸呢？"

"噢，我爸爸呢？"

"你爸爸去哪儿了？"

"他去江门学习了！"

"你知道呀，那你也不问问他怎么样了？"

若安嘴里"呜里哇啦，叽里呱啦"，顾左右而言他……

如果罗先生知道他亲爱的女儿从晚修回家直到上床睡觉都没有问问他的情况，估计老心脏要伤得"不要不要的"了。我不知道别人家情况如何，但对若安来说，爸爸是生活上的保姆，妈妈是精神上的老师，妈妈远比爸爸来得重要。所以这次罗先生出门在外，若安竟想不起他了。

上次若安的家长会，我因为工作关系无法参加，"软硬兼施"才终于让罗先生放下他的"拖地大业"去教室里"煎熬"两个小时。前几天整理内务，找到一封家长会前若安写给爸爸的未竟之信——

亲爱的老爹，奉小芳之命，我们要给老爸、老妈写一封信。既然您来开家长会，我就写信给您啦（除非您不来）。

首先，我要谢谢您送我的生日礼物，以后就不敲诈您了（可以敲诈老妈，呵呵）。

接下来是报告近段时间的学习。您也知道我期中考试有进步，虽然还是不理想，但总算让我积累了一点信心。我真心希望在我的努力下能达到期望的目标，不给您和妈妈丢脸。您就放心吧，您有一个聪明（遗传您的）还不那么努力的女儿。

然后呢，想给您提个建议。我在家里一向很闲，您不觉得吗？其实我的生活只有学习也很无聊，我也想给家里作点贡献嘛，直说就是想帮您做点家务。您也听到老妈骂我："读书很了不起啊？！"读书没什么了不起，我知道啊，但爸爸您得给我机会做事呀！

　　最后，就是想和您讨论一个问题。您昨天说："怎么别人家孩子看上去都比我家那个成熟呢？"我不赞成！我虽然有点"弱智"，喜欢调皮，但我也是一个……

　　估计若安忙着做什么重要的事情去了，便不再和爸爸计较，领了这"不成熟"的评价。或许小芳老师原本想要孩子在信中表达对父母的感恩之情，但我们家的娃儿硬是写成了"独立宣言"——我长大了，我聪明，我会努力，我不会给父母丢脸，我不想被妈妈"鄙视"，我要贡献自己的力量、树立我在家里的地位，虽然我看起来幼稚，但我跟我的同龄人一样，我也长大了……

　　今年她过生日，我们改变了"两蛋一面"的传统，"奢侈"地买了蛋糕回来庆祝。不想，若安得寸进尺，坚持让我们再给她买个生日礼物——一本J. K. 罗琳的新书《哈利·波特与被诅咒的孩子》。若安是资深"哈迷"，在读小学时把《哈利·波特》（共7卷）读了七遍，天天在家里"鄙视"我和罗先生，说我们这样的"麻瓜"不懂她那巫师的世界，耽误了不少学习时间，因此我发誓绝不会在她高中阶段再给她买任何J. K. 罗琳的书。但罗先生那不设防的城堡三下五除二便被若安温柔地攻陷了，在某个我上班的夜晚，父女俩愉快地买了若安梦寐以求的生日礼物。

　　有时候我甚至怀疑，罗先生对若安成长的副作用几乎比我还大：予取予求，护犊子，不让孩子做事……各种不好，可谓"罄竹难书"。但他对若安绝对的爱与包容，又给了她一个安全的世界，而这正是孩子成长中极为关键的要素。中国传统家庭的"严父慈母"在我们家变成了"严母慈父"（这在时下中国似乎是普遍现象），罗先生毫无原则地"宠溺"着他前世的"小情人"，我只好藏起自己一半的爱，坚定地"作恶"。只是爸爸的一味付出已成习惯，若安几乎"熟视无睹"，连爸爸去哪儿了都要经妈妈提醒才能记起，真是该打！若安比较粗心，对爸爸不够关心，以后这方面要特别注意，我逮住机会就要对她进行"爱爸爸教育"。

全A攻击

5 月 20 日　星期六

场景一：

昨天傍晚，我远远看见若安背着书包在校道上走，便高声叫住她。

她跑到我身边，哭丧着脸："妈妈，我不想上学。"

我拉起她的手，往家的方向走。

"你要干吗？"

"回家！你不是说不想上学吗？"

"呵呵，那也只是说一说的啦。"

"今天游泳了，是不是很累？"

"是啦。"

"回教室吧。妈妈回家了，我在家里等你。"

场景二：

"妈妈，我们要造反！"

"哦，哦，为什么？"

"端午节呀，我们全级要参加宋庆龄奖学金颁奖典礼，同学们要留宿，回不了家了。"

"是吗？有这事儿？"

"妈妈，你一定要跟校长说说呀，我们都想回家，求你了！"

"好啦好啦，你不是天天能回家吗？明天我先了解一下情况再说吧。"

"妈妈，我给你跪下啦，你真的要拯救一下我们呀，学校真的好烦呀！"

"睡觉，睡觉，明天再说！"

场景三：

"妈妈，你觉得考那么多试有用吗？"

"这个难说。但现在是高二下学期了，多点考试正常，要慢慢向高三过渡了。"

　　"但学业水平考试（学考）考那么多科目干吗呀？都要进行第二次段考了，好浪费时间的。"

　　"学考也很重要的呀。现在要全力考好学考的三个科目，高考科目以后再说吧。"

　　"本来明天学校举行警察考试，如果没有学考模拟，我们今天就不用上学了。高一昨天清理完教室都回家了。"

　　"是呢。妈妈明天要监考，昨天去高一布置考场了。"

　　"妈妈，我不想上学。"

　　"我知道，你昨天说过。但真让你不上学，你又不干。"

　　"好烦的啦。"

　　"是的，学习有时候是挺烦的。走快点啦，要迟到了。"

　　"我们班比其他班提早10分钟记迟到，但我今天不想按时到教室，只要不被值日生记到扣分就好了。"

　　"好吧。但你们班是重点班，要给全级同学做榜样呀。你们享受着那么好的教育资源，是要有所付出的，权利和义务是对等的。"

　　"但我今天就想迟到一下，然后接受惩罚——站着读书，体会一把干坏事的感觉。"

　　"好吧，随你喜欢啦。"

　　"学校好烦""学校有好多考试，好多事情要做，好多条规要遵守""妈妈你要拯救我，拯救我们全级同学"……这孩子怎么了？在学校发生什么事了？今天上班，在饭堂见到小芳老师，我问她知不知道宋庆龄奖学金颁奖的事情，她表示毫不知情，说有可能年级开广播告诉学生了，但没有告知班主任。看来从班主任那里是问不到什么有用信息了，我只得在微信上询问要鹏级长。要鹏说，端午节放假两天半，用半天进行学考模拟测试，压根没有宋庆龄奖学金颁奖的事情。

　　我的娃娃呀，你这是从哪里听了这么个虚假消息，还因此激发了你的愤怒与梁山好汉般的仗义？拜托你，在发脾气之前，能不能先搞清楚状况啦？！

　　中午，若安放学回家吃饭，我们开始新一轮探讨。

"要鹏老师说没有宋庆龄奖学金颁奖的事情呀。"

"是呢，我听错了。'鸟儿'（同学们昵称要鹏为'月月鸟'，若安叫他'鸟儿'）开广播的时候，我去振兴老师那里学数学了，回到教室后听同学们说起这事，也不知道为什么听成了宋庆龄奖学金颁奖典礼。"

"你呀，该怎么说你好呢？用我前几天教育高三学生的一句话——你看到的都不一定是正确的，更何况是听来的呢。"

"嗯。看来我道听途说了。妈妈，你要替我跟'鸟儿'说抱歉呀，真不好意思。"

"抱歉的话你自己跟他说吧，这个我真不好代劳。"

"今天'鸟儿'找我问这个了，我告诉他，我就是想让妈妈了解一下情况。"

"哦哦。"

"妈妈，我今天要用半个小时手机。"她突然话锋一转。

"要干吗？"

"我要上一下微信。"

"啊？有很重要的东西？"

"嗯。班上要弄一些东西。"

"好吧。"

吃完午饭后，若安用我的手机登录她的微信，转发了一个同学发布的朋友圈，给其他同学的朋友圈点赞，然后又将之转发到 QQ 日志（哈哈，她竟然转到了我的 QQ 日志）。我在旁边偷瞄，发现很多同学转发的都是同一个内容。等她摆弄完后，我在房间偷看她转发的东西，才发现是一篇名为《佛山一中强制学生周末及假期留校》的微博日志。看完后，我搞清楚了这两天若安负面情绪如此严重的原因，原来她们年级发生大事情了。从这篇日志来看，同学们对学校的不满主要有四个方面：文科学考模拟题太难；年级给的做题时间不够（如 40 分钟做 90 道化学题、60 分钟做 120 道生物题），但又收回去改卷，打击学生自信心；学考考得过于频繁；以学考模拟为由占用学生端午节半天放假时间。

作为高三级长，我觉得高二的"小朋友"们着实有些"幼稚"。学习苦不苦、累不累，等你们上了高三就知道了。我在学校看着学生分秒必争奋战高考，回到家看着自己的女儿为了端午节半天假跟学校"杠上了"，一时五味杂陈，不知该说些什么。但既然若安有情绪了，我还得开导教育不是吗？

下午若安起床，我问她："你们采取了什么可怕的方式反抗学校呀？"

"全 A 攻击！就是在答题卡上将所有答案全涂成 A！"

"那你这样做了吗？"

"我没有。"

她真的没有吗？我只好又去询问要鹏，得知所谓"全 A 攻击"的战果——全级实行者有 6 人，其中她所在的班里有 5 人。若安虽然没有"全 A"，但交了一张空白答题卡，写了姓名、学号，其他的却啥也没涂。看来这次"造反"事件，她所在的班是主力，若安虽然不是组织者，不是"反叛"的中坚力量，但绝对不是看客，至少也算个敲边鼓的。

若安读小学五年级的时候，跟我说："妈妈，现在班里有些同学以自己处于叛逆期为借口叛逆，我觉得那是非常愚蠢的行为。"她那么小，就能有那样高深的思想，着实让我惊喜。如今她人长大了，个子高了，脾气和思想莫非连小学那阵都不如了？这次的事情有点大了，看来我得多费些心思。

罗先生的回归带来了一个恰到好处的缓冲，下午愉快地过去了。晚上我决定单刀直入，给她一些明确的态度与引导，于是有了以下谈话。

"你知道全级有多少人全涂 A 吗？"

"不知道，有多少？"

"6 人。"

"啊，这么少？！我们班有多少？"

"5 人。看来你们班是主导。"

"当然。学考对理科班难度不大，所以反抗者少一些。"

"但你们是文科重点班，你们班同学应对物理、化学、生物学考应该也没什么困难。"

"可能我们班有些同学比较叛逆。"

"为什么？"

"不知道。妈妈你现在教的文科重点班是这样的吗？"

"他们还好。高三学业压力更大，他们忙于备考，都没有时间来闹腾了。"

"他们以前高二的时候有这么做过吗？"

"不记得了，似乎没有。"

"噢，可能我们'00 后'更有个性吧。"

"可能吧。你没有涂卡，你知道吗？"

"嗯。"

"为什么没涂？"

"不想涂。"

"但那么多人涂了。"

"我知道。我翻了一下答题卡，我看到了，我很失望。"

"为什么？"

"有几个表面吵得很凶的人并没有涂全 A。"

"你觉得他们是叛徒？"

"是呀。好虚伪！"

"有没有同学没交答题卡？"

"应该有。"

"大概多少？"

"不知道，可能 10 个左右吧。"

"如此看来，在这件事情上你们并非铁板一块。有的人坚决反对并且做了，有的人表面坚决反对但'叛变'了，有的人在中间游离，比如那些没有交答题卡的。所以，你们班还是有相当一部分同学并不认可这个行动。"

"嗯。"

"女儿，你做事要考虑一下妈妈，毕竟妈妈在一中，你不要给妈妈的工作带来困扰。"罗先生不合时宜地插了一句话。我的"矛头"只能暂时偏离一下，扭头"瞪"了罗先生一眼，说："这不是重点，这件事不会影响我，我知道该怎么处理。倒是你，女儿，你能从这件事情中学到什么？"

"我知道我是教师子弟，我也知道我要考虑妈妈。"若安有些委屈。

"但你在做这件事的时候忘记你教师子弟的身份了，是吗？"

"嗯。当时光气愤了，哪里还能想那么多呀！我知道学校是为我们好，但这样也太粗暴了。"

"嗯嗯。估计是这么久训练都没有好的效果，年级领导们着急了，所以才想给你们多模拟一次。学考对佛山一中的学生来说，整体难度不大，但学校追求卓越，从来都要求学生考 3A。3A 有什么好处，你知道吗？"

"知道呀。老师说，大学自主招生的时候要用到学考成绩，出国留学可能也有用。"

"在我看来还不止如此。学考虽然简单，但拿 3A 也有一定难度，如果你们能全力以赴考到 3A，你们就多了一次成功的经验，更重要的是学会了通往成功的方法。佛山一中从来都希望学生能抱着高度的责任心对待每一次学习任务，你们的年级领导这样做，恰恰是对你们的终身发展负责。现在社会如此功利，你们这些小孩子也学会了功利化地对待学习。你们可能觉得拿 3C 就好，反正 3C 也不影响你们考重点大学。但 3C 才 55 分以上，而 3A 要 85 分以上，55 和 85 之间有多大的差距，你应该了解。在文理分科的大背景下，学生存在结构性偏科，而学考的设置正是为了改善这种状况。"

"这个我懂！但要提高成绩也得让老师们有时间在课堂上评讲呀，否则测再多我们也还是不懂。"

"嗯，这方面是可以改善一下。但你是最没理由反对的学生呀！你看你，天天可以回家，天天可以见到爸爸妈妈，早上在家里吃早餐，晚上在家里睡觉，比其他同学幸福多了。"

"不是这个问题。我记得以前看过一本书，里面有个律师被人批判，人家说你又没有受到不公正待遇，你为什么要替人打官司呀？我就是这种心态，你明白吗？"

"明白！你从来都是'梁山好汉'！"

"但我还是胆子太小了，我都不敢涂全 A。"

"有没有涂全 A 不是重点，重点是你用你自己的方式在反抗。"

"我讨厌那些虚伪的人，从这次事件中，我看穿了一些人。"

"不参与的同学可能是虚伪，也有可能是理性，是真的不认同这样的处理办法。"

"我突然觉得这件事情有点无聊了，本来留多半天对我也没有多大影响，反正我家离学校这么近，而且我还有好多事情要做呢。"

"这件事情可以结束了吗？"

"可以。但是妈妈，如果老师找我怎么办呀？"若安怯怯地看着我，声音有些颤抖。

这是今天我第一次从她的眼睛里看到了畏惧。要知道，从早上出门到中午，她就像只刺猬，被愤怒和所谓的道义冲昏了头脑。若安出生后，每当她犯一些原则性错误的时候，我都立场坚定，有时候会因为太过紧张而举措失当，给她造成了不小伤害。若安上高中后，我就暗自决定：高中三年，我要顺着她，她想怎么样就怎么样。但一旦遇到原则性问题，我还是采取了以前的应对方法。很多同事都说若安胆小，责备我对她太过严苛。每每这时，我都会笑着否认，但内心也觉得自己对她不够宽和。中午跟要鹏聊天，他说："你告诉若安不要害怕我，我也有温柔的一面，今天我找她了解宋庆龄奖学金颁奖事情的时候，她真的很害怕。"我家的孩子是梁山好汉，路见不平一声吼，但内在的力量依然不足，我不想她在这件事情上继续纠缠，我得教会她巧妙地"避祸"！

"如果老师问起你，你就跟老师说，这次测试好难呀，我没有做好，可能不记得涂卡了。"

"这样说老师会相信吗？"

"我想老师是不会揪着你们不放的，就算是涂全 A 的同学，老师也会跟他们沟通，应该不会找你这个小喽啰算账的。"

"那好吧。"若安靠到我的身上，"妈妈，我觉得自己好幸运。"

"哦，是吗？"

"我觉得自己有个通情达理的妈妈。估计今晚我们班很多同学要被父母收拾了。"

"我觉得你还需要更多时间成长、经历、阅读、思考。"

"好。"

"妈妈带你到这个世界不是为了让你做平庸之辈，你可以暂时不成功，但你不能永远不成功。"

"我知道。我会努力的。"

"最近我从一本书上看到个阴影理论，是瑞士心理学家荣格提出来的。"

"噢。"

"他把阴影分成两类：第一类是生命中存在的某些可能性，由于个人选择了其他道路，这些可能性没能变成现实，然后变成了阴影；第二类是绝对的阴影，也就是自然和人性中绝对的'恶'，与选择及生活习惯无关。你这次的做法肯定不是绝对的恶，我知道你热爱学校、热爱老师，你的情绪大爆炸只是学习压力太大和反应过度的结果。但你知道吗，你选择了一种做法，就势必造成一定的阴影。"

　　无辜的大眼睛在我面前扑闪，我看到了她的迷茫。

　　"你知道吗，你们没有采取合适的方法处理这件事情。"

　　"哦？"

　　"你们决定执行全 A 行动之前，有跟'鸟儿'提过意见吗？你们有没有留时间给年级做调整？你们有想过把这样的'重磅炸弹'扔到网上，会给学校带来怎样的不良影响吗？有想过对做出这个决定的老师的伤害吗？老师们真的是出于一片善心呀！"

　　大眼睛里闪现了些许泪花。

　　"这个还不是我关注的重点，我最关心的是你。我问你，你真的很愤怒吗？你了解你愤怒的来源吗？是你被愤怒的环境影响所以愤怒，还是你梁山好汉的'仗义'毛病又爆发了？"

　　"被你这么一说，我还真分不清楚了。"

　　"连宋庆龄奖学金颁奖这样的乌龙都被你弄出来了，说明你在群体愤怒面前选择了盲从而不是主动了解真实情况，然后再做出自己的判断。"

　　"嗯。"

　　"我不想你上学了，我真的担心你，你太容易受到周边环境的影响。"

　　"啊？不要啦，我承认在某些事情上我还不够成熟。"

　　"一整天，你都像只刺猬，武断、冲动、不理性，这些就是阴影呀！"

　　"我知道。"

　　"我自己也要反思。我感觉在这件事情的处理上，你对我存在着不信任。"

　　"妈妈，我是不想影响你，你工作太忙了。"

　　"你能不能答应我，以后有什么大事情都先跟我聊一聊？你现在已经接近成年了，我不会干涉太多，但我可以帮你分析分析，至少我还是有一些人生经验的。"

　　"妈妈，你放心吧，我一定会好好的。"

　　…………

　　"正面管教"创始人简·尼尔森认为，孩子不良行为产生的原因有四种：缺乏知识而产生的行为，缺乏技能而产生的行为，因失望而产生的行为，爬行动物脑操纵的行为或发展适宜性行为（如青春期叛逆）。在这次事件中，我估计若安失望因素居多，也缺乏一定的处理技巧。她毕竟是个 17 岁的孩子，在关键事情上我确实不宜苛求她。中国学生学业压力之大，大到我们大人只有放低身姿去仔细倾听才能知晓，才能共情，才能给出合适的引导。

美国心理学家托马斯·摩尔在《少有人走的路：心灵地图》里说："我们必须认识到，孩子容易受阴暗面吸引的事实，固然有危险性，但有时也是培育心灵的唯一途径。"孩子容易受阴暗面吸引，所以父母需要高度的智慧与高超的方法去教育和引导孩子，而不是一味地简单粗暴，硬生生隔断了走向孩子心灵的通道。

我突然觉得做妈妈很不容易，哪怕是像我这样的教育工作者，也无法很好地承担起妈妈的角色。心疼孩子，也心疼别人家的孩子。

她的爱情宣言（♥.♥）

5 月 22 日 星期一

昨天晚上，若安开始了本学期第二次段考。努力备考的娃儿将注意力转移到了考试上，又或者是我的教育发挥了作用，总之她今天回到了正轨，还得意扬扬地告诉我，她有篇文章在《悦读》（佛山一中图书馆自办杂志）上发表了。

说真的，我不怎么看若安的文章，尤其是她读初中时，考场作文大话套话连篇，应试痕迹让人不忍直视。若安拙于描写，尽管她有些与众不同的想法，但由于阅历尚浅，所读之书又多为故事类特别是魔幻类的，所以在写作上看不出有什么天赋或者优势来。不过这篇《俄国上流社会的理智与情感——〈安娜·卡列尼娜〉读后感》写得还算不错，全摘如下——

早在阅读罗曼·罗兰的《名人传》三部曲之一《托尔斯泰传》时，我就与托尔斯泰的成名作《安娜·卡列尼娜》结下了不解之缘。这本在与他妻子热恋时创作、被称为他最为温情的爱情作品，讲述了一段怎样的风花雪月呢？

《安娜·卡列尼娜》以安娜与伏沃斯基（渥伦斯基）的爱情为主线，吉蒂与列平（列文）的爱情为副线，采用交叉叙述的方式，讲述了一段生死虐恋。此外，本书还糅合了十九世纪六七十年代俄国的各种生活场景，涉及功名事业、宗教信仰，表现出主人公在功名中的挣扎，还有他对宗教、人性、信仰的深刻思考。全书以主、副线为假借体，论述了"理性"与"情感"之间的矛盾，以富有哲理的语言给予读者无限的回味与思考。

安娜，本书的女主角，是一个美丽迷人、性格刚烈、富有热情的贵妇人。她敢于追求爱情，却迫于社会压力和对爱情的绝望，走上了自杀的绝路。不少读者都被她追求真爱的坚持所感动，为她遭受的非难而潸然泪下，认为她的爱情是社会的丑恶和虚伪所造成的一个悲剧，而我却有不同的见解。安娜作为有夫之妇、上流社会的焦点人物，纠结于维持现状还是和伏沃斯基相恋之时，她是痛苦的，但她却说："这是我的幸福。"在爱情的方面，她是幸福的，就算她并没能得到美好的结局，但只要她爱过、追逐过，她就不是一无所有，她的人生就不是悲剧。而安娜的死完全是因为她又爱又恨、欲拒还迎的势利、残酷的社会吗？不，是她的妥协和泛滥的感性导致了她的自杀。她一开始拒绝和丈夫离婚，因为不想失去她心爱的儿子。出于母性，这的确可以理解，但安娜从没想过如何结束她的痛苦，这就是安娜的局限性。她过于感性，不够理智。面对伏沃斯基真心的求爱，安娜屈服于内心的热情，这也是无可厚非的，但当肉体上的欲望打败了精神上的相恋，一切都变得不同了。伏沃斯基并没有尽到一个丈夫、一个父亲的责任，尽管他爱安娜，但他的行为随着他对安娜的热情冷却越发懦弱、冷漠。而伏沃斯基放荡的生活也预示着安娜的未来，这是一个悲剧，也是书的前部分"女人是男人的玩物，需要独自承受爱情的痛苦"的伏笔。

对比之下，吉蒂与列平的爱情则是作者所提倡的。他们的爱情、婚姻历经成长的曲折，吉蒂摈弃了虚荣心，懂得了关怀，接受了列平埋藏已久的真爱；而列平则忠于他们纯洁的爱情，开始了一种和善的生活方式。在我看来，列平是书中的点睛人物，作为一个贵族，他善良、勤劳，拥有平等的思想观念，他体恤农民、安于朴实的生活，用自己的双手劳动，还不断思考着人生的意义。在书的最后，列平悟出了感性与理性关系的哲理。

纵观全书，作者用富有情感的细节描写，塑造了一个个生动而独特的人物，将俄国社会面貌真实地呈现在读者面前。但如果说《安娜·卡列尼娜》只是言情小说或是风情小说，又低估了经典的力量。本书蕴含了婚姻、爱情的哲理，更重要的是，一个女子对爱情、自由的追求和信仰的作用，它折射出的宽恕、平等的高贵品质，是整部作品的闪光点。

《安娜·卡列尼娜》带给我们的不仅仅是心灵的冲击和震撼、感悟和思考，它更像是一剂苦中带甜的中草药，用爱滋润着我们的心灵。经典之所以被称为经典，是因为它永恒的思考价值，而理性与情感的话题也将被永远传递下去。

这是一篇有意思的读后感，让我能从中窥探到若安的爱情观。她喜欢列平，喜欢善良、勤劳、理性的高品位男性，追求和善的生活方式。经典之所以被很多人喜爱，不仅是因为它永恒的思考价值，还在于它是很好的教科书，能让人在对比分析不同人物的爱情与命运后完善自己对人生的构想。感谢托尔斯泰，他在跟妻子热恋时留下了不朽名著，虽然他的婚姻算不上特别幸福（卡耐基说他和他的婚姻都死于他妻子的唠叨），但我热烈欢迎他成为若安人生路上优秀的爱情导师。

若安读小学时，班里女孩子们已偷偷看爱情小说。那时我对她说，你现在还没到看这类小说的时候，很多爱情小说粗制滥造（尤其是某些用下半身写作的所谓作家写出的东西不堪入目，对孩子伤害极大），如果你想看的话，妈妈会推荐一些经典给你。所以她先看了《简·爱》，再看了《安娜·卡列尼娜》。若安爱好广泛，没有多少时间沉迷网络小说或者爱情小说。对于我们家这个"笨小孩"来说，这未尝不是一件好事。

只是我读到那句"女人是男人的玩物，需要独自承受爱情的痛苦"，感觉有些惊悚。还好一百多年过去了，时代发生了翻天覆地的变化，否则，我都不敢让若安恋爱了。哈哈！

求抱抱事件ヽ（。·。）ノ

5 月 29 日　星期一　晴

前天晚上若安回到家，把书包一丢，立刻凑到我面前："妈妈，今天有个男生问我，能不能抱我一下。"

"啊？什么时候，在哪里？"

"刚才，在操场上。"

"谁呀？"

"不告诉你。"

"你们班的？"

"嗯。"

"那你怎么回答他的？"

"我说这样不好吧。"

"然后呢？"

"然后我就跑回家啦。"

"那你准备怎么办？"

"我想给他写一封信。"

"噢噢。先学习，这个事情明天再说吧。"

这么晚了，实在不能谈些什么，我得给若安留一些独自思考的时间。

…………

昨天晚上，我们在川菜馆吃撑了。安静的佛山一中大操场，既可以散步消食，又可以好好谈一谈若安的"人生大事"了。

"今天见到你班上那个男生没有？"

"见到了。"

"他跟你说了什么？"

"没说啥，就是问我，今天的卫生安排好了没有。"

"噢噢。你怎么回答他的？"

"我没说话。他又不是卫生委员，有没有安排好跟他有啥关系？"

"你跟他是好朋友吗？"

"不算吧，但有些交往。妈妈，你不是说要我多跟男生交往吗？我只想扩大自己的交际面，但没想到他会提这样的要求。"

"是不是有什么让他误会了？"

"可能吧，你知道的，平时我拉不下面子，不善于拒绝，可能让别人误解了。"

"那你有什么感觉？"

"我感觉想吐，觉得他好恶心，怎么能提这样的要求呢？我是那么随便的人吗？！"若安甚是苦恼。

"你当然不是。但我觉得你可以表现得更有原则一些。你在学校和在家里的表现真的不一样，我觉得你还是胆子太小了，应该勇于表达自己的真实想法。比如，昨天晚上你跟他说'这样不好吧'就不是太好，你可以坚决告诉他'不好'！"

"妈妈，以前你经常说，要我多跟一些比自己优秀的人交往，我现在觉得你说的是对的。这次的事儿让我有些讨厌自己，为什么我会吸引这种人呢？我真的觉得他跟我提那样的要求非常不好，我不光不觉得骄傲，还觉得恶心。我觉得他这样非常不尊重我，我真的非常生气！"

"你不要这么说人家啦！我倒觉得你该心存感恩，感恩人家欣赏你呀！"我笑出声来。

"但为什么我那么生气？"若安长叹一口气。

"他可能吓到你了，今后尽量离他远一点吧。我也觉得他提这样的要求有些过分，他以前都没说过喜欢你什么的，直接这么说确实唐突了。"

"就是啊，他以为我是那样轻贱的人吗？"

"你要跟他说清楚，别到时候纠缠不清。"

"好。"

"现在有些年轻人非常冲动，看着我们年级的一些男女生处理情感的做法，我确实深感忧虑。你知道现在有个叫丁璇的女德讲师吗？"

"不知道！她怎么了？"

"一个传统糟粕的卫道士，到处讲学，最近在江西九江学院大放厥词，说什么'女孩最好的嫁妆是贞操''女人不应穿着暴露，穿着暴露会招病、招灾，甚至还易破财和失身''你家男人是你前世养的一匹马，你是这匹马的主人。前世你打他，这辈子他打你''男人打女人，女人就应该忍着，因为他打着打着就不打了，而且经常挨打的人不易生病'……"

"啊？现在什么年代了，竟然说这些？"

"是呢，但这个人在某些场合可受欢迎了，现在某些人某些组织对女性怀有深深的恶意，女性真正要独立非常不容易。"

"我之所以不喜欢这类女德讲师，就是不喜欢那些狗屁专家用道德去要求世人，特别是女性。如果真要讲女德，那岂不是也要开门男德课？你要知道，妈妈把你生下来，不是要你成为任何人的附属，而是希望你能自立，有自己喜欢的事业，能实现自己的价值，而不是随随便便找个什么男人过苟且的生活。"

"我知道，我自己也不想这样。"

"今天读到个很强悍的故事。钱锺书的父亲要求杨绛辞职相夫教子，杨绛的父亲立刻告诉亲家公：'我培养的女儿可不是给你们钱家做老妈子的！'我觉得很符合我做妈妈的心情。"

"妈妈，放心啦，我肯定不会让自己的日子过成那样，我也无法忍受那种不尊重女生的男生。"

"话说，你喜欢什么样的男孩子呢？"

"以前我喜欢高冷的，现在我喜欢温暖的。"

"嗯嗯，我也喜欢呢。现在高三（19）班有几个男孩子特别优秀，我很喜欢。他们是那种特别有责任感、特别温暖，而且非常聪明的人。"

"妈妈，为什么我就找不到这样的人呢？"

"可能你们还小吧，差一年还是差好远。经过高三一年，我们年级的同学长大了好多。你们班应该也有这样优秀的男孩子，只不过你没注意到而已。"

"注意到了，我们班体育委员真的很好，又高又帅，人又特别好，但人家已经有女朋友了。"

"哈哈！你可以跟他讲：'你这么快找女朋友，难道不考虑一下我吗？'"

"这样不好吧！而且我觉得他太叛逆了，我不喜欢他那样的。"

"上次 3A 行动他是主谋？"

"嗯！妈妈，我们班真有个男生特别温暖。有一次我擦黑板，黑板突然掉了下来，他立刻飞奔过来扶住，当时觉得好感动呀！"

"是的。这样的男孩子不错呀！现在我有个学生也是这样的，特别好，特别懂礼貌，有什么事情交给他，一定完成得很好。我觉得他非常可靠，要不要妈妈介绍他跟你认识一下呀？"

"好呀！我真想结识一些高素质的好朋友。妈妈，怎么办呀？我觉得自己好幼稚呀！我们班的一些女生，无论是知识、思想，还是为人处世都非常成熟，不是装出来的，而是真有那么好，真的好羡慕她们呀！"

"每个人的成长经历都不同，你专门长个子去了，所以心智成熟得稍微晚一点。还有小时候跟妈妈长期分离，生活环境变化有点大，你成长得不如别人顺利。不过，也不用担心，这些东西过两年就学会了。"

"嗯。妈妈，你觉得什么样的男孩子才可以跟他谈恋爱呀？"

"你问这个问题就说明你还没到谈恋爱的时候呢！我觉得，最重要的是你得要有爱的感觉呀。另外呢，'三观'合拍是很重要的。对于你来讲，身高至少要在一米八以上吧，品行要正，要聪明，还要有能力……哈哈，想做我家女婿，没那么容易。"

"嗯。我自己也不想随随便便找个什么人，我觉得要是那样，真的好可怕好可怕。"

"所以你得学会观察呀，恋爱中的男生对女生会非常好，而恋爱中的女生容易智商下降或者变成零智商。一个男生对待身边人的态度基本就是以后他对待你的态度，如果不想找'渣男'，还是得多一些交往，多看看他的为人处世才好。在我看来，高不高、帅不帅真的不是重点，重点是人品与能力！"

"嗯！不过，我现在真不想谈恋爱！我总觉得，有能力的人才有资格谈恋爱，我现在相比于别人，还是太弱小了。"

"也不是啦，其实你非常优秀。妈妈希望你能找个优秀的人谈一场高水平的恋爱，不要随随便便，这样既害了别人也对不起自己。"

"妈妈，能讲一讲你的故事吗？"

"啊？好吧……"（此处省略一万字）

第二章

2017 年 6 月

他究竟长得有多丑呀？（⊙○⊙）

6 月 3 日　星期六

早上，我和若安一起回学校。

"今天爸爸不用上班吗？他好悠闲呀。"

"今天星期六呢。我们是因为高考才有所调整，爸爸正常休息。怎么，心理不平衡呀？"

"是啊。等过完这个暑假我就基本没得休息啦。"

"不是的，等过完这一年，你就有很多个暑假。而且高三也是有很多放松机会的，只是没有平常那么多而已。怎么，不想上高三？"

"当然不是啦。"

"以后呢，你会越来越忙，爸爸妈妈会越来越清闲，因为你会长大，而我们将慢慢变老。"

"我好可怜呀，你不是我亲妈。"

"是呀。你晚上回家睡觉没空调，早餐没肉吃，想倾诉的时候没人听，长得丑，还有个大屁股……"

她假装生气，扬起拳头要打我，我跑，她追。她两三步追上我，抓住我的手，狠狠盯着我。

"放手！再不放手就嫁不出去，没人要！"

"那不正好咯，跟你们班那男生配一对。"

我们抱在一起哈哈大笑，因为我跟她讲了昨晚我跟学生聊天的情景。

一帮学生在办公室问我问题，不知道怎么就聊起了我女儿。我跟飞飞说："等高考结束了，介绍我女儿跟你们认识，你们帮我多教教她。"

女孩们窃笑，大家都知道我有"榜下捉婿"的打算。飞飞苦着脸说："老师，我觉得我这辈子都会单身。"

"天涯何处无芳草，何必单恋一枝花。这句话已经告诉你了，找不到女朋友，可以先找个男朋友。"

一帮同学大笑。

"开个玩笑。我的意思是，这个真不用担心。我觉得找个知心朋友比找男朋友或者女朋友困难一百倍。我们要结交更多更好的朋友。"

"好像很有道理啊！"大家一起拍马屁。

"告诉你啊，我们班那男生可优秀了：聪明，善良，责任心强，素质非常高。"

"哈哈！都这样了，还单身，可知长得有多丑呀！"

不得不承认，有时候，我这傻女儿反应还挺快的。为了她这句话，我一到教学楼便溜进高三（19）班教室，认真看了看飞飞。他温和平静，虽然不怎么帅，但一点儿都不丑。

这段时间，我开始有意对若安进行"爱商"教育。上星期那个"求抱抱事件"给了我刺激和提醒：女儿既需要保护，也需要处理情感问题的方法与建议。中国台湾青年女作家林奕含自杀身亡的悲剧警示所有家长，我们都欠孩子一堂性教育课。网上类似问题炒得沸沸扬扬，但我觉得家长关注的重点不应该是性本身，而应该是与性有关的伦理道德及其背后的人生观与价值观。

很多年前，我通过《中国青年报》里的一篇文章——《拯救男孩？专家孙云晓称中国男孩日益女性化》（刊载于 2010 年 1 月 19 日），认识了一个叫孙云晓的教育专家，后来买了一堆他的书，其中一本为《藏在书包里的玫瑰——校园性问题访谈录》。在这本书的序言中，孙云晓说："性教育首先是一种态度。"他将该书的读者对象定位于中学生的父母与教师，"因为他们最关心少男少女的健康成长，而又常常难以了解到真实的情况——他们可能是孩子的第一防范目标"。他还警示父母，在发生性关系的中学生中，至少有以下 5 个事实——

1. 半数以上是师生公认的好学生；

2. 1/3 来自重点中学甚至是名声显赫的学校；

3. 他们初次性交时 100% 不用安全套；

4. 他们有过性交经历的事实，父母与教师 100% 不知道；

5. 他们对学校与家庭的性教育 100% 不满意。

青春期情感教育是一件大事，我不想若安的花季甚至整个人生毁在不恰当的情感与欲望中。尽管我以前做得不够，但幸好可以弥补。"不入虎穴，焉得虎子"，了解是教育的前提，尊重是了解的基础。我并不想窥探女儿的隐私，只是想给她应有的引导与保护。小心咯，若安，妈妈要温柔地"吃掉"你！

武力镇压 d=====(￣▽￣*)b

6 月 5 日　星期一

由于佛山一中要做高考考场，高三从西区教学楼搬到了东区自习，我的工作任务加重，开启了"全天候"工作模式。若安放"高考假"，从学校回家"备战"6 月 9 日的学业水平考试。今天是星期一，罗先生要上班，若安成了"留守儿童"，要解决自己的吃喝拉撒睡。

晚上下班回家，我发现她情绪不对，对爸爸态度不好，对我，尽管极力表现礼貌，但负面情绪弥漫了整个房间。我知道，又要"搞一餐"才能解决问题了。

手机成了导火线。她拿着爸爸的手机翻看小视频，一晃便到 11 点。睡觉时间到，我提醒她，她"嗯"了一下，手指却不停地在手机屏幕上划动。如是再三。

"今天不高兴了？"我耐着性子问。

"没有呀！"她阴阳怪气地回答。

"没有怎么对我爱理不理的？"

沉默……

"今晚吃什么？"

"面。"她回答得干脆利落。

"自己做的好吃吗？"

"你不管我就不要问我！"

"我也想管你呀，但工作太忙了。就要高考了，学生需要我，你乖乖地别给我添堵。"

"我知道呀，我又没影响你工作！"

"你知道就好！别玩了，睡觉了，明早你要起来学习。"

"等一下啦！"她极不耐烦。

"不行！你学业水平考试好重要的，明早要早早起床学习！"

"知道啦，你好烦啦！"

"是你自己有情绪，不是我烦！告诉我，今天发生什么事情了，让你心情这么不好！"

她将头扭向一边，不理我。

"有什么事情，说出来，但不要这样子。你不开心，我也心塞。"

"你忙你的，别管我！"

"你是我女儿，我怎么能不管你？你不想聊就算了，手机给我，睡觉！"

她身体侧向一边，手指继续划动，完全没有停止的意思。愤怒的我一巴掌拍在她大腿上，三下五除二，将手机抢下，声音提高八度，如此这般一顿训，被"镇压"的人儿立马关灯睡觉。

回到房间，我躺在床上，才发现手掌好痛，估计若安的大腿更痛。冷静下来的我，便寻思她负面情绪的来源，第一个开始审罗先生。

"今天你是不是说她了？"

"没有呀，她一开始情绪就不好。打电话问她晚上吃什么，她反问我'吃什么，问你呢'。我回家后就没给我好脸色看，你回来后还好了一点。"罗先生也是一肚子委屈。

"家里是没什么吃的，这几天忙死了，没时间去买呀。唉，都这么大了，还不会照顾自己，还等着我们照顾她，真是糟糕。"

"有什么办法，让她去外面吃又不肯。"罗先生心有不满。

"不知道为啥，这半年来她总是想吃我做的饭。"我无奈叹气。

"谁不想吃妈妈做的饭？你要知道，女儿是很黏你的，我是羡慕嫉妒没有恨呀。"罗先生酸酸地说。

"还不是怪你，把她娇宠得没谱。不过，今天下午高一、高二年级布置高考考场，我估计她在学校受气了。她做事要求高，总喜欢一个人揽着做，整理课室搬东西累了，回到家既没人又没吃的，所以就生气了。"

"可能吧。"罗先生附和。

……（沉默五分钟）

最终还是罗先生心软："你去哄哄她，否则今晚没法睡了。"

"你女儿你去。"我余怒未消。

"你去，你去才有用。"

好吧，解铃还须系铃人。我起身，进若安房间，躺在她身边，强行将她抱在怀里，问："你平时不是这个样子的，今天是不是整理课室累了，被同学气了，回到家没饭吃失望了，所以脾气不好？"

她依然不说话，我把手放她脸上，摸到了一大把眼泪，再抱紧一点，轻拍她的背。若安僵硬的身体开始变得柔软，小声抽泣，然后慢慢地睡着了……

唉，这就是我们家解决问题的方式，"沟通无效—巴掌伺候—妈妈爱的抱抱与安慰—化解"。若安从小到大，我都得用这么滑稽的方式解决问题，不知道从何时起、因为何事，总之积重难返。我认真反思，可能跟矛盾的父母心态有一定关系：既想教育（绝大多数情况下比较文明，问题严重的时候会打骂），教育完又舍不得（拥抱与安慰），没有给孩子足够的反思时间与空间。我是个典型的湖南人，脾气火爆，尽管若安绝大部分时间都性格温和，但温和中又有几分执拗，常常不肯认错，左不行右不可的，很容易把我的脾气激上来。

回到自己房间后，我是怎么都睡不着了，于是便翻出美国教育家简·尼尔森的《正面管教》。在这本书中，她提出了有效管教的 4 个标准——

是否和善与坚定并行？

是否有助于孩子感受到归属感和价值感？

是否长期有效？

是否能教给孩子有价值的社会技能和生活技能，培养孩子的良好品格？

不比不知道，一比吓一跳。我们这个教师家庭，无论是教育方法还是教育效果都存在一定问题。以前我常常自诩，简单粗暴地解决问题虽然简单粗暴，绝对不是解决问题的好办法，但至少也是一种办法。我们家若安三观正确，为人做事有原则有底线，与我的教育有很大关系。但这种"搞一餐"的教育方式，也造成了她的怯懦与不自信。或者是以前工作太过忙碌，我忽视的太多，反思的太少，现在看来，我对若安的教育还有很大的改进空间。原则与底线自然重要，但让孩子认同这些，本可以采用更好的教育方法。若安的高三来了，我得好好珍惜这一年时间，好好陪伴，好好教育，反思和完善自己，"和善而坚定"。我也希望她变得越来越好，不需要我再"搞一餐"了。

原来因为布置考场生气了[ΟˊДˋΟ]

6月6日　星期二

今天是高考前一天，为了不让若安有"被遗弃"的感觉，也为了不让她影响我的工作心情，我跟领导告了假，抽了两个小时，买菜做饭，陪若安聊天。

"昨天布置课室很辛苦吧？"

"辛苦就算了，关键是烦。"

"怎么个烦法？"

"班里那些人没有责任感咯，逃跑咯。我怀疑有些同学从来没有扫过地，因为他们从来就扫不干净。有个同学，我告诉他垫课桌的时候一定要用大块透明胶粘好固定好，他却用一片小小的随便粘了一下，那样哪里能固定呀，我就要重新帮他粘。还有一个更过分，使劲压着桌子再摇桌子，然后告诉我桌子是平稳的。摁紧哪里能感觉出来呀，要轻轻地摇动才知道的嘛。"

"你别老说人家了，你自己也不比他们强多少。"我忍不住笑了。

"我比别人强多了。我最讨厌那些逃跑的同学，总是把自己该做的事情推给别人做。"

"知道了。原来昨晚你是因为这个不开心，为什么不说呢？"

"说啥呀？你和爸爸不是最反感我在学校搞卫生吗？"

"那是因为我们担心你的学习呀。你看你，高一时，既是卫生委员又是舍长，花了多少时间搞卫生！我生你下来又不是让你搞卫生的，你可不能辜负自己。"

"我知道呀，现在不是只当卫生委员了嘛，而且这个学期我真的少管了很多。"

"嗯嗯！但你昨天那么多负面情绪，一定还有别的原因吧？"

"爸爸咯，一进门就啰唆我没关窗户，说我把老鼠放进来了。老鼠呢？老鼠在哪呀？他天天说老鼠，烦不烦？"

"爸爸是啰唆了一些，但真进老鼠了也是非常麻烦的，而且你也不能为此而生一晚上的闷气呀！昨天晚上回到家没有饭吃，是不是也因为这个不高兴了？"

女儿不好意思地笑了，典型的"罗若安认错方式"。

"你呀，生活能力差，真让我担心。要你出去吃你又不肯，自己做又做不好。"

"谁说我做不好了，生存体验的时候同学们夸我是切瓜小能手呢。"

"行行行，你比谁都能干。"

"总之不比别人差。"

"我不知道别人家的孩子是什么情况，但我觉得你做事的能力有待提高。高考结束后我要好好教你做家务，否则你要嫁不出去了。"

"嫁不出去才好呢。"

"那你就要一辈子跟我们在一起生活了，但你的气这么难消，总会因为这个发生冲突，很麻烦的哟。你都这么大了，还讨妈妈的打，傻不傻呀？丫头！"

"没事呀，你不是说这样才叫亲妈吗？"

"妈妈工作压力太大，你体谅一下。"

"我知道。妈妈你说得对，我得学会调节自己的情绪。"

"有时候妈妈挺烦挺累的，回到家还要做你的情绪垃圾桶，所以脾气控制不好。你情绪不好的时候，可以去跑步呀、唱歌呀，别总憋在心里，那样很不

健康，而且还会传染给爸爸妈妈。"

"嗯。我可以尝试一下。"

"昨天晚上疼不疼？"

"疼呀，但没关系，我皮厚。"

"以后咱们能不能不用这种模式解决问题了，你以为只有你疼呀，我也疼呢。"

"我知道呀，力的作用是相互的。"

"你妈是心疼呢。"

"不好意思，妈妈，我会长大的啦。"

…………

真得感谢孩子忘性大，不管父母态度怎么粗暴，孩子总是首先选择原谅。原来，"子不嫌母丑，狗不嫌家贫"本不是用来教育人不要忘本的，而是陈述着一种自然状态。丰子恺在《谈自己的画》里说："我看见世间的大人都为生活的琐屑事件所迷着，都忘记人生的根本；只有孩子们保住天真，独具慧眼，其言行多足供我欣赏者。"我们这些大人，总是站在自己的角度或者自以为的高度，凭那颗或多或少已被玷污、未经反思的心，带着焦虑与强迫，简单粗暴地"教育"和"引导"孩子，不知让孩子经历了多少痛苦。那些更极端的，父子反目或者断绝关系，应该经历了不少可怜和可怕的故事吧。

若安，我亲爱的孩子，愿你未来的人生，都能被爸妈温柔以待。希望妈妈能有更多时间与耐心，好好反思自己，为你的成长撑起一片蓝天。

高考成绩不重要吗？(0_0)?

6月12日　星期一　

2017年高考已经结束，喧闹归于平静。从老同学那儿逛一圈回来后，我继续反思女儿的教育问题。昨晚罗先生说，女儿高考成绩怎样并不重要，关键是学会做人做事。作为教育经验还算丰富的高中老师，我知道成绩只是一个结果，成绩背后的态度与责任心、思维方式与做事方法才是关键。没有成长就没有成绩，孩子成长了，成绩便自然好了。因此成绩并不是不重要，而是很重要，成绩背后的一切更重要。只有做好了这些，才会有好成绩，也才有可以展望的未来。

联合国教科文组织提出，教育的四大支柱是：学会做人、学会做事、学会学习和学会与他人共同生活。按照这个标准，若安四个方面都存在问题。我曾经跟罗先生"研讨"过，若安有四大"可耻行为"——

留一张纸巾在裤袋里用洗衣机洗，洗完后所有的衣服都粘上纸巾碎末。

冲厕所的时候总是把水冲到便池外面，下一个上厕所的人将踩一脚的水。

常常不记得洗头发，哪怕洗的时候也会吝啬洗发水，因此头发常常带着异味。

丢三落四，拿出去的东西常常不记得带回家。

至于原因，我总结：一是学业负担重，没有多少时间学习做事；二是做爸爸的太宠女儿，给予锻炼的机会太少。在我看来，事情做得好不好，不仅与做事的意愿、方法有关，还与做事的思维方式有关，比如昨天早上我与她的对话——

"今晚杨蓉阿姨来佛山，你想好了陪她吃晚饭没有？"

"爸爸不同意。"

"爸爸没有不同意啊，关键是你做了决定没有？"

"我想陪她吃饭。她现在住成都，跟以前不一样了，以前想见就见，现在是一两年都见不到一次，而且，她对我那么好。"

"所以你想去但又害怕耽误晚修？"

"是呀！妈妈你说我该怎么办？"

"别问我该怎么办，其实你已经做出了决定，但你还是要问我的意见，我觉得这样不好。"

"哦？"

"你之所以不敢做决定，是因为你需要征得更多人支持，以证明你的决定是正确的。你知道这样会让你表现得优柔寡断，没有原则。"

"所以你这次真不给我意见了？"

"是的。爸爸和妈妈会在家里等你到六点半，你若是回来，我们就一起去；你若是不回来，我们就自己去。"

傍晚六点，她回来了。

然而，在车上，为了她跟班里同学的一个小冲突，我们又开始了艰难的对话——

"妈妈，今天我被前同桌嘲讽了。"

"哦？怎么了？"

"她在教室里叫'同桌'，我'哎'了一声。结果她说，'你才不是我同桌，我同桌学过声乐，她是合唱团的'。"

"她什么意思呀？"

"她的意思是，我是个假合唱团团员。不知道为什么，班里同学总是无视我在合唱团的事，哪怕他们明明看到我在表演，也不肯承认。"

"你觉得你被忽略了？"

"是呀！尤其是我前同桌，她是挺优秀的，成绩好，能力也强，但就是太傲气了。以前感触不深，现在才觉得她太不在乎别人的感受了。"

"重点班有些同学是这样的，某些方面很强，某些方面弱了点。"

"妈妈，其实我觉得我们班人际关系没那么好。如某位同学某件事做得很好，但欣赏他的人很少，想方设法压制他的人倒挺多。"

"嗯，这样挺郁闷的。"

"是呀！我已经努力做到最好了，但还是被人忽略。"若安情绪变得相当不好。

"不要太在意，说不定别人就是开个玩笑。"

"是呀，女儿，我觉得你有时候太敏感了！"罗先生插了一句话。

"哪里是我敏感了，是人家真的有敌意好吗？"若安满腹委屈。

"如果你不爽，就反驳回去呀！"我开始用激将法。

"是呀！不高兴你就要说呀！你在学校总是表现得那么'好人'，回到家后就一肚子不满意。"罗先生继续加码。

"是呀！我经常做你的情绪垃圾桶，有时候看你这样，真挺烦的。"我开始"声讨"她，"从小到大，总会有那么一两个人成为你快乐的敌人。你都这么大了，该学会调适自己的情绪了，要么直截了当表达愤怒，要么开个玩笑化解尴尬。你越是忍让，别人越觉得你好欺负。关键时刻，你得让别人知道你是不可侵犯的，你的善良得有点锋芒！上次你们班那男生'求抱抱'，不就是因为你态度模糊让别人误解了吗？其实你可以勇敢一些，有时候，只有反抗，别人才会意识到你的存在与力量。"

在我和罗先生的轮番轰炸下，若安不说话了，一个人在后面掉眼泪。沉默良久后，我开始哄她："有时候我在想，是不是我们家教育出了什么问题？从小到大，我们要求你谦让、礼貌、宽容和体贴，但可能有些家长根本就不会这样教孩子。"

"是呀，很多家长生怕孩子吃亏，但我们却在教女儿吃亏。"罗先生附和道。

"女儿，如果让你做你前同桌那样的人，你愿意吗？"我问。

"我才不要！我觉得现在最重要的问题是如何调整心态与情绪，我要让自己快乐一些，我才不会被这些人打倒呢！"在得到我们的"隐性表扬"后，若安同学竟咧开嘴笑了。

从什么时候开始，我们家温和善良的孩子变成了小气包？是她叛逆期来得太晚，还是班级环境真的不太好？不管是什么原因，我总不希望她自怨自艾，希望她能活出年轻人清爽欢快的样子。人间正道是沧桑，你可以选择当个好人，但也要有跟坏人过招的实力与本领。然而，坏人不会在脸上写上"坏人"二字，好人在某些时候也会表现出"极坏"来。人生一辈子，能否活得幸福，关键看个体追求幸福能力的高低。说到幸福，我突然想起了美国"积极心理学之父"马丁·赛里格曼在《真实的幸福》里说过："别让孩子输在幸福感上！"为了让孩子成为一个幸福的人，父母需要用心培育孩子的积极情绪，因为积极情绪的扩展将建构孩子的"智力、社会和身体资源，使他长大后可以立足于社会"。既然若安自己都意识到了这个问题，我以后就要多引导她分析、重构，教会她全面客观地认识这世间的人与事，让盛夏的阳光一扫青春期阴郁的灰霾。

第三章

2017 年 7 月

生活需要留白

　　不知道这个月我干啥去了，总之空无一字。可能是三年级长工作太累了，我太需要休息了；也可能是我"模式"切换不成功，放松了对自己的要求。

　　生活需要留白。

　　挺好的。

　　嘻嘻。

第四章

2017 年 8 月

妈妈当了我的历史老师 (°v°)

8月15日 星期二 晴

早上 5:55，闹钟响，我拿起，摁掉，睡着，再醒。6:12，从床上蹦起，跑到女儿房间，拍她："若安快起床，妈妈今天睡过了，已经六点多了！"

若安迷糊地应我，迷糊地起床，上厕所。等我洗漱完毕，她竟已背上了书包，而嘴巴里还含着牙刷。我突然觉得感动：我的孩子，为了节省时间，已经开始运用"统筹方法"了！

这是若安高三开学后的第三周，真高兴能这么近距离观察、培养和教育她。都说万事开头难，不管她基础如何，我们至少有了一个好的开始。

从高二到高三，若安的班级调换了三个老师。高二时的班主任和历史老师小芳老师不再教这个班，"黄妈"便成了新班主任及数学老师，语文老师换成了"女神"周伟珍，而我作为黄妈的"搭头"，开始教若安班的历史。每一段旅程都值得珍惜，感恩高二时小芳老师、尹老师和熊老师的教育和陪伴，也感恩之前和之后若安的所有老师，他们为若安的成长付出了很多心血。而我，作为"插班教头"，获得了今年七月之前从未想过的双重身份——既是若安的妈妈，又是她的历史老师。

上第一堂课时，我很紧张，生怕上不好，怕影响自己在女儿心目中的形象，怕影响女儿在班里的关系，所以非常认真地备了第一课"从历史中学些什么？——开学第一课 从建军 90 周年阅兵说起"。结果证明这种准备是值得的，从那节课到现在，我都非常用心备课上课，逐渐获得了同学们的认可，也让女儿眉头舒展了，她逐渐抬起了那习惯性低下的头。两星期的工作实践让我明白，像教学生那样教女儿，像爱女儿那样爱学生，就能很好地处理这看起来复杂的"三角关系"。

近距离接触女儿这个特殊的学生后，我发现她最大的学习问题在于不自信。她上课不停地做笔记，因而错过了老师讲解的关键内容；做题犹豫不决，最后选择了错的选项；不敢主动问老师问题……但我不后悔女儿选择了文科重点班，她在这里能接触到高水平的同学，也能跟高水平的老师学到很多不一样的东西。尽管她不一定能跟得上、能全部吸收，但总有一天，这些宝贵的东西一定会发挥作用。

解决学习问题，坦然接受结果，这是我对女儿高三的基本态度。很庆幸能有机会这么深入地了解她在教室里的学习状况，然后分阶段有计划地解决问题。前段时间，我恳请其他老师关注若安的上课状态，主要是提醒女儿抬头看黑板、跟老师有眼神交流。现在看来，情况已经有了好转，至少在历史课上是如此。

昨晚若安回到家，很高兴，说"鸟儿"给她评讲了试卷。我故意问她："考了多少分？及格了吗？"

"不告诉你！我已经知道问题了，多少分不重要。"

"嗯嗯，好吧，你自己心里有数就好了。"

今天，黄妈来办公室，拿全班同学的"大头照"给我，我跟她聊了聊班里的情况，顺便聊到了若安。黄妈说："你以后不要再压迫人家了，我感觉她自信心不够！"

"冤枉呀！我真没压迫她！"为了面子，我开始自我开脱，"黄妈，你相信遗传吗？"

"相信呀！"黄妈笑吟吟的。

"这孩子的性格一点都不像我，像她爸爸家的人，从小在外面都像只老鼠，只想躲在角落，或者如惊弓之鸟，仓皇逃回家中……"我絮絮叨叨替自己鸣冤。

"你就不要狡辩了！你看，你对自己要求严格，对学生要求也很高，在家对女儿要求能不高吗？"黄妈一针见血，完全不给我留面子。

"好吧，我改！"孩子是家庭的一面镜子，优点也好，缺点也罢，都是家庭教育的结果。在我们家，罗先生虽然啰唆，但爱心满满，任劳任怨，女儿有什么问题，我确实难辞其咎，还鸣什么冤呢？

还好女儿只是看起来胆小而已（希望这是真的）。这样的对话在我们家是非常经典的——

"你是不是很害怕（或者紧张）呀？"

"没有呀！我看起来像是害怕（或者紧张）吗？"

"嗯，脸色不好看呀，眉头紧锁呀……"

"哪有，是你们（或者老师）觉得而已……"眉头锁得更紧了，脸色更不好看了。

"你知道你这样，妈妈在学校总是会被同事批评的，能不能放松一点？"

"好呀，我试试看！"她耸肩，苦笑，顾左右而言他……

今天跟李群一起吃早餐，她跟我强调了两点：第一，不要着急，多给孩子一些思考的时间和空间；第二，多让她体验小成功。我深以为然。感恩佛山一中的这些朋友，明明知道这些都是我已经知道的东西，却还不厌其烦地跟我强调。

开学两周了，我再次收拾心情，撰写"陪读"日志。作为历史老师和妈妈，我很开心能在全班开怀大笑的时候看到女儿的笑脸，很满意自己沉稳的心态和扎实的工作。虽然女儿不够优秀，但我喜欢她的沉静与上进，喜欢她日益增长的小幽默，欣赏她每天雷打不动的跑四圈……

加油！中等生！

挖掘班级正能量——ξ(つ·ω·)つ

8 月 18 日　星期五　晴

"你还生气吗？"吃晚饭的时候，我冷不丁发问。

"生什么气？"若安抬头，拿眼瞪我。

"你忘记什么事情让你生气了？"

"啊？什么事呀？"

"需要我提醒才记得自己生过气，说明引起你生气的根本就是些鸡毛蒜皮的小事。"

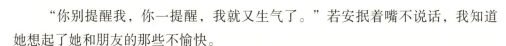

"你别提醒我，你一提醒，我就又生气了。"若安抿着嘴不说话，我知道她想起了她和朋友的那些不愉快。

眉头紧锁，脸色难看，负面情绪缠身，絮絮叨叨的抱怨，对不公平的人与事的指责，造就了一个不快乐的孩子，这就是高二时的女儿。现在虽然好了一些，但时不时还是会发作。我现在的任务，就是要改变这种状态，挖掘各方正能量，让她能在宁静平和、内外和谐的基础上学习。

"我觉得你们班有几位同学很棒。"

"绝大部分都很棒呀，不是只有几个。"

"黄钰，大气；陈曦，沉静；蒋亦涵，聪明灵动。男生嘛……"

"男生你不是最喜欢远翔吗？"

"嗯嗯，他是非常机灵的娃！但你的小学同学张斐卓，似乎跟你不太熟呀。"

"他都不跟女孩子说话的。"

"初中同学韦致远，应该关系也一般吧？"

"还算可以。"

"'莫大师'火眼金睛，发现了你们班一个特别好的男生。"

"谁呀？"

"昊权呀！"

"是呀是呀！昊权是特别好的一个人，每天扑闪着他那水汪汪的大眼睛，好可爱哟。"

"我觉得你可以多跟他们接触呀，多结交一些性格好的好朋友。"

"我也觉得，似乎我的朋友都有性格缺陷，他们有些叛逆，容易生气，弄得我也喜欢生气了。"若安叹了一口气。

"多跟昊权玩吧，我觉得他相当沉稳、大气，应该是非常善良的人。"

"嗯……"

两个月前，我"高屋建瓴"，在前人 IQ（智商）、EQ（情商）和 AQ（挫折商）的基础上，提出了 LQ（爱商）与 HQ（乐商）两个概念。事实上，LQ 与 HQ 都属于 EQ 范围，只是 EQ 太泛，而 LQ 与 HQ 对很多人来说特别缺失，对幸福人生来说又太过重要，需要特别强调一下。

不记得哪天经过若安的教室，全班同学在看英语视频，她睥睨黑板的样子让我觉得既可笑又担忧。都说相由心生，这孩子紧锁的眉头和有点阴郁的脸是怎么生成的？在什么时候生成的？小学？初中？还是高中？她的快乐又去哪里了？在她的成长中，我究竟错失了什么？又错了多少？

你可能认为我陪女儿上高三只是为了帮助她考个好大学，这固然是其中一个目的，但更重要的是我要培养女儿的素养和能力。一个不会动手、不会动脑、情绪控制能力差、经常不快乐的孩子，考个好大学又有什么用呢？就算真的考了个好大学，家长又放心让她独自离家闯荡吗？

"人无远虑，必有近忧"，在孩子的教育问题上，我投入的实在太少，非要等到孩子差不多要离家远行时才知道重视。还好为时未晚，我还有时间采取合适的方法点滴渗透！加油！

竞选卫生委员成功 (^-^)v

8 月 21 日　星期一　晴

场景一：不敢对历史答案

上周五晚上，放学途中，我问她："历史选择题错了哪些？"

"不知道呢，还没有对答案。"

"科代表不是把答案写黑板上了吗？对答案也是作业呀！"

"不敢对答案。"

"为啥？"

"我怕错很多。"

"还不错啦，选择题得了 54 分，在年级前 100 名内。"

"真的？哈哈！"她做惊喜状。

"我现在改了 18 分的文字题，你做得还不错，得了 16 分。"

"真的呀？哈哈哈！那就有 70 分了，万一运气好的话，这次能考到 80 分？"

"有可能吧。"

"会不会你多给我分了？"

"什么孩子呀，就算你不信自己，也要相信你妈我的职业道德呀！"

场景二：怕选不上班干部

昨天晚上，临睡觉前，若安问我："妈妈，明天黄妈是不是真的要搞班干部竞选呀？"

"不知道呢。"

"你能不能给黄妈打个电话问问呀？"

"不好啦，这么晚了，黄妈估计都已经睡了。你害怕？"

"嗯！不知道竞选什么好呢？我怕地理科代表选不上了，我地理成绩又不好。"

"那就卫生委员啊！反正你现在两个职务，总得退掉一个。我看黄妈的做法，班级职务是僧多粥少，应该不会允许一人多职了。"

"那万一卫生委员也选不上该咋办呢？"

"那就好好学习咯。"

她沉默不语。

场景三：成功竞选卫生委员

傍晚六点左右，罗先生在我耳边唠叨："怎么搞的，这个时候了还不回来吃饭？干什么去了？"

"今天班干部竞选，估计没按时下课。"

就在这时，门铃响了，罗先生狂奔过去开门。不到 20 秒，门口就出现了那个满脸通红、气喘吁吁的孩子。我站在她旁边，一边看她脱鞋子一边打趣她："看来今天竞选成功咯！要不怎么爬八楼的速度这么快？"

"是的！成功了！"若安得意扬扬地看着我，心情大好。

"快跟妈妈讲一讲。"我顺势给她"搭梯子"。

"我没竞选地理科代表，没想到那么多人热爱老龚，我觉得胜算不大，就把竞选地理科代表的演讲词全画掉了，只竞选了卫生委员。"

"你发表演讲了？"

"是呀！每个人都要演讲的，今天的竞选可真激烈呀，我的心一直'扑通扑通'狂跳。"

"演讲的时候害怕不？"

"不害怕。"

"声音大不？"

"很大！"

"那很好，恭喜你成功了！不过，竞选卫生委员的是不是只有两个人呀？"我调侃她。

"才不是呢！除了我和涵姐，还有另外一个同学。"

"呵呵！那就说明同学们对你一年以来的卫生委员工作还是认可的。"

"当然啦！妈妈，我得了 35 票，其他两位同学都是 20 多票呢。"

"嗯嗯，群众的眼睛是雪亮的！"

"妈妈，以后我要努力学习，你不是说黄妈的卫生委员高考都考得很好吗？我不能开个坏头。但是，老龚会不会很伤心呀？"

"你好好学地理，老龚就不会伤心了！"

"但愿吧！"

场景四：班主任很满意

晚修我值班，回学校时在校道上碰到黄妈，"据说今天竞选很激烈？"我问道。

"是呢！这班学生，还是很不错的。原本我估计情况不容乐观，因为这次我没有找托儿。"黄妈还沉浸在竞选的喜悦中，看得出来她很满意。

"若安的表现你还满意吗？"

"挺好的！"

"声音大不？"

"挺大的！我觉得她各方面表现还不错，你要对她充满信心。"

场景五：她高兴就好

在办公室遇到老龚，我告诉她若安不做地理科代表了，老龚说他已经知道了。

"若安害怕你不高兴呢。"

"也没有什么不高兴的，关键是她自己高兴就好。"

"地理科代表竞争激烈，她害怕选不上。我了解她的想法，既害怕失败又不甘心默默无闻，所以选了个其他同学不乐意甚至不屑的岗位来竞选。"

"呵呵……"老龚不置可否。

害怕失败，害怕被人遗忘，害怕找不到自己存在的价值，这不是芸芸大众的正常心理吗？最近几天我对若安的满意度在提升，虽然她自信心不够，担心自己把重要的事情搞砸了，但她在努力做到最好。这次她在竞选中的表现，我觉得堪称完美。能根据实际情况作出选择并采取合适的方法达成目标，这不刚好契合了"多元智能理论"之父加德纳对高智能的核心描述吗（加德纳认为智能"是人在特定情景中解决问题并有所创造的能力"）？尽管她内心有许多担忧与害怕，但巴顿将军说过："每个人第一次上战场时都会害怕，如果有人说他不怕，那一定是在说谎！"所以，担忧、害怕与不自信，是孩子靠努力与实力打拼，逐渐走向社会的必经之路。

亲爱的孩子，努力加油吧！妈妈饱含期待，愿意陪你经历世间万种！生命宝贵，一起面对！

驱赶负能量 ╰(￣▽￣)╮

8月22日　星期二　晴

周六放学，若安一脸阴沉。

"怎么不开心了？"

她不理我。刚好小芙过来，若安脸色秒变，热情地（真会装）跟小芙打招呼，然后一起跑步。跑完步回家，她继续脸色阴沉。我说："告诉妈妈，在教室里发生什么事情了？"

"可能别人觉得我人太好了，才不把我当回事。今天跟一个同学聊天，她来自龙江，顺德的，我说我不知道这个地方，于是好几个顺德人一起攻击我。"

"不知道龙江很正常呀，你没有反驳回去？"

她沉默……

"有可能大家觉得你人好，所以开个玩笑，别太在意了，咱宰相肚里能撑船，大度一点，算了啦。"

她继续不开心……

"有什么不开心要讲出来，自己的原则和底线，要让别人知道，否则别人就会经常冒犯你，你就会经常不开心。"

她继续沉默……

我知道她又陷入激愤之中无法自拔了，接着就会喊不应、问不应，脸色难看，说话尖酸刻薄，有时候还会摔东西，直到我骂她一顿，甚至打几下为止。

这不，带她去看电影，还老不开心。在电影院外迷你 KTV 唱歌，她一开始不知道唱什么歌，查找歌曲时又急又躁，操作笨拙；去买瓶水，声音小到要服务员连问两遍……

看着她令人生厌的样子，我真想掉头就走，不想忍受她的臭脾气，但又担心出安全问题，所以耐着性子陪她看完了电影。

星期天晚上，若安晚修回家。我估计经过一天，她的情绪稍微缓和了一点，便给她定规矩："以后看电影，如果你还是昨天那种表现，我就会直接离开。昨天本来我也想走，但因为之前没有跟你说过，就算了。还有，以后我都不会给你买电影票了。"

"啊？"

"啊什么？以后你看电影，自己买电影票。如果要我买，你得自己出钱！"

"好吧！给你！"一张"大红牛"（100 元纸币）立刻递到我面前。

"你的钱从哪里来的？"我惊诧。

"爸爸给的呀，哈哈！"

"好吧，你有个好爸爸，这钱可是爸爸做裁判辛苦赚回来的，血汗钱来着。"

"我知道呀！不过，我们语文资料要交 101.5 块，还是 110.5 块？我不记得了，妈妈，给钱。"

看到她这样，我觉得又好气又好笑，把她刚刚给我的"大红牛"还给她，

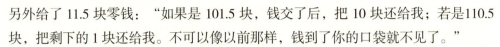

另外给了 11.5 块零钱："如果是 101.5 块，钱交了后，把 10 块还给我；若是110.5块，把剩下的 1 块还给我。不可以像以前那样，钱到了你的口袋就不见了。"

"嗯嗯，谢谢妈妈！我会把钱还给你的！"

我刚才啥目的来着？怎么一不小心被她带偏了？不得不说，现在的孩子真是聪明，哪怕我们家笨笨的小孩，也有着超高的忽悠父母的能力。小聪明，不肯认错，害怕面对，我家这个还算善良的姑娘，人性中的"恶"也不可小觑呢！

"我说你的情绪啦！我不想当你的情绪垃圾桶！在外面，你宁可委屈自己都要在乎别人的感受，回到家，你就不在乎父母的感受了。我今天在微信上看到一篇文章《为什么中国孩子最不尊重的人是父母？》，感慨万千，所以一定要跟你说道说道。"

她沉默……

"我知道你本性善良，但善良的人也可能做出伤害别人的事情来。你要学会控制自己的情绪，宽容大度一些，多看积极正面的东西。我跟你讲过了，高三最重要的是状态，良好的状态取决于良好的心态，所以要温和淡定。"

"嗯嗯！"

"我们无法改变世界，也无法改变别人，我们能改变的只有自己，只有自己的心境。懂吗？"

"嗯嗯！我觉得我是该大度一些！"

"别太敏感咯……"

"要得咧！"女儿莞尔一笑，可爱极了。

这应该就是陪伴的价值吧，能发现问题，不失时机地关心、开导与教育，帮助孩子获得成长所必需的心理营养。想想自己忧郁的青春时代，那些因家庭因情感带给我的困惑、痛苦与遗憾，我一直深藏于心，在落日余晖时，在清冷月光下，甚至在梦里，都能感受到来自很久以前的刺痛。

我不想女儿犯我曾经犯过的错，也不想她受我曾经受过的苦。这是女儿的高三，我希望她能收获的，不仅仅是一张大学录取通知书，还有对未来一生大有裨益的沉稳、大度、温和与自信。孩子，妈妈能陪伴你的时间很短，祝福你在那些需要你独自面对的日子，都能顺意无虞！

在家耍无赖的一天 (˶ ᵔ ᵕ ᵔ˶)

8 月 23 日　星期三　台风＋凉爽＋暴雨

　　一场"优秀"的台风给"高三狗"送来了一天假。若安在家待着，各种倦怠，各种赖皮，趁我不注意偷偷写在我看来无聊至极的魔幻小说，被我发现收缴了"作案工具"。为了缓解冲突、消磨她的时间，我安排她看《死亡密码——卡廷惨案真相》，也算是教育水平提高的表现吧。我下午睡到 4 点，唤她起床，她不肯，在床上各种耍赖。我给她剪了脚指甲和手指甲后，她才肯起床读地理书，之后一直赖在我身边，我到哪她到哪，亲密无间。

　　"两个'小朋友'这样相处就对啦，你看多温暖多温馨！"罗先生在一旁得意。

　　"只要她表现好，我没问题呀！"我瞪了若安一眼。

　　"我表现很好呀，除了睡得像头猪一样。"她嘻嘻笑。

　　"还有偷偷摸摸写小说呀，画菩萨呀……"

　　"我要读地理书，你别吵！"她抛给我一个白眼。

　　晚上吃晚饭，若安絮絮叨叨地，吃了好久，我实在看不下去，调侃她："我家女儿，听着音乐洗澡，可以洗 20 分钟，若是时间紧的话，1 分钟也可以。"

　　"是吗？1 分钟怎么可以？"罗先生作惊愕状。

　　"那天，竞选回家晚了，要赶回去晚修，不是 1 分钟搞定了吗？"

　　"嘿嘿……"若安一边吃饭一边窃笑。

　　"吓了我一大跳，在我看来她只是脱了衣服去厕所走了一趟出来，却告诉我她洗完了。吃饭也是这样，慢的话半小时，快的话几分钟！比如今天，我饭吃完了，水果也吃完了，请问您还要吃多久呀？"我催促她。

　　"很快吃完啦，你别跟我说话，就是因为你跟我说话，所以我吃得慢。"典型的"罗若安式狡辩"。

　　"你自己话多还怪我？"

　　"为什么不能话多呀，咱们湖南人不是都话多吗？"若安自鸣得意地朝我翻了很久白眼。

"爸爸，我要去帮同学买药。"

"谁呀？怎么了？"我问。

"不告诉你。她荨麻疹过敏，还感冒咳嗽。"

"她给钱了吗？"

"给了，她把钱包都给我了。"若安把同学的钱包拿给我看，100 块的都有。

"你看你同学多信任你呀！"

"是哩！"

"所以你别老看那些没有的呀，要多看看同学们对你的信赖，这么一想，就开心多了呀。"

"知道啦，啰唆，不理你了。爸爸，咱们走吧！"

…………

似乎一整天她都在读地理书，我到哪儿她跟到哪儿，不让我上厕所，不让我去厨房，不让我做别的事，只准我陪在她身边。

"走开！好狗不挡路！"

"汪汪，汪汪汪汪……"

…………

好吧，她还只是个孩子，有点贪玩，却知道轻重，没有自我放纵也没有过多负累，正是青春该有的样子，一个正常孩子该有的样子！

塑料朋友情 (̄ω ̄)=

8 月 24 日　星期四　

台风过境，带来无数场阵雨。天气不好，人的心情也受到影响。

吃晚饭的时候，若安抱怨道："我那个（2）班的朋友，总是玩微博，还指责我不去看她的东西。"

"你告诉她，妈妈不让你玩手机呀。"

"她自己不上进，还总说我，真是过分！"

"她一个理科班的'学霸'，为什么你跟她那么要好？"

"她在自己班没有朋友咯。"

"所以你就跟她好了？"

"嗯。她总说我不看她的东西，但她也不看我的呀。上次我跟她讲我的'男神'，她一点儿都不知道。"

"噢噢。"我不置可否。

"她总是这样，强迫别人去了解她，但她又不了解我。等哪次吃饭，我吃完就走，随便她说什么……"若安絮絮叨叨的，看来委屈不小。

"这么不开心，绝交好了啦！"

"哼！"

若安不理我，把饭碗一扔，背起书包兀自上学去了！我知道她只是吐槽罢了，真让她跟朋友绝交，她定是万般舍不得的。

若安心地善良，从小到大以"梁山好汉"自居。上小学时，她"罩"了个隔壁班被全班孤立的女孩；初中时，她同不怎么招人待见的可心要好，中考那几天还缠着罗先生给可心买早餐；高中时，又摊上了这个在班里没有朋友的理科班学霸……若安想帮助别人却又不敢表达自我，在与人沟通方面存在问题，负面情绪得不到宣泄，所以我就成了她的情绪垃圾桶，不管我愿不愿意，大桶大桶的"垃圾"直往我身上倒。我有时候挺烦她，但若是连我这里都宣泄不了，她的心理健康估计要成问题。所以，我还是勉强收了这些"垃圾"，尽可能开导她、陪伴她。

前几天，我在朋友圈转发了一篇题为《那些三观不合的好友》的文章，作者是当今极为活跃的专栏作家连岳。他说——

我不是上帝，我不负责审判。我只是镜子，他对我好，我就对他好。

能建立并维持亲密关系，就是当事人没有强烈的指导欲，没有用正确观念侵入对方生活的意图。

若安是个有精神洁癖的孩子，自然容不得朋友身上的"污点"，免不了要对朋友加以"指导"和"评判"。而这些，正可能成为"友谊杀手"。曾经在某个时间，有个非常好的朋友，因为害怕我做错事，对我的心理与情感做出了他自以为"友善"的评判与指导，让我有绝交的冲动。一个人若总是坚持那些自以为是的东西，不能宽以待人，不能设身处地替他人着想，恐怕很难找到知己，内心的孤独与孤愤也很难排解。对于这些，许多大人都无法尽知，更何况青春期的孩子？但愿若安能慢慢体会，慢慢成长吧！

她不会做地理归纳（╥﹏╥）…

8月25日　星期五　晴

早上回到办公室，老龚跟我投诉："我让若安做知识归纳，但她把课堂笔记交给我了。"

"哦哦！难怪昨晚她说你在她作业本上写了一句话，叫什么来着？"

"区分清楚笔记和知识归纳！"

"嗯嗯！昨晚她写地理作业到11:30，我还有点得意，觉得她表现不错，原来这么简单的要求都没听懂。"

"全班就她一个这样，噢，噢，不对，还有依程，她连作业都不交。"

"哈哈，依程没关系的，她聪明得很。"

"但不交作业也是不行的呀。"

"也是。昨晚我家罗先生还一个劲表扬若安，说她'沉迷学习，日渐消瘦'。我真是服了罗先生，选择性失明，只看到孩子优点看不到孩子缺点，一天到晚'宝宝乖''乖宝宝'的。"

"哈哈，这不是很好吗，都像你这么厉害，孩子该怎么办呀？"老龚哈哈大笑。

"也是哩……"

都像我这样，把孩子从里到外看个透，所有缺点暴露无遗，她去哪里找自信？有规矩有爱，有人教育有人宠溺，孩子方能健康成长，但为何偏偏我做了招人"憎恶"的"虎妈"，而罗先生做了温和可爱的"猫爸"？想来人生奇妙，我们家的"双人舞"虽然有点别扭，但终究"音乐"还在继续，"舞蹈"还在上演，也是不错。

这几天，我开始写高考总结，发现我跟学生讲过的那些人生道理，有许多都没有跟若安讲过！看来我真的忽略女儿太多了，真是遗憾，也很惭愧！高三开学快一个月了，若安整体表现还不错，但一些思想和情绪上的问题也逐渐显露出来，需要采取针对性措施逐步解决。听老龚这么一"投诉"，我又感觉若安的学习问题很严重，需要好好引导。老天呀，为什么我家的孩子这么难教呀？真是愁死我了！

孩子就该长成孩子的样子(*^_^*)

8 月 26 日　星期六　晴

昨天晚饭时，我问若安："今天地理考试怎么样？"

"还可以，比较常规。"

晚上到办公室，选择题扫卡成绩已经出来，若安得了 30 分，年级排名在 300 之后。我内心郁闷，有点担心。晚修后，看着若安疲倦的样子，实在不忍心告诉她成绩，但她 11 点后还在学地理，应该是自己也知道了什么，只是不告诉我罢了。

早上仍旧 6 点起床，回校路上，我说："今天老龚应该会评讲地理试卷了，一定要认真听哟，试卷评讲课比平时的课更重要。"

"知道。我们班组建地理评讲团啦，老龚想让我们尝试着自己评讲。"

"挺好的，你多点向同学们讨教呀！有什么问题，不一定要找老师，找同学也是可以的。上届学生，我告诉他们要做研究型学生，要有问题意识，积极乐观对待问题，因为凡事必有三个解决办法。"

"好的。"

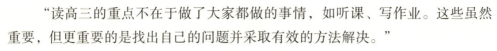

"读高三的重点不在于做了大家都做的事情，如听课、写作业。这些虽然重要，但更重要的是找出自己的问题并采取有效的方法解决。"

"嗯嗯。"

"比如昨晚你说你语言贫乏，不能用准确的词语概括和描述想要表达的东西，这就是一个问题。'周女神'说你有什么问题都可以找她，建议你去找找她。"

"嗯嗯，好的。"

全国卷对很多孩子来说，就如一座巍然屹立的高山。若安在基础知识、学习能力等方面跟全国卷还存在较大差距。现在，她在佛山最好学校的最好班级，拥有最好的师资，但这并不意味着她就能考出最好成绩。高考结果如何，关键看她的学习问题能解决到哪种程度。

前天，朋友子强说他的小女儿乖巧懂事，让人欣慰。我告诉他，这不一定是好事，孩子要有孩子该有的样子，该傻乎乎疯跑的时候就傻乎乎疯跑，该叛逆的时候就叛逆，该恋爱的时候就恋爱，而不是在不合适的年龄长成大人需要他长成的样子。若安几岁时是那种"乖到让人心痛"的小孩，那时她和伦伦一起吃饭，伦伦的饭天上一半地上一半，若安这边干干净净，每掉一颗，她都会用小手指捡起来吃掉。但现在吃饭，她竟然天上一半地上一半了，而且还"厚颜无耻、心安理得"！若安读小学六年级时，其他孩子陆续进入叛逆期，她谴责那些"以叛逆期为借口干叛逆勾当"的同学。当其他孩子不再叛逆时，她却开始叛逆了，各种挑剔，各种看不顺眼，各种小情绪，有时候真是为她辛苦为她烦。从那样"乖巧懂事"变成现在"浑身长刺"，中间她究竟经历了什么？

前段时间，我在朋友圈转了一篇"武志红"公众号的文章，名为《你在孩子身上偷的懒，都会变成最深的遗憾》。文章写得一般，但标题非常"辣眼睛"，里面有句话相当精准地描述了我想要追求的理想状态——

所谓教育，就像是陪一个人经历一场与困难挑战的旅程，这个时候，家长和孩子的关系，就是战友，为了同一个目标，肩并肩一起努力。

你在孩子身上偷的懒，都会变成最深的遗憾！我曾经遗憾，但不想再留遗憾！加油改变吧，让身处艰难境遇的孩子，遇见坚强、睿智、美好的家长！

扶弱课来啦へ(￣▽￣)へ

8 月 27 日　星期日

"妈妈，'培优扶弱'我报什么呀？语文，数学，还是地理？"

"这个学期地理没有扶弱班呢。"

"那语文、数学报什么？"

"你自己决定吧。"

"我想报语文。"

"报语文好，填补一下以前的缺漏，而且语文学好了，对政治、历史、地理甚至数学审题都有帮助。你不是说表达能力欠佳吗，正好可以提升一下。"

"那数学怎么办呢？"

"数学去'黄较瘦'（补习老师）那里就好了啦。"

"够吗？"

"要知道，你是没有办法单纯依靠补习提升成绩的呀。你坐下，咱们谈谈这个问题。"

若安坐了下来，一本正经，小时候那个乖乖女又回来了。

"提升成绩的主阵地在课堂，90% 的记忆量、90% 的理解度，都是在课堂上解决的。如果还剩什么问题，课后立刻解决。比如周五的地理考试，考完后你没对答案，昨天老龚没上地理课，今天周日，要等到明天才评讲，但时间已经过去三天了，黄花菜都凉了呀。你知道你地理考多少分吗？"

"不知道。"

"文字题做得还不错，有 28 分，你们班很多同学都比你低。但选择题得分好低呀，30 分，年级 300 名后。"

"啊？那我们班平均多少分？"

"69 分，差距太大了！上次历史考试也是这样，考完后也没对答案，说明你不敢面对现实。你要鼓励自己勇敢面对，该来的总会来。高考你总是要面对的吧？如果你想高考成绩出来后自己处境好点儿，现在就要直面困局。"

"我的选择题是有一些问题。"

"那就更要好好对答案了。看看自己哪些做对了，已经掌握了哪些知识，

还存在哪些缺漏。当然有些题做不出来可能与试题有关，但对完答案后，我们至少知道哪些不是自己的问题。"

"但我们班平均分那么高，说明还是我自己的问题。"

"读高三一定要有问题意识，要培养解决问题的能力。我觉得你现在主要有三大问题：一是问题意识不强，二是不够主动，三是情绪控制不够好。"

"嗯嗯。"

"情绪问题来自你的认识。上星期你脾气不是太好，你的归因是来例假了。女生每个月都有那么几天特殊的日子，但有的人在特殊日子可以'放纵'，比如我；有的人在特殊日子不可以'放纵'，比如你。以我现在的年龄，偶尔浪费几天没关系，但你现在读高三，时间金贵。另外，你对交友问题的认识也是导致你情绪不好的重要原因。我看你们班里那么多好孩子，你为什么偏要跟（2）班那个天天玩手机的在一起？"

她沉默……

"认识决定你的行为，行为影响你的情绪。你那些负面情绪的朋友给你带来了很多负面的东西，说得好听点，你是善良，说得不好听，就是'物以类聚，人以群分'！"

她继续沉默。

我知道这句话说得重了点，但她也知道话糙理不糙，竟找不出话来反驳我。我知道自己该适可而止了："你看你昨天跟梓豪哥吃饭，表现多好！一家人就该这样子呀，多开心，再想想你高一时对他的排斥，有必要吗？"

女儿咧嘴一笑，展示了"罗若安式"的认错态度。

"高三开学已经一个月了，我对你的表现整体上还是相当满意的，继续加油吧！"

"好咧！"

今天的谈话有些沉重，但有些东西确实需要我们勇敢面对。这两天若安的叔叔婶婶来家里做客，聊起了婶婶娘家侄女的高考，说刚过 400 分，家里又在盖新楼，父母不想让孩子读书了，但孩子又坚持要读。聊着聊着就聊到若安身上去了，弟妹问我若安大概能达到什么程度，我竟不知怎么回答为好，说高了吧，怕到时候没考好；说低了吧，又怕这两位对高考不了解的亲人跟若安说些过于鼓励和期望的话，给她带来压力。以前当班主任也好，做级长也好，我对学生总是充满无限的期盼与必胜的信心，但那种"心惊肉跳"的感觉，只有等自己孩子上了高三，才能真切地感受到。

教她怎么当卫生委员 (*^_^*)

8 月 28 日　星期一　雨

　　台风"帕卡"给罗若安同学送来了一天自由时光，而上周成功竞选卫生委员的结果是她在家弄了一整个下午的《卫生细则》。有一个追求完美、特别会揽事，却又磨蹭、执拗的小孩待在家里，有时候并不是一件开心的事情。昨天中午吃完饭后，她用电脑一直到两点多还不肯睡觉。我软硬兼施，好不容易才让她躺到床上。三点多我起床，就发现她已经在电脑上忙碌了，一直到五点。但今天早上，我打开她的文档，发现整个文档才 1113 个字，而原始版还不是她敲进去的。做事效率如此低下，真让人抓狂。

　　晚上吃饭是难得的聊天时机，"好为人师"的我给若安出点子："你知道搞好卫生的关键是什么吗？"

　　她沉默不语……

　　"第一件，你已经做了，就是完善制度。但光有这个不够，重要的是把合适的人安排到合适的岗位上去，比如擦黑板！我看你惩罚那些卫生搞不好的同学去擦黑板，这个就不好。如果一个人连自己的本职卫生工作都搞不好，他能擦好黑板吗？"

　　"但擦黑板让他无处可逃呀，大家都看着呢。"

　　"你知道为什么擦黑板这么重要吗？因为这是老师们最关注的地方，尤其是那些不怎么用 PPT 的科目，比如数学，再比如地理。黑板不干净，老师心情不好；老师心情不好，就会影响上课效率。所以我当班主任时放出去的话是，最优秀的同学才有资格擦黑板！"

　　"嗯嗯。"

　　"以前'简女神'班里有个女生从高二开始，擦了两年黑板，她不愿意别的同学擦黑板，理由是别人擦不干净。"

　　"啊？这么牛呀！"

　　"是哩！黑板不干净的重要原因是大家没有养成洗抹布的习惯，粉笔渍一直残留，黑板变成了白板。我觉得同学们不洗抹布是因为抹布太多了，大家都以为别的同学会洗，因此自己不洗，结果是大家都没洗。"

"嗯嗯，这是个问题，待会儿我就去找块最好的抹布放在讲桌上，把其他的藏起来。"

"跟你讲个故事。大概2003年，那时我还在广州读研，宿舍里进了一只好看的小鸟，一开始大家都争相喂它，新鲜劲儿过后大家各忙各的，结果有一天小鸟竟然死了。四个女人傻了眼，原来大家都不记得喂小鸟了。一个和尚挑水喝，两个和尚抬水喝，三个和尚没水喝，说的就是这种情况。"

"好可怜的小鸟！你们这群坏女人！"若安恶狠狠地瞪了我一眼。

"大家都不洗抹布不就是同一个道理吗？你要同学们把事情做完美，就得给他们提供良好的条件。你可以买个小水桶放讲桌底下，这样他们每次擦黑板都会记得洗。"

"不用呀。我们教室后面就有水龙头。"

"好吧！反正麻烦你提醒历史课前擦黑板的同学好好擦黑板，历史老师对黑板的要求是很高的。"

"那是当然。谁敢对我妈不敬，我就'弄死'他！"若安伸出拳头，做出个要打人的样子，哄得我心花怒放。

今天早上跟若安回教室，我一边关灯一边说："你知道吗，每次我关灯，心里都不舒服，有时候白天十点多，有些班级教室外面还开了盏日光灯。'新新人类'日日说环保，也只是嘴上说说罢了，那么多人走来走去，却连盏灯都不愿动手关一下。我建议你在你们班设置一个专门的关灯委员，避免类似的情况出现。"

"不用呀，我们教室外面的灯没人开，所以就不用专门安排人关了。"

"好吧，等万一哪天被人开了，万一白天哪位领导经过……"

她不理我，朝我吐舌头。

前段时间，若安告诉我说，班里有个女生来例假，肚子疼到不能走路，她想把同学背去校医室，结果从座位旁背到教室门口就没力气了。后来几个女娃娃找了个有轮子的凳子，把同学推去了校医室。昨天傍晚，若安请罗先生陪她跑步遭拒后，在书桌上码了很高一叠书，站着学习了好久，以"拯救"她那日益长大的"大屁股"。这孩子真是个神奇的存在，很多时候能想出非常好的解决问题的办法。卫生委员这个职位，之所以竞选者寥寥，就是因为它直接与中学生薄弱的劳动习惯、劳动技能以及人的惰性、依赖性相"对抗"。而我这"不知深浅"的女儿，还一头撞了上去。估计将来，她被黄妈批评的机会不少，又或者她灵光闪现，能做好这件事情也未可知，我且拭目以待。

教她怎么擦黑板 <(￣︶￣)>

8 月 29 日　星期二　晴

"你们班的黑板擦得怎么样？"

"不好。昨天被黄妈批评了。"

"哈哈，历史老师也不满意。黄妈是数学老师，她要在黑板上写很多东西，自然要求更高。"

"都不知道为啥，明明只放了一块抹布，结果一会儿又弄出很多来。"

"呵呵，你们班同学都聪明嘛。要不你把多余的放到妈妈办公室来，这样他们就找不着了。"

"不行的，其他同学要擦窗户的。"

"那是个问题。"

"都不知道他们为啥，总是做不好。"

"妈妈建议你把擦黑板的人找出来，给他们做个培训，告诉他们擦黑板的重要性，教会他们擦黑板的方法，很多同学做不好事情是因为他们没有琢磨过怎样做才能做好。"

"怎么教呀？"

"擦黑板至少要擦两遍，先用吸够水的抹布将粉笔渍全部抹掉，然后将抹布洗干净，拧到几乎没有水，再将黑板上的水擦干净。擦黑板的时间也是个问题，一下课就必须擦，否则到上课时黑板干不了。我还是建议你买个水桶放在讲桌旁边，这样大家忘记洗抹布的概率就会减小。你想让同学们将黑板擦到完美，就必须为他们提供必要的条件。"

"但有些人根本就不认真。"

"我说过，惩罚同学去擦黑板是不合适的，一个连本职卫生都搞不好的人是不会在乎同学们对他的看法的，所以拉他出去'示众'也没用。以前宝琪姐姐读高三的时候，班里只有三个人擦黑板，轮着擦。而且我们班擦黑板的同学完全不用做其他值日，因为要做好这件事情也不容易。"

"好吧，我可以试试。"

我估计她尝试的可能性不大，一个有雄心却拉不下面子的孩子，怎么可能会说一句哪怕稍重点儿的话去"得罪"她亲爱的同学呢？若安还是勇气不够，不能迈出第一步，怎么可能有第二步、第三步，并最终成为一个执行力很强的人？所以，黄妈，这个竞选成功的卫生委员，只是看起来很好，其实做事不怎么好，您估计要亲自出马传授几招才行。

昨天是乞巧节，网上说很多女生主动开房、主动献身。女娃娃们估计搞错了，这原本是个穿上新衣向织女星乞求智巧的日子，而不该昏头昏脑地以分泌激素为能事。现在有些时髦女郎十指不沾阳春水，哪里还知道我们这双手，原本是女人安身立命的资本。还好我们家没有这样的传统，现在女儿高三已经开学了，有机会还是要让她多做家务才行。

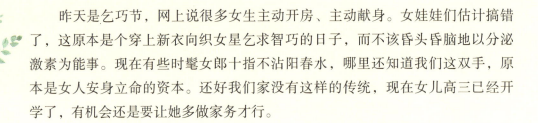

昨晚若安用棉签给罗先生的后脑勺擦药，一边擦一边大惊小怪："爸爸，怎么擦了这么久还不见好转呀？"

"多久呀？不就两天吗？"我白了她一眼。

"呵呵，是呢。那什么时候才能好呀？"

"等等看咯，爸爸这块癣很久了，非一日之功可以好的。"

"好吧……"

人生那些坏毛病估计也像罗先生这块不大不小的癣吧：细菌逐渐侵入，引发局部感染，最终让人痛痒难耐，而清除又颇为不易，需寻对方子，多予时日，多些耐性，方能见些成效。

丫头，慢慢学吧，你要走的路还长着呢！

第五章

2017 年 9 月

妈妈不生气是我最大的幸运 \(^o^)/

9 月 6 日　星期三　晴

　　这段时间工作忙碌，月考、改卷、考前赶课、考后辅导，还有那怎么都写不完写不好的高考总结……我又差点儿忽略女儿了，真是罪过。

　　全校正式开学好几天了，我们家的"高三狗"学习节奏紧了很多：傍晚可供自由支配的时间被压缩到 80 分钟，放学后搞卫生、跑步、洗澡、吃饭，时间只勉强够用；测试增加了，文综选择题合卷了；学习内容增加了，难度也逐步提升了……

　　这两天若安有点小感冒。昨天体育课她打了一节课篮球，回家后告诉我说好了，果然坚持锻炼的孩子身体更好一些。不过她依然面容憔悴，黑眼圈似乎又加深了一圈。唉，心疼！

　　最近若安的情绪控制好了许多，前几天依然跟我"吐槽"那个（2）班的朋友，但发完牢骚便嘻嘻笑，立刻转入学习。只要不长时间影响情绪，偶尔"吐槽"一下也无关痛痒，我就继续当她的情绪垃圾桶吧！

　　倒是我自己，因为高考总结的缘故，又想起了一些烦恼事。而那个因难忍疼痛而跳楼自杀的产妇新闻让我愤懑不已，据说是因为丈夫拒绝剖宫产！女人呀，何时才能主导自己的命运甚至生命？表妹和妹夫离婚的事有一遭没一遭地冲击着我，一个说看透了，一个喊冤，患难夫妻要分手，让孩子们还怎么相信爱情？

　　昨晚放学，遇到"周女神"，她说若安语文的选择题比平均分低了 4.6 分，其他都还不错。真的感谢我亲爱的同事，竟然记得这么准确，说明她对女儿确实关注。

　　回家路上我跟若安聊了聊成绩，分析了有关高三的一些关键因素。她突然冒出一句"你不生气是我最大的幸运！"，弄得我心酸不已。

"这个世界有很多人，但我真正在意的只有你——我的妈妈。我之所以这么努力，经历这么多波折，遭受这么多磨难，尽管依然看不到希望，但我从没想过放弃，不是因为别人，而是因为你——我的妈妈，因为你一直都懂我，一直都对我抱有热切的希望！"若安这句话的潜台词，真的让人深思，发人深省。

所以在她这么关键的时刻，我最重要的任务就是修身养性，千万不可各种苛求、各种叨扰，给女儿平添负累！放心吧，孩子！不管你成功与否，妈妈都会永远爱你！从小你就把我当成好朋友，那我们就真的做好朋友吧！好朋友就应该肝胆相照、荣辱与共，你尽管放手一搏，不管结果怎样，回家，总会有你的饭吃！

不合适的教育是如何毁掉人的？(⌒ㅅ⌒)

9 月 7 日　星期四　晴

昨晚去广州陪高中同学"高所"吃晚饭，他送女儿来广州美术学院上学。时间过得太快，一眨眼，孩子们都上大学了，而我们还像孩子般追忆往昔点滴。高中，高中，人生最难忘的青葱岁月。感谢亲爱的高中，带给我一群可爱的同学，一辈子的兄弟姐妹！

我回到佛山，刚好女儿晚修下课，顺便接她回家。

"妈妈，好可怕，才 9 月份，我们就要报名参加校运会了，怎么那么快呀？"

"噢噢，是吧？"

"这次我想毛遂自荐报 4×100 米接力，我不管别人怎么想，反正我要报。去年跑接力的那些人，跑得比我还慢，我在旁边看着，好着急呀！"

"好呀！你想报啥就报啥！"

回到家后，若安见到爸爸，几乎吼着说："爸爸，你要教我背越式跳高！"

"为啥？"

"要校运会了呀，我要报跳高。"

"背越式跳高很难学的，你现在高三，别学了，报别的吧。"罗先生试图说服她。

"不行呀！这个项目没人报的！"

"没人报你就要报呀？这孩子，什么逻辑？"罗先生继续坚持。

"是呢！这是体育比赛，看谁能拿到更好成绩。报名的基本原则是你擅长什么就报什么，哪有别人不报你就报的道理。"我在旁边帮腔。

"妈妈，去年我可是拿了第 8 名呢。"女儿不服气。

哼哼，你拿了第 8 名，还不是因为跳高太难，几乎没什么人报的缘故？虽然我心里这么想，但话说出来未免太尖刻，所以打住了。于是如此这般，一家三口围绕这个问题讨论了许久。正如其他许多父母无法说服自己的子女那样，我们两个老师最终也只能缴械投降。

"不谈了，我明天先报 200 米、4×100 接力和跳高，等下个星期想清楚了，我再去画掉一个。"若安当机立断，给我们的谈话画上了句号。

今天早上我和若安一起回学校，见到几个同学在跑步。若安说："妈妈，是不是早上锻炼不好呀？你告诉过我早上空气质量是最差的。"

"嗯，新闻是这么说的。"

"那为什么他们不知道呀？"

"不知道呢！天下知识浩如烟海，我们懂的太少了。"

"但人家坚持锻炼总是好的，我看很多人都不锻炼，都不知道他们身体怎么撑得住。"

"我不管别人，我只管你。话说，你的运动天赋都是遗传爸爸的吧？"

"我哪有运动天赋？我跑呀跳呀，都不行。"

"那就是爸爸也没有运动天赋，只不过他年轻时刻苦训练罢了。"

"才不是呢！爸爸有运动天赋的，他跑步速度非常快的。"

"好吧，那你就是遗传我了。"

"就是呀！我投篮很准的，爸爸就不行。"

"你投篮很准吗？我怎么不知道？"

"你都没问过我，怎么会知道？"

"投篮关键是看手指啦，爸爸手指短呢，但你的'猴爪子'，长得很。"我拉起她的手，亲了一口。

"也不是呀！投篮准不准是看综合的吧……呃……呃……"呵呵！终于有她驳不下去的时候了！

作为经验还算丰富的老师，偶尔我会怀疑，教育真的有用吗？某种程度上说，任何教育都干不过遗传。心理学家武志红在他的成名作《为何家会伤人》中说："每个孩子一出生就有一个精神胚胎，它自动会指引孩子成长，孩子每一个自发行为，都反映着这个精神胚胎的需要。"可能，我们只要提供合适的环境，满足孩子成长的基本需求，孩子就能长成他应有的样子。就像植物那样，只要阳光、雨露充足，茄子长成茄子，辣椒长成辣椒。但哪怕你提供再多的阳光和雨露，茄子还是不会长成辣椒，辣椒也不会长成茄子。

同事们经常批评我打压若安太厉害了，所以她才胆小内向，这往往让我倍感委屈。在我看来，只不过是她的性格特征跟我不同而已。若安小时候在幼儿园做操或者跳舞，总比别的同学慢半拍。就连出生，也拖延了十来天，到我生日那天才肯出来。这拖拉磨蹭，像极了她的祖母。很久以前跟她玩扔布娃娃的游戏，轮到她扔时，不是扔偏了就是扔自己身后去了。那个时候我就感慨，孩子协调性太差了，这点像我。前段时间有幸看她做操，动作之标准令人惊叹，跟读高中时候的我颇有几分相似。其实，我是没有任何运动天赋的，高二时广播体操比赛，因为我踏步同边，体育委员把我安排到了评委看不到的角落。但为了那次比赛，我天天琢磨，硬是将一套广播体操做到完美无瑕。女儿做事像我，虽然笨一点，反应慢一点，但态度端正，肯动脑琢磨，所以也会有让我意想不到的惊喜。

因此，大人们找准孩子的基因密码，提供合适的条件，让孩子安静地成长就好！然而，总有许多东西在妨碍孩子成长：僵化的机制，工厂化的培养，急躁的功利化的世俗环境……在我们鼓吹教育如何塑造人的时候，是不是也该问一句，不合适的教育是如何毁掉人的？

办公室训女儿（••）

9 月 8 日　星期五　晴

　　昨天我在图书馆待了一上午，回办公室后，要鹏告诉我，前天政治测试成绩出来了，若安文字题得了 32 分，班里第二，但选择题依然低于年级平均分 3~4 分，主要问题是概念不清晰。我正想高兴一下，忽然想起 9 月的月考成绩应该出来了，从办公系统下载文件打开一看，哎呀，不妙！辛辛苦苦一个月，女儿考出了史上最差成绩——299 名！最让我无法接受的是英语，只有 95 分，低于班级平均分 20 分，而她上学期期末考试英语排年级第 4 名！

　　真的越来越搞不懂这孩子了！我一直自诩教育老手，别人家的孩子教得顺风顺水，自己家的娃却相当棘手。进入高中后，若安的各科成绩都曾经非常好，语文高一时考过两次年级前 30 名，历史曾经很棒，英语一直稳定，地理拿过奥赛一等奖，哪怕是她不在行的政治与数学，也有过非常好的排名，否则也进不了重点班。问题是，她这些科目从来没有一次性考好过，都是星星之火，让人看到希望，但整体排名一直不理想，难道真要等到高考才能燎原吗？

　　我心里郁闷，见若安从办公室经过，便拉住她问为什么。被吓坏的若安想极力掩饰内心的恐惧，一时不知怎么应对我这母老虎，竟抛给我一个莫名其妙的微笑。此时此景，这微笑在我看来，简直就是态度不端正的表现，于是恼怒的我如此这般将她一顿好训："有些科目你暂时考不好我不怪你，但英语这么简单，你竟然考成这样！你跟我解释这是为什么呀？告诉过你的事情，又不按照我的要求来做。跟你说过很多次了，有问题要找老师，找老师，你找过没有呀？"

　　憋屈的若安眼泪"吧嗒吧嗒"直往下掉。等她离开后，老龚立马朝我开炮："你看你，怎么能这样？都把女儿弄哭了。"我知道自己有些过火，但又不甘心认错，仓皇收拾东西下班回家。

　　今天一大早我去教师饭堂吃早餐，在风雨跑道上被黄妈叫住。就如同我在办公室训女儿一般，"快嘴"黄妈"噼里啪啦"将我一顿臭骂，让我没有插嘴的机会："你家女儿已经很懂事了，一次考不好很正常，你怎么能在办公室当着那么多人骂她？你做了这么多年教育，应该知道怎么好好跟孩子说话，怎么到了自己女儿那里，就这么不淡定，这么凶？！她越是考不好，你越要鼓励她，相信她，给她信心！你要成为孩子的依靠，不能在关键时刻给她添乱！你要记住，你女儿不光是你的女儿，也是我们大家的女儿，我们不允许你这样对待我们的女儿！"看黄妈那义愤填膺、非吃了我不可的样子，我真感觉自己是世界上最糟糕的妈妈，一句反驳的话也说不出来，只得老老实实低头认错。

其实昨天在办公室，我就意识到自己伤害了若安，心里隐隐作痛。那次跟海鸥聊天，我说大人们教育孩子，要保持适当修养。海鸥说，父母也不要刻意控制自己的脾气，要让孩子知道我们也是有脾气有底线的人。此话固然有理，但发脾气不仅伤害孩子，也深深地伤害着自己。从前为了工作，我忽略女儿太多了，现在到了还账的时候，这个过程着实艰辛，而我性格又不够沉稳，给女儿添乱了，真心对不起她呀！不过按照规律，"搞一餐"后，若安会清醒很多天，接下来会有一段风平浪静、温馨愉悦的日子。

昨天早上上学，我拉着女儿的手问："你爱不爱妈妈？"

"不爱！"

"为啥不爱？"

"你不给我买试卷袋我就不爱。"

我把这话原封不动告诉罗先生。晚上罗先生回家，家里便添了个淡绿色的试卷袋。女儿激动不已："好漂亮呀，爸爸什么时候变得这么会买东西了？"

"他都当你爸爸这么久了，当然知道你喜欢什么啦，你不就是喜欢黄色的、绿色的、蓝色的东西吗？"

"是的。噢噢，我真的好喜欢。我的人生完美咯，我的生命完美咯！"女儿将试卷袋拿在手里，爱不释手。

"就因为有了这个试卷袋？"

"是呀！这样我的试卷就不会乱成一团啦！"

"要不今晚抱着一起睡吧？"我调侃她。

"好呀好呀！"

临睡觉前，罗先生到女儿房间，让女儿给他擦癣药。女儿用棉签粘药，戳爸爸的后脑勺，爸爸故意鬼哭狼嚎，朝我做鬼脸。看着父女俩这么愉快，我心里的阴霾也烟消云散了！算了吧，过去的就过去了，还好这不是高考，我们还有未来。只是我那一点就着的臭脾气，确实要改一改了。

我是投篮高手＊﹨ˆ▽ˆ﹨－＊

9月9日　星期六　晴

　　晚上一起回家，若安"叽里呱啦"跟我讲体育课打篮球的事情："今天体育课我出其不意，攻其不备，'嗖'的一声投进去了。"

　　"哇哇，好厉害！怎么投的？"

　　"她们围住施源，刚好我在旁边，施源把球传给我，然后就进啦，哈哈！速度很快的哟，她们都没想到我会投。"

　　"好厉害！上历史课的时候我发现玥玥已经成个水人儿了，原来是你们打篮球了，运动量应该挺大的吧？"

　　"是呀！今天有体育课，所以下午放学我只跑了两圈。"

　　"可以了。你跟玥玥一队吗？"

　　"没有啦，我还没跟她一队过。"

　　"你们多少人玩？"

　　"一般10个人，有时候8个人。"

　　"有男同学吗？"

　　"有一次有，现在一般都是女生。那次我们8个女生2个男生，玩得特别开心。妈妈，她们都撞不过我，因为我块头大。我防守的时候，她们左边右边没得跑，要投篮的话我把手伸出来一拍，球就跑别的地方去了。"女儿手舞足蹈，两眼放光。

　　"哈哈！你有身高优势呀！"

　　"现在是接球和运球的问题，有时候接不住，带球的时候也带跑了。"

　　"呵呵，小时候你就接不住东西啦，让爸爸带个篮球给你，平时多练习练习。"

　　"好呀！"

　　"你看你这样多好呀，多开心，就是要多跟班里同学交往呀。那些负能量的同学，就稍微离远一点啦。"

　　"知道啦！啰唆！"她立刻变脸，摆出一副不以为然的样子，又立马觉得不合适，换了个话题，"妈妈，你值班有什么神奇的事情发生吗？"

"没有，就是有好几个学生问我历史该怎么学。我发现他们的问题基本都是基础与识记方面的。他们都问我有什么好办法没有。哪里有什么好办法呀？不就是量变与质变的问题嘛！"

"嗯嗯！"

"你英语究竟是什么问题呀？找出来没有？"

"就是这里错一点儿那里错一点儿咯。"

"那也不至于考成这样呀，优势科目一定要保持！过来，妈妈给你讲讲前摄抑制与倒摄抑制。"

"啊？啥来着？"

"心理学呀！"给她一番解释后，我抛出了自己的建议："我想从下星期开始，稍微改变一下晚上你回家后的学习安排，不要在家里写作业了，全部拿来背书吧。"

"啊？"

"睡觉前背书，没有倒摄抑制，效果更好。文科要背的东西太多了，如果不背书，基础知识补不上来。"

若安朝我吐舌头。看来要想她同意，还得再认真跟她谈一次才行。

"那你今晚想做啥？"

"政治归纳！"

"嗯嗯，去吧！"

愿意改变吗，能改变吗，有效果吗？不多想了，就这么决定吧！做个睡前背诵表，先坚持个 90 天吧！

班主任替她"报仇" ⊙_⊙

9 月 10 日　星期日　晴

昨天上午，2017 届高考总结会，我代表年级做总结发言。总结会间歇，我见到黄妈，请她多关照一下若安的数学。没想到谈着谈着，竟又谈到我在办公室

"训"若安的事情上去了。

"现在数学讲函数，是最难的一部分。她可能还没有完全掌握，你不要急，不要骂她。"黄妈说，"人家都已经是大孩子了，你要骂可以在家里骂，但不能在公共场合骂。"

"我也不是为了数学，我是因为英语呀。你都不知道她有时候多不靠谱。"我为自己辩护。

"我知道呀。你可以让她分析原因，骂能管用吗？"

"她真的是有一些问题，犯糊涂的时候是很让人抓狂的。"我赔着笑脸。

"这么大的孩子了，你要维护她的尊严，你在办公室骂她就是不对。"黄妈是个执着的人，非要让我"认错"不可。

"好吧，我接受你的批评，但她的问题也确实让人操心。"不知为何，我的眼泪竟不争气地滚了下来。

"我能理解你的感觉，当你是朋友才这么跟你说。"黄妈毕竟是黄妈，开始照顾我的面子。她缓了缓，笑着说："以前我儿子也是这样。当时我告诉自己，不管别人怎么说我儿子不行，我都要说自己儿子行，因为我是儿子最大的依靠。"

"嗯嗯，我知道这样不对，本来一开始也没骂她，但看她傻乎乎的样子，就冒火啦，一时半会儿没忍住。我会改的啦。"

"你知道吗？若安真的是很棒的孩子，你一定要多鼓励她，我觉得她一定行的。"黄妈安慰我。

好吧，好吧，谢谢黄妈……

昨天是好日子，大家分享2017届高考成功的喜悦。按照佘校长的话来说，高考总结会上级长发言，是一种荣誉，而且还有领导的各种表扬、各种肯定，但我却掉眼泪了。这对比也太强烈了点吧！冷静下来，我问自己，这几颗泪珠里面，包含了哪些东西？首先是委屈，不是因为黄妈，而是因为自己这些年太过投入，无论是做班主任还是当级长，都全心全意投在学生身上，但牵涉其中的某些人与事，或多或少让我烦恼。今天的高考总结会，我百感交集，所受的那些劳累与委屈，便突然涌上来刺激自己。从前我教育学生：委屈是一所学校，每个人都要从这里毕业。就我今天的表现来看，我也不是"委屈学校"的优秀毕业生。其次是焦虑。是的，是焦虑，我生怕自己的孩子考不上好大学。或者还有心疼、愧疚，以及对自己急功近利的忏悔。

但从这两天女儿的表现来看，前天的"搞一餐"似乎起了作用。昨天我们去看电影，顺便在新房里待了一会儿，准备回去时，她突然想起要找些散文书籍，结果没找着。出门摁电梯时，我看到她很大力地戳电梯按钮，但进电梯后立刻朝我笑了。我知道她在极力控制自己。今天早上，她去"黄较瘦"那里学数学，出门不久后又折回来，让我帮她找眼镜，但找不到。她立刻打电话给罗先生，问有没有在车里，语气也算温和。她昨天晚上读地理，今天早上读政治，还接受了我给她安排的背诵表。这说明她开始正视自己的问题，学会控制自己，改变一些不良的学习习惯。尽管成绩退步了 100 名，但我相信她能反弹！

要表扬一下自己，在做妈妈这件事情上，我也长进了。今天她回来找眼镜，若是从前，我会说"怎么搞的？看你这丢三落四的样子！"，或者脸色不好看。但这次我竟朝她笑了。我笑着还立刻起身帮她找眼镜，还告诉她不要着急！

"像爱女儿一样爱学生，像教学生一样教女儿"，很多年前罗先生赐予我的"武功秘籍"实践起来很不容易。尤其是我这典型的湖南人碰上若安这典型的"广东人"，确实要温和些、舒缓些才好，否则孩子还没被教好就已经被吓得半死了。

空军招飞啦！ㄟ(´︶`)ㄏ

9 月 11 日　星期一　晴

晚上若安回家，兴奋地告诉我："妈妈，我的历史只错了一题。"

"非常好！其实我已经知道了。"

"啊？"

"你们考完后，老师们就直接扫卡了。"

"噢，噢。"

"但政治和地理的选择题还是有问题，明天评讲要好好听。"

"地理气死我了，有两道题没看清楚。"

"下次仔细一点儿就好了。以后每周都有文综选择题合卷测试，可以逐渐调整。你的答题顺序是怎样的呀？"

"我先做政治、历史，再做地理。"

"啊？我们一般要求学生按照题号顺序来做的。"

"但历史是我的优势，我得确保它得分呀。"

"好吧，你可以尝试一段时间，也可以在以后调整。"

"嗯嗯！考完后我就对答案了，算是一种进步吧？"

"当然，说明你开始勇敢面对。"

"会越来越好的！你放心！"若安竟反过来安慰我。

不知为何，我竟然掉了一颗眼泪，当然没有让她看见。辛苦陪伴 40 天，这块硬石头终于开了条小缝。若安不是那种满嘴跑火车的孩子，她要么不说，但若是说了出来，就一定能做到。

今天早上一起回学校，若安跟我说起空军招飞："黄妈说空军要招飞了，我们大家都很兴奋。"

"是呢，很多人都有蓝天梦。"

"但黄妈一说只招男生，我们全班就'切'了。为什么只招男生呢？"

"其实也招女生的，只是不在广东招罢了。"

"就算招也没希望啦，对身体要求很高的。不能太高，不能有明显疤痕，视力还不能差。光视力这一条，就很多人不达标了。"若安长叹了一声。

"是呢，现在孩子们的身体素质堪忧。"

"这个行业也挺危险的吧？"

"没有战争就不危险，撞机的概率比撞车要小得多。"

"有战争的话，飞行员就能发挥很大作用了。唉，与我无关啦，只招男生。"

"我们那届只有一人招飞成功，还是民航。但有几位同学去了中国人民公安大学，你若是喜欢，可以考虑呀。"

"真的吗？我能考得上吗？"

"努力就有希望。这些职业对社会非常关键，也挺符合你的个性与理想，你努力加油吧。"

"好咧！妈妈，有没有想过如果我是个男孩子你会更喜欢？"

"从来没想过，只要是我的孩子，妈妈都喜欢。不过，以后你可以生个小男孩给妈妈玩一下。"

"再说吧。妈妈，真的不考虑再生个弟弟或者妹妹吗？"

"绝不考虑。倒是你，要多跟班里男同学玩呀，多点跟男生相处，多向男生学习。"

"有呢，我跟昊权关系挺好的。"

"还有别的男生呀。说到昊权，明天我要找他谈一谈。"

"啊？你要干什么？"这孩子，警觉性太高了。

"不干什么，他历史思维不怎么好，要谈一谈。"

呵呵，若安的担心倒是提醒我可以走走"曲线救国"路线，她这么腼腆，我可以利用"职务之便"，拜托班里那些优秀的男生主动出击，多跟若安玩，改善改善她那在我看来"恶劣的"人际关系。

空军招飞的谈话引起了我对教育的感伤。改革开放以来，中国经济快速发展，人民生活水平极大提高，但孩子们的身体素质却越来越差，有报纸说中国现在已招不到合格的新兵。佛山一中教室里的那些学霸，绝大部分都戴着眼镜，而高中的校运会，已经取消了 3000 米跑。相对来说，若安是比较注重体育锻炼的孩子，但上次带她去香港游玩一天，看着她"身体几乎被掏空"的样子，我都不知道有多失望。就如空军招飞，即使招收女生，她也不符合条件；就算是去警校，她的视力也无法达到要求。所以我曾经萌发的要送她去部队磨炼的想法，如今只能成为一种奢望了。

唉！伤心！

你本来就是我的小·妹·妹·呀！ \(=˙ω˙=)。

9 月 12 日　星期二　晴

昨天，我收到了孩子们送的教师节礼物，有好多鲜花、好多吃的、好多卡片。（19）班同学写了几大页祝福语，虽然有点浮夸，但不知为何，我就是觉得舒坦。看来人类天生就是"顺毛驴"，表扬与肯定更能带给人愉悦。从孩子们的"高度"评价中，我发现了一些有意思的东西——

莫老师真是率性又可爱，上课生动又有趣……

不得不说，您是我期待的那种历史老师，气场强大又开得了玩笑……

春香气场两米八……

最喜欢莫老师严谨的思维和豪爽的性格啦……

听着您思维严谨又激情澎湃的历史课，我觉得我的"懒癌"晚期都被治好了……

不得不说，您剪了头发气场更足了……

记得高二有一次课间操偷走高三楼梯，被您狠狠地赶了出来，从那时起，我便对这位大名鼎鼎的莫级长有了敬畏之心……

感觉"春爷"真是辣妹子的典型代表呀，跟您聊天发现您其实是很有个性的人，就喜欢您的与众不同……

在高二时曾经有几次和若安去找您，您都会给我吃的，从那之后我就发现您不是传说中让人"闻风丧胆"的人物……

听若安说您不凶的，所以就深深地相信了。所以，您真的蛮可爱的呀……

从这些看似表扬实则批评的评价中，我发现了自己工作中"豪迈""霸气"，甚至"可怕"的一面。尽管我本性善良，在家里亦是"甩手掌柜"，但这种工作中养成的"恶习"，总免不了要带回家，尤其是当女儿做错事时，我必定"火山大爆发"。我那善良、柔弱的女儿，或许就是这样从小被吓大的吧？！还好孩子天生愿意谅解父母或者说服自己选择谅解。抚育之恩，反哺之义，已经融入血脉，给亲子关系的调节提供了广阔空间。但有的父母不知反省，没有边界意识，肆无忌惮地扩大自己的"领地"，置孩子于看不到阳光、得不到温暖的逼仄之处，于是就产生了许多伦理悲剧。"吾日三省吾身"，我既然知道自己的性格缺陷，就得多多改变，温柔些、体贴些，每天"吃斋念佛"，至于孩子，就任她撒欢去吧！

昨晚吃饭，我问若安："你是想吃剩饭还是刚煮的饭？"

"吃剩饭。"

"量不够。我给你盛点新煮的吧。"

"够了，够了！"

"不够，不够！"

"都说够了！"

"好吧……"

看她很快吃完，我不甘心，继续强攻："再盛点饭？"

"不要啦，够了！"

"那好吧，把西红柿炒蛋吃完！"

"我吃不了这么多。妈妈，你帮我吃点。"

"不，你今天吃得太少了，你吃。"

"真吃不了这么多。"

"那好吧。"

于是，她夹了好几大块西红柿给我。

…………

昨天若安晚修回来，我躺在她床上看书，给她下命令："读地理！"

"不，我要做地图册。"

"跟你说过啦，晚上回来要背书。"

"做这个也可以增强记忆呀。"女儿可怜巴巴地望着我，做了个请求的动作。

"好吧……"

于是她做她的地图册，我看我的书，相安无事到深夜。

前几天，铭东告诉我说某天在小区见到我，但没叫我："看到你跟你女儿在一起，你就像她的小妹妹一样，感觉有点滑稽，哈哈！"

我把这事儿告诉若安，她得意地笑了："你本来就是我的小妹妹呀，哈哈哈！"

好吧，就让我做你的小妹妹吧。

心理学家武志红说："爱，令关系亲近；自由，令关系保持适当的距离。两者同时兼备，是一切亲密关系的真谛。"良好的关系是教育得以实施的前提，无论亲子，还是师生。按自己喜欢的方式生活，用别人喜欢的方式相处。越是亲密的人，彼此之间越需要空间与尊重，否则就会滋生反叛或者抑郁。女儿是个懂事的孩子，有理想、有主见，可能现在我需要的，就是来个"敦刻尔克大撤退"了！

寻找"嫌疑犯"(⊙ _⊙)

9 月 13 日　星期三　晴

昨天傍晚，若安回家，一进门就说："那支舞真的好难呀！"

"啥？"

她瞪大眼睛不说话，嫌弃我 get（领悟）不到她的意思。

"哦哦，你说校运会上要表演的踢踏舞呀！"我突然醒悟。

"是呀。我怎么感觉旁边的人都会跳，就我不会呀。我是不是天生愚笨呀？"

"当然不是啦！旁边同学会跳，可能他们记忆力稍强一些，记住了。以前，子雅姐姐她们班，我请了个专业老师教他们跳街舞，跳到全班同学怀疑自己的智商。你们班所有人都会跳？我不信！"

"也不是啦，好多同学都不会。哈哈，其实他们也跟我差不多。"

"就是嘛。"

"我这段时间抽空多跟会的同学学学吧，我就不信我学不会。"

"好！但你要记住，别着急，多练习几遍就好了，不要因此影响自己的情绪，跳舞本来是件开心的事情。"

"好咧。"

于是她洗澡时，浴室里传来"嘣嘣嘣"的声响；一起回学校晚修时，她竟然在操场上手舞足蹈；晚上一起回家时，她也在说要跟谁谁谁请教。

"这段时间状态非常不错呀！"我表扬她。

"是吗？一般吧。"

"是呢，是真不错，要继续努力。"

"嗯嗯，我会的。"于是，她晚上背了 50 分钟政治。

昨晚值班，我执行我的"曲线救国"路线，把林伟斌叫到办公室，让他找两名要好的同学一起研讨"近代海洋"那道高考题，以便今天在课堂上讲解。没想到他很是紧张，我便解释道："你们是重点班，教学方式跟别的班要有些不同。前段时间我的教学比较常规，是方便大家适应。但现在大家基本适应了，就要按照小组研讨、同学讲解的方式进行一些课堂变动了。"

"但是，但是，为什么您第一个要找我？"林伟斌极力掩饰他的紧张，眼神躲闪。

"因为我喜欢你呀。"我笑了，"我觉得你很好，挺有想法的。"

于是那个狐疑的孩子回教室找人去了，看他惴惴不安的样子，我猛然觉得他可能是"求抱抱事件的嫌疑犯"。回家跟若安说起这件事，她哈哈大笑："都告诉你不是他了。"

"呵呵，是不是他无关紧要。只是你这同学很聪明，甚至有点小狡猾，我告诉他找两个玩得好的同学过来研讨，结果没有你说的水灵灵大眼睛的昊权呀。"

"啊？平时他俩玩得挺好的呀。"

"他找了远翔和谭天，说明他做事一点都不含糊！找两个历史高手当然比找昊权这个历史成绩接近需要被我谈话的人要好了！远翔非常聪明，思路清晰。谭天也不错，但表达要加强。"

"远翔是很聪明的，连黄妈都在班里说：'远翔呀，你要努力点呀，不要总靠智商吃饭呀！'"

"呵呵，是吧！每个人都要直面自己的问题，大家都一样！很多人都认为，自己之所以不成功，是因为不努力。其实他们不知道，努力不是一种态度，而是一种能力。只有不断努力，才能培养'努力'这种能力，否则关键时刻，便对自己'狠'不起来。每个人的智能结构不同，大家都是这方面好一点，那方面差一点，所以既不可妄自菲薄亦不可妄自尊大。"

"嗯嗯！有道理。"

"呵呵，总有一天我会把那个'嫌疑犯'找出来。"我话题急转。

"哈哈，你找不出来的，我不会告诉你的。"

"我知道啦，不是你们班男生嘛，是女生，是于飞洋，是李盈盈，是陈曦，是……"

"嘿嘿嘿嘿。"女儿得意地笑了。

隔段时间，我就要跟她提一提那个"嫌疑犯"，以昭警示。那个在操场上"求抱抱"并追了女儿好几次，把女儿吓到要罗先生去学校接她的男孩子究竟是谁？若不是教他们班，我完全没有兴趣去了解。但既然教了他们，也免不了要"八卦"一下。爱，无论何时何地，都值得尊重。我甚至感恩这个小男孩，开创了女儿被人追的历史。但真心希望在高三这么重要的阶段，他不要来影响女儿的学习。我那善良却又傻乎乎的女儿，有时候为了别人，卖了自己估计也是乐意的。但愿我找这些男娃娃研讨，能在某种程度上起到敲山震虎的作用吧。

嘿嘿，罗若安同学，等着瞧！你以为我这名班主任是"假冒伪劣产品"，不能从你九个男同学中找出一个"嫌疑犯"吗？！

若安的值日总结 <(¯﹀¯)>

9月14日　星期四　晴

昨晚值班，坐在（19）班教室，翻看班级值周日志，发现了若安在8月31日写的值日总结——

大家复习得认真而愉快，希望明天会有好成绩。另有好些可怜的孩纸（子）吐槽饭堂人满为患，高一、高二回来了，美好的八月一去不复返……愿老师不拖堂，高一、高二"尊老"！

她的文字跳脱、有趣，从侧面反映了她的内心世界，跟她在日常生活中展示出来的胆怯很是不符。什么时候她才能克服恐惧，达到内外和谐统一呢？这真是个值得研究的问题。

在客厅练习踢踏舞 (*^_^*)

9 月 15 日　星期五　晴

昨晚的若安，是活力四射的"女汉子"，在客厅里僵硬地练她的踢踏舞。

"够了，够了，别再跳了，你看你都出汗了，赶紧擦擦，换身衣服，睡觉。"

她拿眼睛白我，继续跳。

好不容易她自己不跳了，准备睡觉了，却又缠着我送她上床。我一边拉蚊帐一边问："你爱不爱妈妈？"

"你猜。"

"再猜，我要学姚叔叔，一巴掌。"

"你猜嘛。"

"我猜你爱我，对吗？"

"错了，哈哈！"

我伸手摸她脖子，她痒痒难受，拿梓豪哥买给她的小狗熊扔我。嬉闹一两分钟后，女儿安静睡去，我回到自己房间，翻看手机，查到一篇文章，叫《我们和死亡之间隔着父母》。生活每天都在继续，但死亡不可避免地要到来。上天就像收割机，按照辈分顺序收割人类，一茬又一茬。父母的存在，就如钢铁长城，将诸如死亡之类的可怕事物，阻挡在孩子的世界之外。这是父母的责任，也是父母的荣幸。愿若安高三这一年，以后的许多许多年，我都能成为她世界中那个充满力量的、能替她遮风挡雨的人！

你若安好，便是晴天。

杯子里有只"小·强" (⊙_⊙)

9 月 16 日　星期六　晴

"妈妈咪呀，好可怕！"

"怎么啦？大惊小怪的。"

"你的杯子里有只'小强'。"

"啊？"

"我把它弄出来，结果它又跑进我的杯子了，我想用力摔死它，结果它从下水道跑了。"

"不知道最近怎么这么多蟑螂，我们家很干净的呀。"

"谁知道呢！我小时候连老鼠都抓得住，现在竟然让只小强从眼皮底下逃走了，真的好气啊。"

"别吹了，老鼠是你抓的吗？老鼠是爸爸抓的好吧，你只不过是拿着玩了一会儿而已。"

"为什么小强跑得那么快呀？好可怕呀！好可怕，妈妈咪呀，怎么办呢，怎么办呀？"

"别跟我胡诌诌了，很晚了，快点睡觉。"

她继续各种"装"，我不理她，回自己房间，跟罗先生说："还记得女儿小时候用两根手指捏住老鼠尾巴使劲儿晃荡吗？"

"嗯嗯，记得。"

"但刚才她竟然说，她怕蟑螂！"

"她哪里会怕？她是不甘心蟑螂跑掉了。你知道她的牙刷放哪里吗？"

"放哪里？"

"冰箱！"

"啊？"

"外面有蟑螂嘛，放冰箱保险。"

"那也用不着放冰箱呀。这孩子，真让人哭笑不得！"

很多年前，还在粤东的时候，罗先生在厨房抓到一只老鼠，才三四岁的女儿拎着老鼠尾巴向我"炫耀"战果。也还是很多年前的某个下午，若安坐在飘窗上，拿圆珠笔戳苍蝇，边戳边嘟哝："让你来我家，谁让你来我家，让你走不走，不走我就戳你，你走不走，你到底走不走……"

女儿在学校，装得像只小老鼠，怯怯的样子让人生厌，而在家里，各种古灵精怪，各种奇思妙想。抓老鼠，戳苍蝇，斗小强，这种种看似不可能发生在小女生身上的事情在我们家却经常发生。是不是每个"软妹子"的内心都住着个

"女汉子"？又或者她只是被外面的世界吓坏了，产生了短暂的（其实好长呀）不适应？也许等完全适应后，她的"小宇宙"就会"大爆发"呢？好吧，我已经完全接受你的慢性子，在成长这件大事情上，我得多给你时间和信心！

昨晚吃饭时，我表扬若安的情绪控制力增强了。她说："有时候我在想，如果我没有碰到这些事情，我可能就不会产生这样的负面情绪。妈妈你说得对，一个人对世界的认识取决于他的运气，看他碰上了什么事，但世界并不是他认为的那个样子。"

"所以不要以偏概全，要理性思考。"

"嗯，我现在已经想得很明白了，以后我会尽量控制的啦。"

社会学家鲍尔莱说："一个人成熟的标志之一，就是明白每天发生在我们身边 99% 的事情，对于我们和别人而言，都是毫无意义的。"感谢高三这段纯粹的日子让女儿明白了哪些人、哪些事对自己的人生真正重要和有意义，而哪些人、哪些事只会给自己带来伤害。当她内在的心理能量逐渐成长，她就能摆脱外部因素对她的控制和伤害。祝福！祈祷！！

说到小强，我便想起老鼠；想起老鼠，就想起几个月前写了篇搞笑的文章——《罗先生捕鼠记》。全文摘录如下，聊博一笑。

罗先生上辈子一定是只猫，否则他跟老鼠也不至于有如此深仇大恨。

有猫的地方就有老鼠。自从我们有了属于自己的"小窝"后，老鼠就不停造访，如偷吃点肉、将苹果咬个小洞或者将坚果拖到沙发后面，把果肉吃掉，留下一地的壳。罗先生稍有洁癖，自然容不得可耻的鼠类在自家屋子里撒野，于是捕鼠便成了他常抓不懈的重点工作。尤其是在老鼠猖獗的夏季，罗先生更是宵旰图治，必将藏在书柜后、厕所里或者床底下的老鼠逐之而后已。

有了女儿后，罗先生添了个捕鼠助手，那个又兴奋又害怕的小人儿，一会儿跑去阳台帮罗先生拿扫把，一会儿拙笨地将厨房门关上，以防老鼠从厕所的下水道逃窜。也许从小训练有素的原故，那个小人儿一点都不怕老鼠。有次父女俩成功捕获一只小老鼠，女儿用两个手指头捏住老鼠尾巴，跑到我面前邀功："妈妈，你看，我们抓到老鼠了，我们抓到老鼠了！"我怕老鼠咬到女儿，警告她小心点。女儿被我一吓，便松了手，小老鼠"吱"的一声，风驰电掣般跑进卧室躲了起来。罗先生只得重新捣鼓，两个小时后，才捉住那只小老鼠，最终将它从四楼扔到操场去了。

见罗先生捕鼠艰难，我建议他买老鼠药或老鼠夹。罗先生对我的提议不屑一顾，说孩子小，家里放老鼠药不安全。就算真药死了老鼠，老鼠死到某个角落，腐烂发臭，也不利于健康。用老鼠夹水平太低，晚上夹到老鼠的话，"吱吱"的叫声会影响孩子休息。总之，在他看来，任何捕鼠方式都不如他亲自翻箱倒柜地找，用晾衣叉赶，用扫把扑……这既科学又安全，还能凸显他高大威猛的形象。

不知是罗先生捕鼠捕多了招来了老鼠的反抗，还是他运气不好，有一次竟栽在老鼠嘴里了。某个盛夏的夜晚，我们跟一帮朋友在湘菜馆吃完饭后，罗先生提议去佛山一中操场散散步，消消食。其时凉风送爽，皓月当空，一帮人甚是欢乐。不想某只不识时务的硕鼠也想来凑个热闹，突然从草坪里窜到跑道上来，罗先生眼尖脚快，风一般跑了过去，边跑边叫"快点过来看，好大一只老鼠"。硕鼠被罗先生吓得六神无主，竟成了他脚下败将。罗先生高声大叫："我踩住它了，快过来看呀！"正得意间，逃生无望的硕鼠猛回头，对准罗先生的大脚趾狠狠咬了一口。罗先生疼痛难忍，松了脚，硕鼠便钻进了跑道旁的小树林，逃之夭夭。而罗先生的大脚趾已被硕鼠咬出血来，我们只得火急火燎地开车送他去医院：清创，打破伤风针，好一番折腾。

罗先生被硕鼠袭击一事被载入我家史册，闲时或有闲情时，我和女儿便要"复习复习"这段历史，"嘲笑"一下罗先生，颜面扫地的罗先生从此便不提他的捕鼠旧事。也是奇怪，自从罗先生捕鼠雄心淡了之后，家里竟多年不进老鼠。但前段时间不知为何，家里竟来了只聪明过人的老鼠，我们从未见过它的真容，但它不是将垃圾桶内的肉骨头拖到客厅里吃，就是在鞋柜上留下几颗老鼠屎，或者在罗先生买给女儿做"嫁妆"的酸枝板凳上尿尿。有一次我着急去上晚修，忘记了将没吃完的盐焗鸡收好放冰箱里，结果"聪明鼠"竟然将一碗鸡肉偷去了好几大块。看到客厅与厨房的地板上到处都是鸡骨头，连我这个对老鼠较为宽厚的人，亦是忍无可忍。罗先生见我动了肝火，便说："这种小事情当然老公帮你搞掂，放心，我会帮你报仇雪恨的。"于是在某个月黑风高的夜晚，雄心勃勃的"捕鼠大侠"重出江湖，家里的晾衣叉、扫把又派上了新用场。罗先生先在书房捣鼓好久，确认老鼠不在书房后，将书房门关上；之后将两间卧室"清理"一遍，确认没有，再将房门关上；最后他便开始对客厅进行地毯式搜索。当他用晾衣叉"狂捅"电视柜和沙发交界处时，"聪明鼠""嗖"的一下窜出来，直奔厨房而去。罗先生飞扑过去，以迅雷不及掩耳之势将厨房门关好，哈哈大笑："老虎不发威，你当我是病猫啊，今天不抓住你，我就不姓罗。"罗先生快步闪进厨房，小心检查各个角落，却怎么也找不到那只聪明的老鼠。半个小时后，罗先生如同霜打的茄子，讪讪地告诉我："我估计它躲到小厕所那根水管里去了，但那个区域太窄，我也捉不到它，咱们就将厕所门关上，关它个十天半个月，抓不住它，也要饿死它。"

但真要饿死一只老鼠，也绝非易事。小厕所的门关了七八天，依然闻不到死老鼠的臭味。小厕所的门长期关着也不是个事，我找了个要值晚修而罗先生又不在家的夜晚，自作主张放了两块猪肉在餐桌上，把家里门窗全部打开，想看看那只"聪明鼠"究竟是死了还是活着。晚修回来后，那两块肉还安安静静地躺在餐桌上！真是谢天谢地，它终于走了！罗先生的捕鼠工作又可告一段落了！

只是"聪明鼠"究竟去哪儿了？它的秘密通道究竟在哪？它还会顺着那个通道回来吗？

天哪！还有完没完啦？！

是否挑错班了？(T^T)

9 月 18 日　星期一　晴

昨晚选择题合卷测试，若安地理满分，比年级平均分高 10 分，政治接近平均分，历史比平均分低 4 分。总分比年级平均分高 6 分左右，这是她进入高三以来的第一次。经历多次考试后，我对她的成绩已慢慢没有感觉，几乎能做到"宠辱不惊，笑看人生"。这对她来说，应该算是"小幸运"吧。

得知自己的成绩后，若安长嘘了一口气："今晚总算有点好消息了。"

"你这么说，是考完后没对答案呀？"

"对了一半，中间有别的事耽搁了。"

"啥事呀，让你这么感慨？"

"想找黄妈问问题，但她一个晚上都在找班干部谈话，一个接一个。"

"黄妈说，你的作业，A 必须全做完，B 在评讲后做完。"

"嗯嗯。"

"现在你的表现非常不错，听课状态变好了。但数学对你来说，依然是块'硬骨头'。我始终觉得课堂效率是最重要的，所以那些黄妈课堂上要讲的B题，我觉得你哪怕做不出，也至少得看一看、想一想，预习预习。"

"嗯嗯。"

　　进入九月，周四培优扶弱已经开班，由于历史原因，若安选报了语文。语文是基础学科，学好语文对其他学科都有很大帮助，我觉得这是好事。但高考数学难度大，若安基础又弱，加上重点班教学内容相对较深，黄妈的课能在多大程度上帮到（或者损伤）若安，几乎无法估评。如此一想，我感觉有些沮丧。高一结束时，若安的成绩达到了学校规定的分数，可以选择进重点班，也可以选择进平行班。出于对重点班的师资、良好的学习氛围以及"学霸"们的向往，我们选择了重点班。进了重点班后，她的文科科目和需要理科思维的地理基本没什么问题，但数学几乎成了她的"死穴"，大把时间与金钱投进去了，精气神耗掉不少，她也为之哭过不知多少次，但成效寥寥，让人沮丧。有时候，我甚至怀疑是否挑错班了。但现在再来思考这个问题，又有何用？还是想想怎么优化时间，提高效率吧。对数学，我是外行，还得多请教我的同事们！

　　愿得一"学霸"，教她数理化？算了，还是醒醒吧！

养羊？养狼？（〜〜〜）

9月20日　星期三　晴

　　昨晚在走廊饮水机打水，若安拿着杯子排队。不一会儿，来了两个女孩，嘻嘻哈哈，不管不顾，插队。我家若安啥都不说，就在一旁等着。我实在忍不住，朝那两个女孩说："你们打水，都不用排队的吗？"一个女孩立马还击："排了呀！"另一个女孩发现了女儿，让了出来，而我家那位大小姐，还不知道走上去打水。

晚读结束，若安来办公室找老龚，一女生在问老龚问题，老龚对若安说："你先回教室，待会儿叫你。"过一会儿，老龚将若安叫出来，给她辅导，我也开始辅导学生。不知何时，先前问问题的那个女生又插了进去，女儿呆坐在一旁等候。

有一天，我在办公室和亚红老师分析学生中极个别"狼崽子"现象。亚红老师说，有的学生根本不像孩子，他们就是"恶狼"，吸老师和同学的"血"。当级长那三年，我处理过极个别案例，也有些感受。有次晚修，一位同事走到我面前，红着眼圈儿。我问她怎么了，她说重感冒，但有个学生一直缠着她问问题。同事耐着性子给学生讲解了好久，最后实在难受，让学生明天再问，但学生却因此生气了，不光没说"谢谢"，反而在离开办公室时"砰"的一下把办公室的门关上了，受了委屈的同事便到我这个级长跟前诉苦、求助。

每每碰上这种"狼崽子"，我就质疑自己对若安的教育。多少年来，我一直要求若安做个善良的孩子，每当她展示出一点人性的"恶"来时，我是必定要"镇压"和教育一番的。也许是若安本性善良，也许是她畏惧我的"暴力"，总之她生怕伤害了这个世界，绝不敢"作恶"。别人家养"狼"，我们家养"羊"。在规则意识淡薄、文明程度不高的社会，善良与谦让的羔羊是狼崽子茁壮成长的美餐。丛林法则弥漫人类社会，而这些，我那笨笨的女儿哪里会懂？就算懂了，她又哪里能做得出狼的行为？而我，又何尝希望她变成狼？！

人生，就这样憋屈，没辙儿。

又听鬼故事？(○灬○)

9 月 21 日　星期四　晴

"妈妈，能不能陪我睡会儿？"
"不能！你都这么大了！"

"陪我睡会儿嘛。"

"谁让你顽皮，又从哪里听鬼故事啦？"

"我不告诉你。妈妈，你就陪我睡会儿嘛。"

"不！但我会在客厅坐会儿，等爸爸。"

不久罗先生买东西回来，女儿听到声音，又叫妈妈。罗先生问："她怎么回事？都这么晚了，还没睡着？"

"肯定是在宿舍里听了鬼故事咯。"

"有没有搞错？都高三了，还听鬼故事。"

"哼哼，还不是像你，不靠谱。"我边说边去若安房间，拉开蚊帐，躺在她身边。

"妈妈，差不多睡着的时候身体突然抽动是怎么回事呀？我好像会踢床板，把下床的小伙伴吓坏了。"

"正常呀，很多人都会这样。有可能是运动之后肌肉紧张，睡觉时放松了，就会抽搐。也有人说，是因为身体模式切换太快，大脑感受到一种濒死状态，通过肌肉抽动的方式提醒你。"

"啊啊，好可怕。"

"你究竟睡不睡？不睡的话就起来学习。"

"不不不，我要睡。"她立刻闭嘴，翻个身背朝我，不久便发出小小鼻鼾声。

我不由觉得好笑！每回她听了鬼故事，都不敢一个人睡觉。这位从"霍格沃茨魔法学校"毕业的"巫师"，脑袋里装满各种稀奇古怪的东西，偶尔让她体验下"死亡圣器"，吓她一吓，未尝不是好事。哈哈！

校运会运动过度了！ノ(ó∧ò)ノ

9月26日　星期二　晴

昨天早上，我拿着鸡毛当令箭："杨姝老师说，你最近的英文作文写得很好。但有一点她不明白，想让你给个答案。她问，为什么有时你做得很好，而有时又好像完全不会？"

"啊？哈哈！看心情！"

"看心情？"

"是呀，我就是这种要看心情的人啦。"

"就这样回复她？"

"不行，不行，那样杨姝老师要骂死我了。其实，我最近的作文也没有达到顶尖水平，大家都写得很好。你就告诉杨姝老师，说我特别会写投诉类作文，但其他不怎么会。你帮我问问她，像我这种有时很好有时又完全不行的，该怎么办？"

"为啥要我问，你自己不会问呀？杨姝老师要你去找她，你又没去。"

"去啦，当时（20）班一位同学正黏着她，我就走啦。"

"那就继续找呀。现在高三这么紧张，英语完全靠课堂。我问你，现在听课效率好些没有？"

"好一些了。"

"怎么个好法？"

"我在尽量跟，但PPT还是过得有点快。"

"那你问老师拿课件，把那些重要的东西打印出来。"

"老师似乎已经放到教室的电脑了。"

"那拷过来呀。"

"嗯嗯，好。"

好吧，这件事情我要跟一跟，这段时间若安的心思似乎放到校运会上去了，这样的"小事"估计她很快就会抛诸脑后。昨天晚上，她坐在床上看书，把小腿伸给我，让我按摩。我轻捏，她怕痒，重捶，她又怕痛，只能换罗先生出马。罗先生摁住她脚踝边某条筋的某个穴位，结果痛到她哇哇大叫。

"痛吧？痛就说明有骨膜炎了，越痛说明越严重。"罗先生说。

"你干什么啦？是不是这两天玩命锻炼去了？"我问。

"跑得多点咯。"女儿低声回答。

"你个傻丫头！我告诉过你啦，高三所有活动都要以高考为中心。运动是为了保持健康，但不能带来运动伤害。现在我很严肃地通知你，运动之前要做准

85

备活动，运动之后要做拉伸，如果校运会期间你给我受伤的话，我跟你没完！"

她"嗯嗯"两声，说知道了。

今天早上我们一起去学校，若安系鞋带时我开始下楼，我走到一楼后把门打开，等了好久她才下来。若是平时，她一定如龙卷风一般狂卷到我面前了。我问她怎么了，她回答说肚子痛（信你才怪！）。走到学校西区大堂后，我去搭电梯，她往高三楼梯走。我走到电梯旁扭头看她，她还缓缓走在大堂，真是既心疼又无语。

教书多年，我碰到过很多"人精"。他们有清晰的目标，能找到一切可能的办法达成目标。他们知道什么该做（比如看什么书，进什么社团，时间怎么分配，怎样获得老师的关注和帮助），什么不该做或坚决不做（如不做班级服务，不好好搞卫生等）。我对这种学生有本能的不喜，他们毕业后基本销声匿迹，继续在某个地方做"精致的利己主义者"。

若安有时候让我很恼火，因为她不知轻重、不懂抉择，让一些无谓的人和事影响心情、耽误学习。在她看来，那些所谓的朋友、那些鸡毛蒜皮的事情，很重要。但在我看来，她的成长与发展更重要。冲突就这样产生了，而冲突的解决，往往又以我"退让"居多。我从来没想过，高三校运会还会成为一个问题。看来要请罗先生出马，陪若安做针对性训练才行。

原来真是肚子痛 (*⊙~⊙)

9 月 27 日　星期三　晴

小莫，你真是一个优秀的家长，有能力又用心，相信我们可爱的若安在你的帮助指点下，再加上你先生对若安身体健康方面的保障，若安应该有很大收获。若安的观察力真的很强，今天我采用了她的建议，让张慧珊跑 400 米，你代我好好表扬我们可爱的若安。还有学习方面，你要明白，英语或其他科的学习，由于出题内容不同，孩子们有起伏很正常。对若安而言，总分优先，保持优势科目，把劣势科目适当赶上来，这才是正道。你要多鼓励她，而不是替她拿主意，因为我们的若安可聪明了，她知道的很多，对吗？

　　黄妈看了我昨天的日志后，一大早发来"贺电"，有激励，有指导，也有警示。上次在湖北省博物馆，我问她教出多少个省"状元"了，她说 5 个，还有 5 个是数学单科"状元"。这是我跟黄妈亲密合作的第三年，通过近距离观察，我发现她心地善良，带班有道，脚踏实地不浮夸，实在是神一般的人物。若安能投到黄妈门下，是我们家的幸运。

　　昨晚去门卫那里拿君华从粤东寄过来的牛肉丸，在校道上碰到王老师和一位已经毕业的学生的家长，很是感动。孩子已毕业，家长还回校探望老师，难得。王老师也是我学习的榜样，我要学习她身上那股沉稳之气。她和老朱能将基础不算很好的朱蓝送进中山大学，算是功德圆满。

　　今晚罗先生难得早回家，一家三口一起吃晚饭。我问女儿："告诉妈妈，你今天早上是肚子痛还是脚痛？"

　　"肚子痛。"

　　"我以为你脚痛，怕我说你运动过度，所以撒个小谎糊弄我。"

　　"我干吗要糊弄你呀？"

　　"可为啥一大早肚子痛呢？"

　　"不知道，可能没盖好被子吧。"

　　"跟你说过啦，睡觉时先盖好被子，别等到迷迷糊糊才盖，否则就着凉了。"

　　"我记得我是盖好被子才睡的呀，怎么会这样呢？"女儿不好意思地摸了一下头。

　　"那现在还疼吗？"

　　"不怎么疼了，好多了。"女儿笑了笑。

　　可我却笑不出来！早上还得到黄妈热烈表扬的我，晚上就把自己狠狠鄙视了一顿。在"肚子痛还是脚痛"这个问题上，我又犯了自以为是的毛病，自诩心理学学得不错，对孩子妄加揣测，结果不免流于武断。

　　看来做我们家的孩子，真不是一件容易的事情。

需要绝交这么严重吗？ (O_O)?

9月28日　星期四　晴

今天晚饭时的谈话比较愉快，不知怎么的，又谈到了她那个（2）班的朋友。见若安心情愉快，我直截了当提出要求："你能跟她绝交吗？"

"需要绝交这么严重吗？"

"先听我讲个故事。"

"好！"

"某时某地某医院产房门口，护士将新生儿抱出来，一堆人围上去，问是男孩还是女孩，看孩子长得像谁。只有一个50多岁的妇女朝产房张望，护士问她看什么。妇女回答说我女儿还没出来，我想知道她怎么样了。这个妇女的心态就是我现在的心态，你关心你朋友的喜怒哀乐，但我只关心你。我不反对你交朋友，但我反对你交三观不合的朋友，尤其是这个经常带给你负能量的朋友。"

"现在好很多了，我基本上不会受她影响了，知道她爱胡诌，就让她胡诌呗。"

"你真没考虑过远离她？"

"一下子绝交多不好意思呀，现在我跟她在一起的时间已经少了很多，可能以后会越来越少，但也没必要搞到老死不相往来的地步吧。"

"我才不管你和她关系的远近，我只希望你温和平静、愉快地度过高三。"我适时终止了谈话：既然她已经知道了问题的关键，就给她一些时间和空间自己处理去吧。也许就像高二端午节那次"全A攻击"一样，到最后她会发现，勉强跟一个并不真心待自己的朋友在一起，是一件很无聊的事情。最后，这个朋友也就从她的世界烟消云散了。

陪女儿上高三，每天都有新鲜的生活案例，但流水账的记录可能流于肤浅，我害怕存在什么问题浑然不知而失去了弥补的机会，因此决定读些教育学和心理学的书籍，给自己提个醒，顺便提升一下境界。我仍然最爱武志红的东西，在一堆心理学书中，随手抽出了他的《每一种孤独都有陪伴》，里面有段话看得我心惊肉跳——

真正的善良是一种有包容力的强大，但更常见的善良是绵羊一般的软弱和顺从。假若你具备的是这样的善良，那么别人很容易将他"内在的小孩"投射到你身上，而他以"内在的父母"自居。如果这个人的"内在的父母"和"内在的小孩"是羞辱与被羞辱的关系，那么，当他把"内在的小孩"投射到你身上时，就会忍不住羞辱你。

不同的家庭，对于温顺的看法不同。

大多数家庭，父母都渴望孩子听自己的话。这些家庭中，一些家庭的父母要求孩子坚强而听话，而另一些家庭，父母则要求孩子温顺而听话。

在前一种家庭中，如果孩子表现得软弱，那么父母会对他更苛刻，所以尽管他内心深处很软弱、很受伤，他还是会表现得特别坚强，甚至将软弱彻底从自己意识中排挤出去，而表现得绝对坚强。

在后一种家庭中，如果孩子表现得软弱，父母会对他很好，给他额外的奖赏。于是，在这种家庭中，软弱会成为一个好素质，聪明的孩子会刻意地软弱。

在第二种家庭中长大的温顺的孩子，如果碰到在第一种家庭中长大的强人，就会死得很难看。

因为，第二种家庭鼓励的是温顺，你温顺，你就会得到好处。但第一种家庭鼓励的是铁血，你越铁血、越死硬，对你的伤害就越少。在第二种家庭中长大的孩子，甘愿以"温顺的小孩"自居，而在第一种家庭中长大的孩子，则彻底不能接受自己软弱的一面，而什么时候都以"内在的父母"自居，刻意地表现坚强。

然而，在第一种家庭中长大的孩子，越坚强，其实就越软弱。他们的坚强，是强迫自己做出来的，其内心深处的受伤感和软弱感并没有消除，他们只是将这些东西压抑到潜意识中而已。但这种感觉是时常会浮现出来的，这时他们就会非常难受，于是会特别渴望找一个弱者，然后将内心的脆弱投射到这个弱者身上。

如果你在一个关系中是一个弱者，而且正好在第二种家庭中长大，你会习惯地认为，如果一个强者攻击你，你表现得软弱一些，对方就会收手，甚至会保护你，就像你家中的大人一样。你这么想，是大错而特错的，这个变态的强者是渴望你软弱，因为那样才好对你实施攻击，但他们看到你软弱时，会忍不住地更恨你，对你的攻击会越加强烈。

这是一个恶性循环。他越攻击你，你越想示弱；你越示弱，他的攻击性就越强……

　　若安生下来就是一个非常温顺的孩子。别人家孩子吃奶，饿狼似的，所以有些哺乳期的妈妈乳房会掉皮流血，但我们家女儿是慢慢地、轻轻地，生怕弄疼了我。就连她出生，宫缩阵痛也舍不得让我体验，最终罗先生拿钱把女儿"抱出来"了事。从小到大，若安都是温和的，从不以坏心揣测他人，生怕说错话或做错事伤害他人，但自己却被各种欺负和无视。我对这些，一般都是后知后觉。读初中了，她告诉我小学同学怎么欺负她；读高中了，她告诉我初中同学怎么欺负她；估计等读大学了，她也会告诉我高中同学怎么欺负她。我不愿她受人欺负，但也不想她物极必反变成个"豁辣子"，丧失善良本性，成为她所憎恶的那种人。因此，在她的叛逆期，每当她脾气暴躁、偏激不讲理的时候，我都要"镇压"一番。从内心来说，我希望女儿能变得"强大"，但我始终没学会容忍孩子那些"强大"的时刻。我从来都以评判者和秩序的维护者自居，若安便只能以"弱者""被统治者"自处。日积月累，她便渐渐逆来顺受了。因此她性格中那些我不喜欢的部分，也许就是我一手造成的。从某种程度上说，社会关系是家庭关系的延续，若安在学校，若是遇上了那种温暖、和顺的孩子，便会有非常愉悦的人际关系，比如小芙，比如陈曦；若是遇上了狠角色，比如（2）班这位，若安就真的"死得很难看"。

　　"真正的善良是一种有包容力的强大，但更常见的善良是绵羊一般的软弱与顺从"，这句话多么符合若安的现状，也折射出我们家庭教育的严重问题。一个人活在世上，不会幸运到所有时刻都遇上好人，他总得学会跟坏蛋"过招"。所以比绝交更严重（或重要）的，是你该学会如何自保，然后才能保护你所需要保护的人。罗若安同学，你准备好了吗？

我们是控制欲超强的父母 (⊙×⊙;)

9月29日　星期五　晴

　　今天继续看武志红的《每一种孤独都有陪伴》，里面有两段话说得很好——

在家里，掌握着财权、话语权和力量等各种资源的父母很容易沉浸在"我能左右一切"的幻觉中，对孩子的控制欲望会达到登峰造极的地步。意识上，他们会很爱孩子，很想为孩子奉献，但事实上，他们很难看见孩子的真实存在，结果他们越想爱孩子，就越容易否认孩子的独立意志。

很多家长习惯在升学、工作和婚恋等关键时刻干涉孩子的事情，不让孩子按照自己的意志作选择。他们意识上会说，这是紧要关头，孩子的人生经验不足，他们的经验很重要，但潜意识上，根本不是这么回事。潜意识上，他们真正担心的是失控的感觉，他们惧怕孩子的发展轨道不在自己的掌控之中，也担心孩子变成一个真实的、有自主意志和独立判断能力的人，从而不再是他们幻觉中的小孩。

应该说，我从来都不担心若安变成一个"有自主意志和独立判断能力的人"，我做梦都想若安能够拥有"独立之精神，自由之思想"，但从若安出生到现在，几乎很少有"当家作主"的机会。罗先生会无微不至地照顾若安，温柔地剥夺了她在日常生活中培养独立自主能力的机会。而涉及一些重大事情，比如选什么学校，读文科还是读理科，进什么班级，我都会采用或"专制独裁"或"阴险狡诈"的方式"请若安君入瓮"。在这样的家庭环境中长大的若安，之所以没有在青春期发起一场"惊天地、泣鬼神"的"大革命"，很大程度上还是因为我和罗先生都十分疼爱她的缘故。

但教育，光有爱，够吗？答案显然是否定的。若安已经长大，我和罗先生都要避免以爱的名义一手遮天，要多给女儿锻炼的机会。

都说孩子是父母的一面镜子，我不满意女儿的现状，其实就是不满意自己做家长的状态。NLP（神经语言程序学）有一条重要的前提假设说——重复旧的做法，只会得到旧的结果。我不想得到不好的结果，就必须改变以前那些不好的做法。

罗先生，我们一起加油吧！

妈妈变聪明了 O(ì_í)O

9 月 30 日　星期六　晴

今天继续看《每一种孤独都有陪伴》，里面有段话用来描述若安跟她那个（2）班朋友的交往极为恰当——

大部分人不知道如何去倾听别人说话，因为他们大部分注意力都被思维所占据。他们赋予自己思维的注意力比赋予别人说话内容的注意力要多得多，而对于真正重要的东西——别人的话语和思维之下的存在却丝毫未留意。

"其实我并不喜欢跟她聊天。她聊电影、明星，或者其他什么，我没看过或者不知道，她说我 low（没有品位）；我说看过或者知道然后发表自己的观点，她抨击我；我不给她回应，她说我不在意，但当我说什么的时候，她又假装没听到。"

一个不够主动和勇敢的孩子，成为自恋和有控制欲的同学的附属物。因为不够主动，开放程度不够，所以交际面相对狭窄；因为不够勇敢，害怕孤单，所以不敢斩断跟自己并不喜欢的人的关系。想想都觉得心酸，如果没有那 7 年不是妈妈就是爸爸不在身边的日子，若安应该不至于这么胆小；假如以前的我能不那么担忧和急躁，她应该会更阳光和快乐一些。

一个人与外部的关系，就是他与内在关系的折射。对于她那个朋友，我已经不着急去解决了。如果女儿不能解决自己的问题，这种"朋友"将长时间伴随她，就算不是这个，也会有另外那个。人与人之间的较量，常常不是外在力量上的，而是内在人格上的。我能做的，就是让鸡蛋从里面打破，将女儿培养成一个坚强和充满内在力量的人。

"妈妈，你看，漂亮不？"

"呀，很精致的小玩意哟，哪里来的？"

"朋友送的。"

"（2）班那个朋友？"

"嗯。她说她不要了，就给我了！"

一听这话，我就不高兴了，别人不要的东西你就捡着，还宝贝儿似的珍藏着。但我"聪明"地没把这话说出口，不想破坏若安的好心情，还努力地挤给她一个微笑。

海鸥说我养孩子的方式跟她的有很大不同，让我不要那么"事无巨细"地操心，我觉得她说得在理。优秀的摄影师不会填满一张照片，他懂得留白的艺术。然而这种留白（纵人驰骋的空间）不能由拍摄者构造，而要巧妙寻找取景范围本身的空间，出其不意打造最佳格局。教育也是这样，一要顺乎孩子的本性，二要适合原有的起点。采取什么样的方法教育和引导女儿，我需要参考别人的意见，但也有自己基本的判断，从现实需要出发，相信一切都会好起来的。

昨晚吃饭的时候，我向若安报喜："黄妈表扬你啦，说你推荐张惠珊去跑400米。"

"是呀，我还担心张惠珊生我的气呢。"

"为什么？"

"她自己不太想去，但黄妈找她了，她就答应了。"

"黄妈夸你细心，说你推荐得不错。"

"张惠珊跑800米不是太快，但跑400米挺好的。"

"你跟黄妈推荐她后，做了些什么？"

"啥都没做。"

"没问题的，你又没恶意。"

"黄妈找了很多人跑400米，但都被拒绝了，包括我。"

"我觉得挺好，没必要硬撑，拒绝也是一种能力。很多人拒绝了黄妈，但只有你向她推荐张慧珊，说明你观察细致、有责任心。我相信张惠珊也不会因为这个而生你的气，她既然答应了黄妈，就说明她自己也想尝试尝试。而且你为人这么好，大家都会喜欢你的，不要介意。"

"是吗？嘻嘻，我人很好呀？"

"当然啦，你看你，都成为班里专职买药的了。"

"这些都是举手之劳啦。"

"我就喜欢你这样的举手之劳，说明我女儿心地善良。这几天我发现，你

93

的课堂反应速度加快了，不错哟！"

"是吗？"

"今天我讲列宁去见马克思了，你立刻笑了，说明你领会到了。"

"其实我倒不觉得历史课有多大改善，但政治课的反应速度真加快了。"

"嗯嗯，好事呀，继续加油！"

其实，历史课上她的反应速度跟以前相比并没有明显变化，只是高三两个月了，我要向她提更高一点的目标。一直记得很多年前陈辉说过的那句话——你想孩子成为怎样的孩子，就要表扬孩子有怎样的优点。在心理学上，这叫罗森塔尔效应，用积极暗示和期待引导孩子发展。几年前，因为女儿太过内向，我和罗先生决定，经常表扬女儿"聪明"或者"顽皮"，结果激发了她的灵性与活力。虽然这几年她没少给我"惹事"，但确实朝着我们期待的方向发展。

武志红说："心中充盈着爱与被爱的体验的孩子，是不会太乖巧的。相反，他们会醒目地表达自己的需要，而不怕给父母惹麻烦。同时，他们也会努力地去表达自己的爱，而不会轻易退缩。"书籍是灯塔，引导人们前进；书籍又是镜子，让人看清楚自己。我很高兴自己的明智，也很欣喜若安的成长。给我一个支点，我将撬动地球。加油！

第六章

2017 年 10 月

放妈妈的鸽子 ¡('д')¡

10月1日　星期日　晴

国庆放假，"高三狗"喜迎四天长假，但四天后便是期中考试。在这个普天同庆的日子里，若安换了个地方安静地学习。

昨天晚上约"黄较瘦"给若安辅导数学，我在办公室打印开学两个月来的历史课件，挑了一些总结性、补充性的知识，供若安背诵。若安读高三辛苦，我就替她做些小事情，小小地支持她一下吧。

数学辅导结束后，若安回教室整理国庆假期复习资料。我在她身后"引诱"她："今晚看个电影？"

"好呀！什么电影？"

"*The Kite Runner*——《追风筝的人》，美籍阿富汗作家胡赛尼的作品。"

"我知道这部电影，也知道故事梗概。"

"啊？那看别的吧。"

"为什么？这是经典，可以多看，更何况我还没看过。"

收拾好东西回家后，我说："妈妈现在去洗澡，你等我，一会儿咱们便去看。"

"好咧！"若安答应得干脆利落。但我洗完澡出来，她已经拿着罗先生的手机在看《勇者大冒险》了。这部动画片有她最喜欢的神茶，一个外表高冷、内心火热，脸白得像涂了乳白墙漆的家伙。但若是因为这位"臭道士"放你老娘的鸽子，也未免过分了吧？

"看这架势，你是不准备跟我看 *The Kite Runner* 了？"

"这么晚了，还看啥？"

"你不能这样吧，背信弃义的家伙。"我不死心地劝诱："来嘛，一起看嘛，动画片有啥好看的？"

"这么晚了，哪里能看得完？不看！"她屁股一扭，背对着我。

"现在才 10 点，看完也就 12 点，别拿时间说事儿！"我继续坚持。

"算了，你俩就各看各的吧。"罗先生朝我挤眉弄眼，"你去她房间，开空调了，凉快。"

"哼！"我气呼呼躺到若安床上，塞着耳机看电影。不一会儿，若安也跟进来，坐我旁边看她的神茶，手机声音奇大，她笑的声音更大。看着她笑个不停，我突然觉得哪怕是《追风筝的人》这样的好故事、好电影，也不比女儿开心来得重要。

看完《追风筝的人》，已过 12 点，罗先生在我身边舒服地打鼾。想着明年高考结束，女儿离家上大学，就剩下我和他两个"留守老人"，突然觉得有些伤感。胡思乱想的我睡意全无，起身写 10 月份第一篇"陪读日志"。

想起昨天在饭堂，孙军主任跟我开玩笑："十九大要开了，我在报纸上看到了你的名字。"

"呵呵，那是当然。"我开始瞎吹。

"还看到一个跟你同姓的人，叫莫言。难怪你这么牛，原来有这么厉害的亲戚。"

"莫言本不姓莫，我也不需要他这样的亲戚抬高身价。"我继续吹。

"哎哟，看来来头不小。"孙军想将我的军。

"不是吹牛，我还真不靠莫言抬高自己。我的堂伯父——莫应丰，你听说过吗？他是中国首届茅盾文学奖获得者，他获奖的那本小说叫《将军吟》。"

"《将军吟》呀，听过，听过，但没看过。"孙军开始正儿八经跟我聊天。

其实我也没读过《将军吟》，但从小听过堂伯父的很多故事。在那个特殊年代，他能冒着风险写这么一本政治小说，确实需要勇气。在网上"百度"莫应丰，有一段话让我深思——

我在思考一个严肃的问题，就是作家的职责到底是什么。作家对于时代，应该是一面镜子；作家对于读者，应该是一个良友；作家对于妖孽，应该是一把尖刀；作家对于明天，应该是一只雄鸡。

人生在世，确实应该思考一些严肃的问题。苏格拉底曾说过："这个世界上有两种人，一种是快乐的猪，一种是痛苦的人。做痛苦的人，不做快乐的猪。"假如每个来到世间的人，都能勇敢地承担起属于他的责任与痛苦，这个世界恐怕将会美好很多。作为老师和家长，不正应该替孩子驱除"妖孽"，引导他走向美好明天吗？一想到这个，我突然有种舍我其谁的豪迈感！感恩敬爱的堂伯父，受教了！

前几天女儿跟我抱怨："你就不能在课堂上好好讲讲'文革'吗？为什么大家对这个那么隐晦，搞得那么神秘？"

"没有隐晦，也没有神秘，但'文革'是高一学习内容，政治史复习也在高二下学期完成了，我实在没机会给你们讲这部分内容呀。要不等高考结束，我给你好好讲讲？"

跟孙军的聊天给我提了个醒：何不买本《将军吟》回来，让女儿了解了解那个年代的历史，顺便进行一下家族史教育？

今天是个普天同庆的日子，祝福祖国母亲繁荣昌盛，永远不要再经历那些过去经历过的苦难，让我的女儿、我女儿的女儿、子子孙孙都能够幸福生活。而我，一个"文革"后期出生的"70后"，到现在应该算是国家栋梁了吧，嘻嘻，学识与经验都积累了不少，一定要努力工作，好好为社会作贡献。

等妈妈回家才睡觉(>д<)p

10月2日　星期一　晴

"国庆你要在家四天哟，为了维护和谐的家庭环境，知道要注意什么吗？"

"注意啥？"

"不生气呀，跟爸爸妈妈说话要温和、要可爱。"

"嗷……嗷嗷……知道啦。"

于是，若安在客厅里夸张地练习校运会要表演的舞蹈，脚踏地板发出"嘣嘣"声，让人有地震的感觉；突然从房间跑出来，跨坐在我身上；或者跟爸爸角力，最后被爸爸拦腰抱起；拿本《读者》去上厕所，出来后故意告诉我她没洗手；嘲笑我不知道"养老金双轨制改革"，说"术业有专攻"，"鸟儿"平常也是读书的；不准我称神荼为"臭道士"，因为他只是馗道的传承者；还跟我普及说郁垒、神荼是中国的门神，是这哥俩为世人镇住了妖魔鬼怪……

昨天下午去虎门见文凌阿姨和海鸥阿姨，若安在酒店里各种折腾，将卫生间与卧室的自动"防走光"门帘打开又关上，研究各种开关，为房间的冰箱兴奋好久，泡好了茶后，才肯端坐下来学习。一个接近成年的高三学生，还能对外界事物保持这样的敏感度与好奇心，我家女儿也算一朵奇葩了。

昨天她问我，marine（航海的）怎么读，我让"度娘"读给她听，同时加送了一句——The sinking of the tanker has made aspects of marine pollution particularly topical（油轮的沉没使得海洋污染的方方面面都成为眼下大家尤为关注的热点话题）。她听完后做惊恐状，问："那《敦刻尔克》怎么办呀？"

好问题，但战争的发动者视生命如草芥，又怎么会在乎某片海域的污染？

"妈妈，美国拉斯维加斯露天音乐节枪击案已经造成 50 多人死亡，据说枪声持续了 20 多分钟，好可怕。"

"嗯，专制可能带来暴政，太多自由又有群众暴力的危险，我们学古希腊历史时讲过的。"

"'川普'说这是'纯粹的恶魔行径'！但一个政府如果不能采取有力措施保障公民的生命安全，这样的政府要来何用？"

有时候，我真佩服女儿：联想丰富，反应快速，思想深刻。今天在虎门吃完早餐后，罗先生带若安回佛山，我跟随海鸥去深圳探望姑妈一家。因为放心不下女儿，我坐最后一趟高铁回去，罗先生开车去广州南站接我。夜晚十二点多回到佛山，深夜爬八楼的我进入家门那刻已是上气不接下气，罗先生问我："有没有觉得家里很凉快？"

"是呢。"

"看我女儿多醒目，知道我们要回来，就先帮我们开了空调才睡，真是太贴心了。"

"睡？你确定她睡了吗？"我问罗先生。

"那你去看看吧。"

我打开门，隔着蚊帐对着若安的头部吹气："呼呼，呼呼呼……"她突然转过身来，哈哈大笑，边笑边问："妈妈，你怎么知道我没睡着？"

我怎么知道你没睡着？这就是我拒绝亲人们的挽留，再晚也要回家的原因呀！对孩子来说，父母在哪里，家便在哪里；对父母来说，孩子在哪里，家便在哪里。回家，是身为高三孩子妈妈的义务和责任！彼此牵挂，彼此温暖，这方是亲子相处正道呀！

最近追随武志红的结果是又看了一部好电影——*Good Will Hunting*（《心灵捕手》）。如果说 *The Kite Runner* 讲的是献祭与救赎的故事，*Good Will Hunting* 描述的则是发现与抉择的人生。一个数学天才，因为童年伤害，自暴自弃，以"三分钟搞掂"MIT（麻省理工学院）、哈佛大学等名校高才生为乐，抽烟、打架，沦落到几乎要在监狱荒废青春的程度，最终在学术导师、心理学家、朋友和爱人的支持之下，走上与天资相匹配的人生道路。看这部电影，我再次感受到，从来就没有什么岁月静好，只是有人替我们负重前行。一个人的成长，凝聚了很多人的心血，任何人都没有理由自暴自弃。

在虎门，我见缝插针，看完 *Dangal*（《摔跤吧，爸爸》），颇为激动。在冲向冠军领奖台的前夜，女儿问爸爸，明天的比赛策略是什么？爸爸说："策略只有一个，那就是让人们记住你。如果你拿的是银牌，你迟早会被遗忘，如果赢了金牌，你就会成为榜样，而榜样永远不会被人们遗忘。如果你明天赢，胜利将不仅属于你，也属于所有被认为不及男孩、只能和锅碗瓢盆打交道、在相夫教子中度过一生的女孩。明天的比赛是最重要的一场，因为你的对手不只是那个澳大利亚人，还有所有看不起女孩的人。"

网上评论说阿米尔·汗是"印度的良心"，因为他努力用电影探讨和改变印度严重的社会问题，而他编导和主持的《真相访谈》，更是直面印度种姓制度、包办婚姻、家庭暴力、儿童性侵、水资源、垃圾污染等问题。他说："功成名就了，生活也很美满，那些苦难你假装没看见，好像也没什么；你不去做这些，也没人会说什么，大家还是会喜欢你，看你的电影。可是不行啊，要去做这些。"明知不可为而为之，明知不必为而为之，这可能就是高尚灵魂的不同寻常之处吧。

这几天的读书与看电影，让我思考伦理与心理的矛盾之处。马哈维亚为了"惩罚"女儿们逃避训练的行为，逼她们脱下长裙子、剪掉长头发，最终帮助女儿走上冠军之路。但心理学家则会说，这种简单粗暴的行为会带来严重的心理问题，是需要坚决避免的。

　　从不同领域分析同一个问题会得出不同结论，对错都有自己的理由，但芸芸大众如我，总需做出抉择。尽信书不如无书，了解、对比、思考、求同存异、趋利避害，这样才是有质量的阅读。对于我们家的"高三狗"，关键时刻还是要多些鞭策才行。我相信，只要有爱，很多错误（或者说不太合适但有效的行为）都是能被理解的。加油！加油！！

你说啥就啥（°~°）

10 月 3 日　星期二　晴

　　前天去虎门的路上，我说："你背会儿历史？"

　　"啊？我想唱歌。"

　　今天吃完午饭，我说："你读会儿历史？"

　　"不，我想学政治。"

　　下午起床学习，我问："现在学会儿历史吗？"

　　"不，我想做会儿数学。"

　　"那你什么时候学历史？"

　　"不知道，走开，别打搅我。"

　　…………

　　"妈妈，你定了闹钟吗？"

　　"没定，怎么了？"

　　"待会叫我起床呀。"

　　"为什么不让你爸叫？"

　　"他哪里能叫得起我？"

　　"那好吧，我叫你。定什么时间？"

　　"现在几点了？"

　　"一点半。"

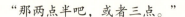
"那两点半吧，或者三点。"

"两点半还是三点？"我问。

"呃……"

"快说，两点半还是三点？"

"三点。"

"好的，三点！"

…………

吃饭时，她说："妈妈，今天的饭有点多。"

"是吗？那减掉一点。"

"不要给我夹那么多菜，我不想长屁股。"

"那怎么行，一会儿就饿了。"

"不怕的，饿了吃水果。"

"行，你说啥就啥。"

…………

现在，"你说啥就啥"几乎已经成为我跟女儿对话的基本模式了。孩子大了，有自己的想法与活法，我不想再替她做选择。若想孩子成为那个果断的有智慧的人，父母就得在日常生活中培养孩子这种能力，而不是事事包办。

翻开武志红的《你就是答案》，有些观点相当尖锐，却非常实在——

什么都替孩子做选择，是在杀死孩子的精神生命。

在替别人做选择时，我们常运用一个借口：我担心他做了错误的选择。但是，即便是错误的选择，那也意味着自己曾经活过，而没有选择，则意味着自己根本没有活过。

尊重自己的感觉，不是只在大事上如此，相反，这是在无数的小事中练习出来的。失去自己的立场，也不光是在大事上才如此，相反，也是在无数的小事中形成的。

我读书，并将书当成镜子，检视自己的行为。若发现问题，检视变成检讨。但也有些时候，检视变成了小得意，因为自己的观点与做法偶然契合了作者，也会因此而坚定地走自己的路。

"心灵鸡汤"说，一张纸折叠 51 次，厚度将超过地球和太阳之间的距离；心理学家说，忠于内心做事，你就会展现出远远超乎常人的能力来。

成长没有捷径，都是日积月累、水滴石穿的结果，我和我的孩子都要努力，加油！

校园霸凌的心理原因 (⊙.⊙)

10 月 4 日　星期三

今天是中秋节，若安继续在家学习，我继续在家读武志红的《你就是答案》。

假若你处不好人际关系，那一定是因为，你心中有一个预言"我不够好，我不值得别人爱"或"别人不会喜欢我的"。

有了这个预言后，相应地选择性注意，即你的注意力多数都集中在别人如何对你不好上。你会变得很敏感，好像别人对你稍有不周到的地方，就会刺中你内心早已存在的感慨——原来我真的是不值得爱的。

这样一来，别人和你打交道就会出现两种情形。

第一种情形是，那些有着"我行，你不行"的人见到你，就像猫见到老鼠一样变得很兴奋，他们会追着羞辱你、蔑视你乃至攻击你。他们不需要交谈就可以嗅到你有"我很糟糕"的心理，于是他们可以淋漓尽致地将自己心中的垃圾投射到你身上，你越是自卑越是因此而痛苦，他们对你的攻击就越是强烈。

因此，青春常常是残酷的。

并且，青春期的残酷与成年后的残酷不同。青春期的残酷常常没有什么目的，也没有什么底线。那些充满攻击性的问题青少年，见到那些超级自卑的同龄人，他们会没有克制地发起攻击。假若自卑者不能奋起反抗，那么这种攻击可能会一直进行下去，而且还会不断升级。

103

第二种情形是，正常的孩子和你打交道时，他们会感到疲惫甚至厌倦。因为你有"别人不会喜欢我"的预言，所以你会对符合这个预言的信息特别敏感。结果是，别人给你做了 10 件事，9 件是好的，1 件是不好的，你可能会对那 9 件好事视而不见，而这 1 件坏事会特别刺激你。那么，就算你不把这不满告诉别人，别人也会感受到你的敏感。他们会觉得，和你打交道真累，因而疏远你。

无数人不够幸运，童年没有获得足够的爱，这导致他们有了很多消极的自我实现的预言，但我们都有一份幸运——我们可以自己努力来改变自己的预言。

这几段话，读得我后背发凉：长期存在于中国校园的"霸凌"现象，严重损害了青少年的健康成长。一直以来，学校、老师和家长可能都会以"打闹""恶作剧"或者"玩笑""孩子小不懂事"为理由而放纵了"校园霸凌"，直到 2015 年中国学生翟芸瑶等在美国南加州绑架、折磨、殴打两名中国留学生被判 6~13 年监禁后，国内有关这方面的认识才有所改变。

这几段文字，我读了很多遍，对照若安的情形，发现有些相似但又不尽相同，于是让她也读了一遍，问："这里面描述的有跟你相似的地方吗？"

"不告诉你。"她把书还给我，白了我一眼，回房间学习去了。

"来嘛，聊聊这个问题嘛。"

"别吵吵，我要学习。"

好吧，这确实是个大问题，三言两语无法说清楚，等以后再慢慢说吧。虽然女儿会受某些人的困扰，但她也有很多真诚待她的朋友，我完全无须杯弓蛇影、自寻烦恼。而且，广东人的脾性跟广东的天气一样温和，而佛山一中又是一所美好的学校，孩子们能在这个环境中茁壮成长，女儿也不例外。

倒是我自己，看着那句"无数人不够幸运，童年没有获得足够的爱，这导致他们有了很多消极的自我实现的预言"，陷入了深深的自我怜悯之中。这几年大家都从原生家庭分析心理、行为与个性问题，虽然不尽科学，但也有一定的合理性。我的人生深受我那残缺破败、争吵不休的原生家庭的影响，而我的不良个性又构成了若安的"原生家庭"，给她带来这样那样的影响，还好"我们都有一份幸运——我们可以自己努力来改变自己的预言"！所以，坦然接受，勇敢改变吧！唯有如此，我们才能斩断不幸的恶性循环，走向阳光灿烂的美好明天。

跟历史杠上了(¯□¯)ll

10 月 6 日　星期五　晴

昨天女儿上学，我窝在家里看新买的武志红的书——《身体知道答案》。这本书出版于 2012 年 12 月，主要探讨身体与心理的奥秘。书中说——

我们绝对是我们生命的创造者。

这句话，从积极的角度看，意思是，你可以使你的生命变得丰盛。

这句话，从消极的角度看，意思是，如果你人生失败，那你并非别人的受害者，你是你自己的受害者。

我很认同这段话，不管起点如何，只要积极改变，生活总会朝好的方向转变。这种变化不一定能让人变得有多富有，但能让自己更平静、身边人更快乐。这个世界总是有些人，只看得到眼前的利益，想不到几十年后的悲凉，我不想做这样的人。佛家说，前世五百次的回眸，方换来今世的一次擦肩。但在我看来，轮回不会等到下辈子，几年前你结的善缘，说不定在几年后便"轮回"到你身上，在你最艰难的时候，拯救你！

昨天晚上不值班，但若安一定要我去办公室给陈曦解答国庆假期布置的作业。我想继续在家里看书，便问她："能不能跟陈曦说，明天晚修我再辅导她？反正那道题明天考试也不考。"

"不行！你都已经答应人家了，怎么能爽约？"

"你是我亲女儿吗？既然我不值班，又何必让我去办公室跑一趟？"

"爸爸，妈妈今天一直在家看书吗？"女儿另辟蹊径，想换种方式"引诱"我。

"是的。她今天根本就没有出去。"罗先生朝我挤眉弄眼，贼笑。

"妈妈，你看你，今天都没有出去走动一下！你就当出去散个步，舒活舒活筋骨，抖擞抖擞精神，顺便辅导一下我们啦。"女儿做哀求状。

"行啦，你这磨人的小妖精，看在你这么聪明的份儿上，我就跑一趟吧。"我忍不住抛给她一个白眼。

晚上回办公室，给女儿和陈曦辅导"冲击—反应"模式。这是 2012 年全国高考历史题中的材料评析题，其基本观点是，中国社会存在巨大惰性，缺乏突破传统框架的内部动力。从 19 世纪中期开始，西方冲击促使中国发生剧烈变化。女儿的答题观点明确，逻辑清晰，规范性强，论证较好，但角度狭隘，且不太符合中国近代历史的发展特点。晚修后，我们一起回家，我说："从得分的角度，最好同意题目的观点，因为可以写很多史实，而且也更符合历史真实。"

"但我就不想这么写，做这道题的时候好气，这个观点明显就是西方中心论，为侵略做辩护嘛。妈妈，你看到我那个重重的感叹号没有？写到最后我都想'杀人'！"

"看到啦！你呀，不尊重历史。"

"哼！我可不是日本鬼子，篡改历史！"

"但你对待历史的态度跟日本鬼子不是一样吗？"

"哪里一样啦！日本发动了侵略战争，但我反对战争！"

"我没否认这点，我是说你和日本鬼子在不愿接受历史真实这方面是一致的。日本鬼子不愿接受战争失败的历史，你不愿接受近代中国沦为'两半社会'的历史。"

"我就是不爽，就是要抨击这个可恶的'冲击—反应'模式。"

"你个傻妞，考试的时候要以得分为主要目的。上次那个语文作文，你为什么一定要选最难写的角度？你带着情绪读书，会影响成绩的呀！"

"考试时我不这么做就是了。"

"平时缺乏训练，考试时怎么得高分？"我哂笑她。

"哼！你个势利的女人！"女儿拿白眼回敬我。

我忍不住哈哈大笑。

德国哲人埃克哈特·托利在其著作《当下的力量》中说："通常，当下所产生的痛苦都是对现状的抗拒，也就是无意识地去抗拒本然（what is）的某种形式。从思维的层面来说，这种抗拒以批判的形式存在。从情绪的层面来说，它又以负面情绪的形式显现。痛苦的程度取决于你对当下的抗拒程度以及对思维的认同程度。"在中国快速发展的今天，一个有爱国情结的孩子容易对过去的黑暗历史产生本能的抗拒，但历史就是历史，尊重历史才能更好地放眼未来。

我家女儿眼里容不得沙子，因此容易反叛和激愤。若是心理营养不够，随着年龄和知识的增长，她了解的东西越多，就越容易痛苦。对社会黑暗可以保持高度敏感，但不能因此偏激、执拗，玉石俱焚可不是理性人生。等以后有时间，要跟她好好谈下这个问题才好。

相信正能量的力量(°ᵕ°)/

10 月 7 日　星期六　晴

《身体知道答案》是一本有关心灵奥秘的书，探讨潜意识、催眠、心灵感应及身体疾病与心理的关系。这些对我来说艰涩难懂，但有之前大量阅读促成的信任，我还是愿意坚持读下去。在书中，武志红引用了埃克哈特·托利在《新世界》中的一个故事，说明负面情绪如何在人与人之间传递。

一位女士来见托利，向他倾诉她的痛苦经历，说她还很小的时候就被父亲残酷虐待。托利引导她聚焦在身体内部的感觉上，直接去感受情绪，而不要经过她的不快乐思想和不快乐故事的过滤去对付情绪。她先是很不情愿，说她来到这里本来是寻找"脱离不快乐的方法，而不是进入不快乐当中"，但最后，她终于愿意允许这些情绪存在而不做任何事情，结果，仅仅一分钟后，她说："我还是不快乐，但是现在它（不快乐）的周围有空间了，不快乐也好像没那么重要了。"再过了一会儿，她解脱了，明白了一旦将注意力直接放在情绪上而不抗拒它，它就不会再控制她了。

她离开数分钟后，一个朋友来看托利，一踏进这个房间，这个朋友就说："这里发生了什么事？我觉得这里的能量很沉重而且浑浊。我都快吐了。"

这还不止。待了一会儿后，托利去附近一家印度餐馆吃饭，他刚一进去，一个坐在轮椅上的中年人便紧张地看了托利一眼。几分钟后，中年人吃完饭了，但他却突然变得狂躁起来，称饭太难吃，和服务生争吵，然后试图打对方，餐馆老板不得已报了警，警察来后这个男人才安静下来。

餐馆老板似乎知道问题的源头是什么，过来问托利："是你搞的吗？"

女儿进入高三后，状态好了很多，没以前偏激了，变得平和理性了，我想这与我工作没那么杂乱、专心当妈妈有很大关系。一个懂得教育规律、充满信心、温和坚定的妈妈，一定能将正能量传递给孩子，潜移默化地影响孩子。有时间有意愿，我便能打造出若安成长的正能量场，让她跟那些负面情绪、那些消极的人和事说再见。这种每天备课、上课、买菜、做饭、陪孩子的日子柔软踏实，相信光阴不老，会赐我一米阳光。

前天和昨天非常忙碌，监考、改卷、辅导，忙碌中听到了一些好消息。若安历史考了 81 分，在年级名列前茅，地理和政治都超过了平均分。昨晚第一节晚修下课后，女儿来办公室找我，我把这个消息告诉她，她非常激动。我抱了抱她，说："记得把所有科目的答案对完，不管考得怎样，都要勇敢面对。"

晚修结束后，迟迟不见她来办公室，我便一边改卷，一边等候。过了一阵，女儿推开门，说："妈妈，如果不出意外，我的数学应该能考到 100 分以上。"

"是吗？那非常好呀。"

"嗯嗯！我听你的话，把全部答案都对完了，原来对答案也不是什么可怕的事情。只是英语还没回到以前的水平，不好不坏，不满意。"

"哪些方面做得不好？"

"也不算不好，但是不满意。这次考试成绩，关键看语文了。如果语文没有考得很烂的话，应该有进步了。"

"嗯嗯。我感觉跟我们这段时间的调整有一定关系。继续努力吧，相信你会越来越好。"

"嗯嗯。可能与考试座位安排有关吧，这次考试，我们班有两位特别好的男生坐我旁边，所以我感觉特别平静。"

"你这孩子，怎么能这么想呢？成绩好是努力的结果，跟周边同学有什么关系？我们还是要关注自己的学习问题，想办法解决它，这才是提高成绩的'王道'。"

"嗯嗯，好！"

"有两位特别好的男生坐我旁边，所以我感觉特别平静"，这不正是正能量场的积极作用吗？我要笨到什么程度才会忽视这点？既然她相信一些下意识的东西，我就应该有意识地创造这样的东西，将这些东西转化为自信，不让怯懦影响她考试发挥呀！生活是鲜活的，总有些东西可以与理论结合起来。只是，该怎样把这些理论运用好，让女儿形成积极的心理暗示，以确保高考高水平发挥呢？这个问题，要好好思考一下。

妈妈又被班主任"训"了 o(T. T)o

10 月 8 日　星期日　晴

今天早上，因为（19）班历史考试成绩欠佳，黄妈来办公室找我"谈话"，得出的结论是：我要降低上课难度，扩展学生知识面，适当增加训练量。之后，我们的谈话集中到若安身上。在黄妈看来，若安什么都好，就是信心不足，执行力不强。有次数学测试，黄妈让若安找她评讲试卷，但若安找不到试卷；黄妈让若安复印韦致远的试卷去找她，但后来若安告诉黄妈她找到了自己的试卷；整整一个星期，若安还是未能听黄妈评讲试卷。不知从何时起，若安养成了丢三落四的毛病。莫非她像我，注意力分配不够广泛，在某个时间只能集中力量做好一件事？中午回家跟罗先生讲起这个，他立刻去商场买了两个试卷袋回来！罗先生真棒，是优秀的后勤部长，点赞！

黄妈说："你要做好思想准备，以前朱蓝有一段时间也相当崩溃，她的基础比若安还好一些。朱蓝出现的状况，若安肯定也会经历。还有呀，我觉得若安非常不错，你不要老说她有问题！"

"她是存在问题呀！"

"不！她没有问题！也不准你说她有问题！你就把你女儿当成学生就好！记得多表扬她就好！跟她讲话的时候不准讲'但是'！"

好吧！黄妈，你赢了！我回到家跟罗先生说："难怪黄妈每次带班都很好，她对学生要求严格，还会实事求是分析和解决问题，对同事和家长也是如此。所以，当她的科任老师和学生家长，压力也不小。"

"为什么？"

"因为一针见血呀！因为她护犊子呀！不给你留面子呀！"

"哈哈！遇到狠角色了吧？"罗先生不怀好意地笑了。

从前我当班主任，也会跟家长提意见。遇到太顽固的家长，我便会非常严肃，有时甚至会"教育"或者"教训"家长，现在"因果轮回"到了我身上。我还是我，只是身份发生了转变，我成了那个接受"教育"的家长，尽管在接受"教育"时有些难受，那种被人"解剖"开来看个透彻的感觉委实不好，但愿意向我磨刀霍霍的"解剖者"，都是把我当成朋友的人，真诚、实在。这才是我心目中孩子成长该有的样子：有家庭呵护，有学校干预，家庭和学校密切配合，共同辅助孩子成长！

今天，期中考试成绩全部出炉，若安语文 104、数学 95、英语 107（满分 120，若是高考可折合成 134）、政治 72、历史 81、地理 70，总分 529，超出年级平均分 20 分，排名估计在 130～150，考出了高二分班以来的最好成绩。

真是"普天同庆"的好事来着。开心一下。

调了个扶弱班 (⊙.⊙)

10 月 9 日　星期一　晴

昨天晚上，我告诉若安说，黄妈希望她在上一段时间语文"扶弱课"后，转到数学班去，因为在周女神的调动下，若安的语文学习已经上路。但若安似乎不愿意，瞪大眼睛问为什么。

"因为你在重点班呀，重点班的数学课要相对难一些。除了课堂吸收，你还需要完善一些基础知识。现在六个高考科目，除了数学，其他科目你跟着老师走就可以了。语文老师教得很好，相信你跟着周女神就能学好。"

"嗯嗯！但我想听听她的意见呢。"若安犹疑不定。

"黄妈、周女神、我，都会提出我们的意见，但怎么做决定，是你自己的事情。"

"这样的话，我会左右为难呀。"

"那也要自己做决定！"

"我知道。如果转数学，转去谁的班呀？"

"黄妈建议你转'熊爷'的班。"

"为什么？"

"因为黄妈上你的课，周末'黄较瘦'辅导你，去熊爷的班自然是最好的了，可以接受不同老师的教育，打开更多解题思路呀。"

"有道理。"

下午若安回家，我告诉她："周女神回复我了，她说，如果你能好好消化课堂上的内容，不去上语文扶弱班，问题不大。数学难度更大，先解决数学再说。"

"噢噢。"

"你要看她的微信回复吗？"

"嗯，要。"

我把手机拿给她，若安很认真地翻看我与周女神的聊天记录。不知为何，这个动作，让我感觉她对我有小小的不信任。但其实她哪里是不信任我，只是我"发号施令"惯了，一旦由她自己"当家作主"，我感觉不适应罢了。

"妈妈，你觉得我什么时候转去数学班为好？"

"你自己决定吧。这周星期四和星期五校运会，扶弱课应该不上吧。"

"不是呀，要上的呢。"

"噢噢，那你怎么决定？"

"我想这个星期就转过去。"

"记得跟要鹏级长说一声哟。"

"你们同一间办公室，你帮我说。"

"好的。去上课的时候搬条凳子，带个厚一点的文件夹，我怕同学们坐满了，你没有地方坐。"

"嗯嗯。"

这件事情就这么决定了！我突然下意识感觉害怕，女儿似乎太听话了，老师们对她的影响太大了。虽然我一直跟学生强调，"听话"是高三学生最重要的学习品质，但真到了自己孩子这里，又担心这种"指手画脚"会影响孩子的发展。对若安这样的中等生来说，扶弱班上什么科目都行，反正都需要强化一下。一想到若安"千疮百孔"的学业，真希望她的高三赶紧过去，不用再学自己不擅长的科目，也不用这么周折反复了。

我干了一件坏事(⊙×⊙;)

10月10日　星期二　晴

"妈妈，我干了一件坏事。"

"哦？什么坏事？"

"有一天，我发现我那包纸巾少了很多，很生气，心想，谁这么坏，用了我那么多纸巾呀？但今天，我竟然找到了我自己那包纸巾。我就觉得奇怪了，那包少了很多的纸巾被撕得乱七八糟的，哪里是我的风格呀？"

"然后呢？"

"哈哈！我把自己那包藏起来啦！"

"就这么解决啦？"

"是呀！不然呢？在班里大声问，谁丢了一包纸巾呀？抱歉呀，我错拿了你的纸巾！好尴尬的！而且，班里很多同学都用我的纸巾，我现在也还在普惠众生！"

"发现自己也会有做错事的时候吧？"

"是呀，犯傻了嘛，经常的事呀！"

"所以嘛，别人做错事，就不要太苛刻呀。"

"嗯，哈哈！"

哈哈啥呀？高兴的时候你就认同，不高兴的时候还不是负面情绪一大堆。今天晚饭后回学校，若安一路"吐槽"她那个（2）班的朋友。

"妈妈，'馒头'为人很不好吗？"

"挺好的呀。"

"但刘小曼说，'馒头'上课的时候很吵，吵到她无法思考了。她要是觉得'馒头'影响了她，就直接跟'馒头'沟通呀，在背后把别人骂得不成人样，合适吗？"

"来说是非者，必是是非人。我只是奇怪你竟然能忍她这么久。"

"她并不是所有时间都这样，有时候挺好的。我们一起吃饭的时候，如果她把饭盒使劲往桌子上一扔，我就知道她要骂人了。她现在骂人骂得好厉害，每每这个时候我都不说话，真想拿起饭盒离开。有时候，她还跟其他人一起攻击我。我在想，会不会哪一天我忍不住了，直接把饭倒她脸上。"

"你少点跟她在一起就是了，没必要闹得如此不愉快呀。"

"也不知道其他人怎么想的，经常附和刘小曼。有时候她们越聊越来劲，声音大得不得了，都影响旁边同学吃饭了，我真不喜欢这样子。"

"按照心理学家的分析，为什么她在你面前会表现成这样，那是因为你允许甚至希望她表现成这样。如果你对她这种行为坚决说不，不再做她的忠实听众，我相信她不会也不敢继续这样了。或者就算她无法改正，也会选择在别人那里而不是在你这里。"

女儿不再说话，我也果断闭嘴，将一堆"理论"和要求吞回肚子里，我清楚"物必先腐而后虫生"的道理，不想再替女儿拿主意，不想侵犯她的精神边界，我要让女儿从内心发现这个朋友不适合她，自己决定远离她，情感上不再依赖她。

今天若安的"吐槽"，虽然言辞激烈，但言语中已经少了激愤，负能量明显减少，而且她"吐槽"完毕，我还能感受到她那份平静与喜悦。最有意思的是，我竟然从她的嘴里知道了这个神秘的朋友叫刘小曼，简直是巨大的进步，可喜可贺！这种进步是怎样发生的？不是因为她，而是因为我。我发现，当女儿"吐槽"时，如果我心如止水，当她的忠实听众，不再表达我的忧虑、愤怒以及要求，女儿那些排山倒海的负能量就能得到完整宣泄，因为她在宣泄过程中没有遇到顽石阻力，也不必担心宣泄的后果。宣泄完毕了，她也就轻松了。如此看来，心理学的书籍虽然读起来艰涩、枯燥，但在实际生活中却大有裨益，以后要继续坚持学习。

晚修后一起回家，若安说："武汉大学那几件小礼品，我送给了班上两位想考武大的同学，剩下那张书签和地图，我想送给桑良韵。"

"随你，我买回来就是让你送人的。桑良韵是你高一的同学吗？"

"是的，她家住武大旁边，她的理想就是考进武大。"

"嗯嗯，这样的朋友建议你多交流。"

"但现在大家都很忙，每次我见到她，她都步履匆匆，我不好意思耽误她时间啦。"

"嗯嗯，朋友间相互守望也是一件很美好的事情。"

"我们宿舍两位小同学问我借钉鞋，我让爸爸帮忙带过来了。她们听到我能帮她们，好高兴。"

"好呀，你就是个乐于助人的好孩子。"

"嘿嘿，是吗？"

"嗯，你今天晚上吃饭这么匆忙，不就是为了给钟凯琳买全开白纸吗？"

"这些都是举手之劳，应该的啦。"

"我就喜欢你的这些举手之劳，你这么乐于助人，大家都会喜欢你的。"

"可能吧。今天老龚要去接女儿，没有给我辅导，但给我布置了一大堆任务。"

"噢，是吧。缠着老师就对了，多请教老师，成绩一定会提升的。"

"那老师会不会烦我呀？"

"怎么会？老师喜欢热爱学习的孩子。"

"前段时间黄妈说，我有点逃避数学，我觉得她说得对。她说这话的时候是期中考试前5天，估计我当时被吓到了。"

"我觉得你需要勇敢面对，只有正视并解决自己的问题，培养优秀的学习品质，才能真正取得进步。"

"我知道。所以我现在做数学题，都是先想一想、做一做，发现不会做，便去看答案，看完后发现自己懂了，就继续做。"

好吧，虽然这不是做数学题的最佳办法，但至少表明了一种态度，事实上也能解决一些问题。说不定，做着做着，数学问题就解决了呢。

校运会的舞蹈表演 ＜(￣▽￣)＞

10 月 12 日　星期四　晴

　　"这两天校运会，你准备怎么过呀？"

　　"玩呀，要不干啥？"

　　"有些高三同学在校运会上学习呢。"

　　"啊？哪里学得进去呀？我有很多事要做呢，要比赛，要给人加油，要拍照，还要写稿。黄妈说了，如果没什么事做的话就守在大本营，不要乱跑，因为这个要评分的。"

　　"她说不准乱跑你就真不乱跑？"

　　"嘿嘿！"女儿狡黠一笑。

　　"白天你好好玩，晚修还是要认真读书的。"

　　"当然，我要趁着这个机会，把没有做完的作业好好补一补。"

　　在我看来，校运会最大的看点是开幕式，因为女儿要代表高三参加入场式并且表演跳舞！忍受她 N 次在家里"蹬"地板的"恐怖噪音"后，终于等到验收成果的时刻了。尽管她基本只能算个群众演员，但我仍有抑制不住的兴奋，跑到主席台去看了个清楚明白。高三的舞蹈表演确实不错，力量十足，活力四射。女儿动作到位，轻盈灵动，尽管少了点笑容，但终究是相当不错的。在我看来，女儿的高中算是多姿多彩了：在合唱团参加过多次表演，在英语节上扮演过一面镜子，在校运会上跳过踢踏舞，在篮球场上搭过帐篷，在校道上煮过饭菜，行走过 40 公里……感恩佛山一中这片热土，给了女儿良好的体验与活动空间，也感谢那些陪伴和引导她成长的老师们！

　　趁着校运会空隙，我看了一部 2001 年的电影——《我是山姆》，该片讲述了一个智商相当于七岁孩童的父亲山姆与当局争夺女儿 Lucy 抚养权的故事。按照正常人的思维，智商低下的山姆是无法尽到做父亲的责任的，正如他自己在法庭上所承认的那样，他觉得困惑，担心会犯天大的错误，害怕无法给孩子所需要的最好的东西（包括教育）。但这并不妨碍他做一个好父亲，他爱女儿，给了孩子他所能给的最好的东西。当然 Lucy 也觉得幸福，她把小脑袋埋在父亲的肩膀上，说："我很幸运，你和别人的爸爸不一样，没有任何人的爸爸能够总是去公园。"

不是所有智商正常的人都能做合格的家长，孩子的世界需要陪伴，需要理解，需要用心感受，需要无条件的爱。一部132分钟的电影，看得我潸然泪下。好的艺术作品总能带给人共鸣，这部被《今日美国》评论为"2001年最不值得关注的电影"，却获得了多项国际大奖。相信在很多年后，它依然能直达人们的心灵深处，引发有关爱的思考。

今天天气转凉，但相对于那些在运动场上奔跑的孩子来说，还是太热太晒。傍晚女儿回家，我看到她眼睛和颧骨位置晒得通红，一脸疲惫。我问她是不是不舒服，她说可能中暑了。我给她喝了两瓶藿香正气水，还"强迫"她吃了很多饭菜。我家女儿就是这样，做事太过投入，有时候甚至投入到几乎犯傻的程度。这两天对她的体力和心态都是一个考验，但愿她能不急躁、不受伤，平心静气，在校运会结束后顺利转场到教室，继续努力拼搏高考。

今晚（19）班的家长送宵夜给孩子们吃，我想女儿应该会很开心，不想她回到家后却一脸不高兴，满腹牢骚："我真讨厌我们班的某种风气，吃东西的时候一声不吭，对我们这些到得比较晚的同学也不招呼一下，害我们问这问那的。"

"可能那么多家长在旁边，他们放不开呢，紧张了呀。"

"第一次进这个班时也是这样，进去后都没人理。"

"你都说是第一次啦，那时候大家都不熟。"

"反正我不会像他们那样，我是肯定要照顾大家的心情的，因为咱们人类是高等动物。"言语尖酸刻薄，看得出她对班里某些同学的极度不满。

"我觉得这个问题要从两方面分析。第一，在我们家，大家都比较谦让，会照顾彼此的情绪，我们吃饭时会聊天，但别人家不一定也这样。孔夫子都说食不言、寝不语，有些同学可能习惯了吃东西不说话。第二，'00后'以独生子女居多，容易以自我为中心，个别同学还没学会怎么照顾别人。你在家里被照顾多了，觉得别人招呼你理所当然，因此你受不了同学们的冷淡。你有什么想法可以在班会课上提出来探讨，但对同学要宽容，不要有这么强烈的负面情绪或者用这么尖酸刻薄的语言去指责他们。"

"但平时他们吃饭的时候都不是这个样子！"女儿余怒未消。我立刻闭嘴，开始写这篇成长日志。在大家情绪都不好，以自我为中心、自说自话，却完全不关注别人的时候，交流就没有任何意义。女儿发现我不理她，便刷牙洗脸睡觉去了。

唉，校运会这么开心的时刻，你都不消停一下，临睡觉前还给我添堵，做你的妈妈，容易吗？！

跳高比赛惨败 (┳﹏┳)...

10 月 13 日　星期五　晴

早上若安起床，一副无精打采的样子。我摸了摸她的脸，发现右侧依然有些发烫，看来昨天确实晒伤了。今天是校运会第二天，她不用赶着去学校早读，有比较充裕的时间，便在家里吃早餐，我开始跟她谈昨天晚上没有谈完的话题。

"你知道疲累的时候应该做什么吗？"

"做什么？"

"好好休息呀！这种时候最应该做的事情便是睡觉，不适宜有什么新的行动。身体疲惫、情绪不好时，很容易做错或想错一些事情。妈妈问你，昨天那么多家长给你们送宵夜，你跟他们打招呼了吗，有跟他们说谢谢吗？"

"有呀！这不是很自然的事情吗？"

"很好！表扬！昨天晚上，叔叔阿姨们发了很多照片到微信群里，很多照片里都有你，我看你笑得很开心，不像你昨天回来那样心情不好。"我把手机拿出来，翻照片给她看。

"可能我比较会装吧。"

"昨天在饭堂吃宵夜时，你真的一点都不开心？"

"也不是啦。"

"人有时候会被自己的情绪欺骗，一叶障目，不见泰山，容易记住那些不好的事物，而忽略那些美好的，犯一些自以为是、偏激狭隘的错误。昨晚，你最

117

该记住的是家长对同学们的关爱。可能某些同学确实存在一些问题，但这些是别人的错，不要拿别人的错误惩罚自己。而且这些同学终究会发现，射出去的冷漠的箭还会原原本本射回来。"

"我知道，所以我不喜欢他们这样子。"

"你不喜欢他们这样子，而我不喜欢你被负面情绪缠绕的样子。我们容易对身边人苛刻，对发生在遥远世界的罪恶却无视甚至持理解的态度。"

"啥意思？"

"比如撒贝宁，以前我们班好多同学喜欢他。但当年小雪姐姐考上中国传媒大学播音主持专业，班里有几个女孩嫉妒她。现在小雪姐姐也进中央台了，从前那些嫉妒她的女孩，估计现在只剩祝福了，因为她们高中毕业已经好多年了，小雪姐姐也不在她们身边了。可能这就是问题，我们不太容易祝福和欣赏身边人的成功！"

"妈妈，你跑题了。"

"好吧，我只是希望你能对班里同学宽容一些，放过别人也放过自己。"

今天上午，我原本想在家里安静地备课，但还是放心不下若安，便回学校观看比赛。（19）班 800 米比赛派汪思聪和陈曦出场。其实若安才是班上跑得最快的女孩，但她竟然报名跳高。由于状态不佳，若安第一轮比赛三次试跳不过，在阳光下放声大哭。陈曦 800 米几乎跑到小组最后，比赛结束后也哭了。不知为何，在女儿哭的时候，我把她抱在怀里，心里却充满了厌恶。我厌恶她的选择，厌恶她的谦让与怯懦，厌恶她为了所谓的面子而不敢提出自己的要求（说跑步项目已经有人报名不好意思插进去让别人退出来）。这是比赛，又不是请客吃饭，这种所谓的谦让既缺乏体育精神，又徒增困扰。进入高三后，女儿几乎每天都跑 1600 米，如果她报名中长跑，可能会有不错的成绩。跳高项目她连背越式都不会，还在采用几乎跳不高的跨越式，而且也缺乏训练，怎么可能拿到名次？！希望这次校运会能给她提个醒，让她反思一下她那些"可笑"的想法。

下午校运会结束得比较早，女儿回家后很开心，因为她们班"超级大旋风"拿了第五名，总分排文科班第二，取得了非常不错的成绩。这两天，她的情绪变化如此激烈，让我觉得她还是个孩子，心智相当不成熟。趁着女儿炒菜和吃饭的功夫，我又开始做她的思想工作。

"今天我跟黄钰的妈妈聊了聊，她说昨晚你们班大部分同学都有跟他们打招呼并表示感谢，比较内向的同学也微笑点头致谢，宵夜结束后很多同学帮忙收拾垃圾。阿姨的感觉从某种程度上反映了同学们的表现，当然我不会因此就觉得你昨天说的是错的，但我希望你对同学能更宽容些。班里存在问题，你完全可以提出来，告诉大家怎么改进。我建议你今天晚上回学校就找黄子俊谈一谈。"

"啊？谈什么？"

"擦黑板呀，他不是总擦不干净吗？"

"不谈！谈了也没用！"

"黄钰妈妈说，黄钰刚进高二时挺不习惯，说班级气氛比高一差多了，重点班女孩子多，又都有个性，不容易凝聚。进入高三，她改变初衷去竞选班长，就是想和大家一起努力，让班级有所改变。"

"我也觉得黄钰进入高三后改变挺大的。"

"怎么说？"

"以前她不怎么管班里的事情，现在不一样了。"

"就是呀！当问题发生时，你可以选择批判，也可以选择逃避，但我们要勇于承担自己的责任，直面问题，解决问题。"

"嗯嗯。"

"总结一下，我觉得你有三个方面要特别注意。要控制好自己的情绪，不要拿别人的错误惩罚自己；对身边的人要更宽容和理解，不要太过苛刻；要勇敢表达自我，用实际行动解决问题。"

"嗯，好。"

"校运会结束了，可以收拾心情开始学习了吗？"

"可以，没问题。"

从昨天晚上到今天下午5点前，我以为又碰上个"大砖头"，这段时间可能要严阵以待、打醒精神努力"搬砖"。没想到一场胜利就让若安由阴转晴，看来成功体验确实能抚慰受伤的心灵。这两天的经验告诉我，发生了什么并不重要，重要的是若安怎么感受、怎样思考，更重要的是我如何引导、如何化解。

衷心祈祷！不祈祷未来的日子无风也无浪，只祈祷老天赐予我和女儿解决问题的力量与智慧！

妈妈对学生温柔了（＞∨＜）

10 月 18 日　星期三　晴

前几天，受台风"卡努"和寒流影响，佛山天气阴冷，加上校运会和家长会的冲击，无论是女儿还是我，或是班里的学生，都软绵无力。特别是周一上课，（19）班和（20）班状态都不佳，一下课便趴倒一片。我身体不适，脾气暴躁，写作积极性严重下降，但今天天气晴好，感觉自己又活力满满，便重新开始写高三日志。

但真写起来，发现前几天的事情几乎忘得一干二净，只记得某天早餐时黄妈告诉我，校运会第二天下午，若安还在为上午跳高比赛失利的事哭泣。后来我问若安为什么还要哭，她说："我也不知道为什么，只要一想起来我就哭了，不让呀？我很喜欢哭的，还不是像你？"好吧，她倒是很会为自己开脱，但我不得不承认——遗传实在太奇妙。虽然若安身材像罗先生，但协调性差——随我，所以虽然有个当体育老师的爸爸，但她并没有体育方面的优势。还好这随时随地哭的本事，也不是人人都有的，适当的情绪发泄有利于心理健康，而且她哭的时候还有人陪伴，未尝不是好事。

这几天晚上睡觉前，若安又开始了背书。这个个子高高的女孩，高高地站在沙发上，头顶几乎接近日光灯，从这头走到那头，边走边读。我突然觉得恍惚，似乎那个小小的、在沙发上蹦来蹦去的小女孩又回来了。

昨天晚修，我先到（19）班，发现黄妈在讲台站着，教室里鸦雀无声，便笑着说："孩子们！读书时间到了！"黄妈说："不行，我有事情要讲，我要先讲完。"不知哪位"勇士"说了句"先读书啦"，惹来黄妈愤怒（哈哈，估计黄妈当时正在训学生），以致拍桌子警告："我说要先讲完就先讲完！"我发现情势不对，立马从（19）班溜出来，走进（20）班，看到班主任杨姝老师也在。趁学生读书期间，我跟她聊了会儿天，表扬（20）班同学情商高。杨姝说："那是你大爱，能看到他们的优点。"

自从陪女儿上高三后，我对学生温柔、体贴了很多。或许是天天跟着女儿，时常感受到高三学子的艰难，我更能从学生和家长的角度而不是老师或管理者的角度看待问题了。昨天晚修，我找了（19）班 5 位周日测试不够好的学生辅导。辅导结束后，我鼓励他们说："要努力加油，老师相信你们！"不知为何，这时我感受到了一种温和的力量，而从学生的反应中我感觉他们也接受了这种力量。

帕萃丝·埃文斯的《不要用爱控制我》里有句话说："孩提时代，成年人是孩子的上帝，但即使是上帝也不能随便给人下定论。"今年教高三，对我来说，确实是不小的挑战。老师与妈妈的双重身份，叠加，渗透，如川剧之变脸，需要高超的技术。我要牢牢记住罗先生的教导，"像教学生那样教女儿，像爱女儿那样爱学生"，沉稳淡定，当好孩子们（包括女儿）的引路人，不辜负这一年特殊的光阴。

高考体检咯 (づ￣ ³￣)づ

10 月 20 日　星期五　晴

"妈妈，今天真的好难过。"

"啊？咋了？"

"这种难过不是那种难过。"

"那是哪种难过？"

"就是不是真难过，但比较难过。"

"能具体一些吗？"

"今天一整天都有人问我你多高呀、多重呀，还不停在我耳边叨叨'哎呀，我又瘦了'，'哎呀，我终于长胖了一点点'。"

"你现在身高、体重挺好的呀，人家美慕都来不及呢，那么多人在你耳边叨叨，说明你人际关系不错呀。"

"但听多了，总是有点烦。"

"没事儿呀！你看我今天一上课就问你们班同学，今天体检呀，长高了没有？同学们不都是假装哀号？说什么'我又长胖了'，'他们把我量矮了'。大家都是随口说说而已。"

"知道呢！所以你理解我的难过了吗？"

"理解啦！你不是真的难过，只是日子难熬罢了。"我和若安互看了一眼，然后都忍不住笑了。

高考常规体检结束后，要复印体检表上交学校。考虑到若安学习忙碌，我准备代劳："体检结束后，你把体检表给我，我帮你去复印。"

"啊？但我已经跟人约好了，中午去复印呀！"

"你给我复印的话，速度快，省事！"

"但我们跑去复印也很快呀，而且我们还可以躲起来，让刘小曼找不到我们，吃饭时就不用听她叨叨了。"

"既然你不喜欢她，为什么就不能断了跟她的联系呢？"

"毕竟是在合唱团一起战斗过的朋友嘛。"

"合唱团那么多人跟你一起战斗过，没看到你跟其他人好？"

"跟其他人也好呀，只是交流没有那么多而已。"

"你能不能别让我担心呀？！我总是害怕你受她影响，搞到书也读不好。"

"我书哪里没读好？"若安拿白眼堵我。

好吧！我住嘴。

下午回学校上班，志伟兄告诉我若安的体检表已经在上午交给他了，原来她和依程体检完毕便去二楼文印室找老师帮忙复印了。按规定，学校文印室是不允许学生进去的，恐怕女儿是利用教师子弟的身份"以权谋私"了。她什么时候变得这么勇敢？是不是她屁颠屁颠跟在依程后面？

吃晚饭时，我问若安，这是谁的主意？

"我呀！怎么啦？不能是我吗？"若安又拿眼睛白我，自鸣得意的样子让我觉得好笑。

我心里也暗自得意，原来我家丫头在学校也有机灵的时刻。只是，那些她犯过的傻，又是怎么回事？

高三就是一场修行 (o~ ‿ ~o)

10 月 24 日　星期二　晴

"妈妈，其实我在班里感觉挺孤独的。原本以为两个不怎么熟悉的人，突然发现他们要好了起来，原来他们是小学或者初中同学。"

"你不是也有小学和初中同学吗？"

"我那几个同学比较特殊呀。张斐卓完全不说话，李昭颖也没有那么多话说，至于韦致远，他好像都不怎么跟我玩。"

"你不是有王昊权吗？"

"他现在离我有点远。现在旁边这些同学，似乎都有自己的圈子，不怎么理我。"

"我觉得你还是要积极一些，主动融入才好。"

"可能因为调了新座位的关系，我现在坐窗户边上，没有同桌，课堂上老师一说讨论问题，有同桌的便找同桌，我前面的人找更前面的，后面的人找更后面的，然后便剩我一个了。"

"那你就主动一点，搬凳子去前面或后面便是了。"

"唉，忧伤呀！依程也跟我说过，她感觉班里没什么人想理她。历史学习小组，她可能报名报得晚，最后被科代表分配去了三个男生那个组，我都不知道小组讨论时她该怎么办才好。"

"别担心她啦，我觉得她会有办法的。"

"不知道为什么，总感觉做事没以前积极了。"女儿继续感慨。

"你是指哪一方面？学习吗？听课？回答问题？还是为班里谋公益？"我问。

"学习没问题啦。以前我会主动找同学聊天，现在我觉得聊不聊都无所谓；以前会主动找乐子，现在似乎没这个兴趣了。"

"可能与季节有关吧，春困秋乏，大家都一样。"

"但以前秋天我不是这个样子的。"

"以前秋天你也不读高三呀。"我笑了。

"我现在挺害怕上政治课的，老师喜欢挑人回答问题，但我回答问题的声

123

音又不大，我只有在历史课上才会大声说话。"

"为什么呀？你完全可以在所有课堂都表现成在历史课堂的样子呀。"

"可能我喜欢跟大家一起回答问题，滥竽充数，呵呵。"

"但单独发言也是必需的呀。"

"可能我跟别人不同吧，不喜欢大声说话，不像班里某些人，真的太多话了。"

"呵呵，都挺好的。不管别人怎么对你，妈妈都愿意做你最好的朋友！你人这么好，就稍微调整一下，大胆一些，没什么可怕的。罗斯福不是说过嘛：There is nothing to fear（没有什么可恐惧的）……"

"But fear itself（除了恐惧本身）！"女儿把话接了过去，"也不是真的害怕，有时候只是因为不喜欢。"

"不喜欢就不喜欢吧，每个人都有自己的天性，我们不能要求自己每天都像只'战斗鸡'！进入高三后，大家都专注学习，人际交往可能会相对减少，对周围人的关注度也会下降。我觉得对同学不要要求太高，要宽容一些，给大家一个微笑、一句鼓励、一个拥抱。这样的集体才会让人留恋，也只有这样的集体，当班里同学出现问题时，才能快速发现和解决。"

"嗯！我觉得进入高三后，要学的东西太多了，不光有学习，还有人际交往，还有做人，真不容易。"

"要不为什么说高三就是一场修行呢？"

"现在班里越来越多同学成年了，而我也要满 18 岁了，好可怕呀。"女儿换了个话题。

"成年有什么可怕的？"

"我怕无法承担起成年人的责任呀。妈妈，你觉得我像个成年人的样子吗？"

"暂时还不太像，但慢慢会像的。"

"如果我长大后找不到工作怎么办？"

"现在劳动力这么金贵，怎么会找不到工作？"

"那要是赚不到钱给你买别墅怎么办？"

"那是绝对不行的！"

"你是不是我亲妈？哪有亲妈要女儿买别墅的？"

"理想还是要有的，万一实现了呢？而且，别墅的好处，我们已经探讨过呀！爸妈从农村出来，都能在城市安居乐业。你在城市长大，就一定能赚到钱给我买别墅。这可是底线，你不许赖皮！"

"好吧！你这臭妈！"女儿拿白眼瞪我。

今天是农历九月初五，接近重阳节，天气跟前段时间相比有了明显的变化。早上六点叫女儿起床，天还没亮透；晚上六点多陪女儿去晚修，已是曚昽灰。白天的时间似乎变短了很多，那些坚强的人便只能在黑暗中努力前行。感恩岁月，感恩每一个安静的日子，让我能在点滴中感受女儿的喜怒哀乐。琐碎，还有些乏味，因此更需要我坚持。

爱的错觉，爱的伤害 ("ˇ‿ˇ")

10 月 25 日　星期三　晴

昨天晚上，女儿拿了几篇高二时的作文给我，说："妈妈，这几篇文章你可能感兴趣，但看看就行了，因为绝大部分事实是捏造的，不过感悟是真的。"我拿起来一看，都是写有关爱的文章，内容大都与家庭生活有关，亦不算捏造，只是采用了一些夸张手法，乍一读心里有些不舒服，但细细品味，却有几分道理。最近几天，我就慢慢抄录，慢慢回想，慢慢反思吧。

《爱的伤害》——

爱，是什么？有人说爱是早春的阳光，融化坚冰；有人说爱是毒药，让人深陷其中，一蹶不振；而我则曾经沦为爱的囚徒，痛感爱的伤害。

要说这世上最爱我的人是谁，那自然是我的父母了。他们生我、养我、教育我，在我的童年记忆中，出现最多的，也是他们的身影。身为家里唯一的孩子，我十分霸道，但又好像合情合理。你一定想问，我怎么会因为独自享用父母的爱而痛苦呢？那是近年来我越来越深的体会。

作为青春期的孩子，我精力充足，爱幻想，心中怀着对自由、未来的无限向往。在这时，我遇上了一群志同道合的伙伴，我们互相鼓励、欣赏，把梦想写在纸上，遨游在文学的美妙世界里。当然，是在课余，并小心地瞒着父母。因为一旦被父母发现，总会招来无尽的唠叨、告诫："写什么乱七八糟的东西，作业写完了吗？你听爸妈的，少走点弯路。写这些东西没有用的。听爸妈的没错，我们这么爱你，怎么会骗你呢……"开始我只是笑笑，跟父母讲写小说只是业余爱好，到后来直接拉长脸不理睬，再到后来，甚至会忍不住吵起来："写就写，有关系吗？要你们管！老是说为我好，你们就行行好，别整天在我耳边叨个不停！"爸妈见软的不行，就来硬的。他们和我谈条件，说成绩进步多少名才能继续写，否则没收我的文字，甚至打电话给老师，让老师帮忙监督。我心烦意乱，不知何时才能结束这场以爱的名义进行的战争。直到有一次我和父母进行了一次心平气和的谈话。

我首先阐明了写小说的理由，并接受了父母的劝告，但我又表达了他们的管教带给我的伤害。我说："无论我长大之后从事什么职业，写小说、编故事都会是我人生中的一个闪光点。因为我学会了和自己的心灵对话，而且我明白了爱会伤人。"父母起初十分不解，但后来渐渐沉默了，他们明白了他们泛滥的爱不可避免地让我受到伤害，给我带来痛苦。现在他们选择以一种平和的方式表达他们的爱——沉默，给予我自由。

爱，不难，正确地爱却很难。爱不应限制对方的自由，不应伤害对方，即使初衷是友善的。经历了这件事情，我也明白了我不能霸道地占有父母的一切，我也应该让他们去完善他们自己的人生。

如果你那些狗屁不通的魔幻小说能写得像这篇文章这样有文采、有深度，爸妈怎么会阻止你写作？你常常说，你是巫师，我们两个古板的"麻瓜"不懂你的世界。但巫师也是要变成"麻瓜"的，所以你还得将时间花在正道上，努力成长。

女儿成长的年龄段，正是科幻、魔幻电影快速发展时期，从《爱丽丝梦游仙境》到《哈利·波特》，从《美国队长》《雷神》《钢铁侠》《蜘蛛侠》《蝙蝠侠》《绿巨人》再到《复仇者联盟》，什么《黑衣人》《阿凡达》《银河护卫队》《X战警》《暮光之城》……这些陪伴女儿成长的电影，我们几乎看了个遍。她越看越来劲，而我却越看越生厌，比如上周末我们看的《王牌特工2》就被我抨击为过于浮夸，招来女儿一个大白眼。

大概是女儿上小学四五年级时，我给她买了一套《哈利·波特》，一共七大本，她不屈不挠地读了七遍。从看电影到买小说，是我把她引上了魔幻之路，但又不准她跃跃欲试写魔幻小说，确实有些残忍，难怪女儿"痛感爱的伤害"！人生相当奇妙，亲子之爱也无法打草稿。如果可以重来，我会作何选择，女儿又会作何感想？可喜的是，这个即将成年的"巫师"想象力极为丰富，自我娱乐的能力也很强，这应该就是魔幻小说和电影的馈赠吧，不枉那些年我眉头都不皱一下就花出去的白花花的银子。

女儿的文章里，还有一篇《爱的错觉》，里面有一段是这样写的——

从我记事起，爸爸妈妈就叫我做这个做那个。"女儿，该练琴了！""女儿关电视，回去复习！""女儿，快去跑步！"……我就像一个严阵以待的士兵，绝对服从每一个命令。有时我被爸妈弄糊涂了，他们的架势仿佛是要将我训练成一个身怀绝技的才女，似乎唯有这样，我才配当他们的女儿。我时常纳闷，非要这样才幸福吗？我开始羡慕电视里欧美家庭的育人方式，羡慕他们的自由、独立。我开始叛逆，和父母争吵，我告诉自己，他们爱的根本不是我，他们爱的是我在他们年老之后能够提供给他们的物质。……但最后我才明白，父母的爱是最珍贵的，正是他们的严格要求和不求回报让我产生了爱的错觉。没有必要羡慕他人，在我们成长的道路上，父母的爱永远不会少，切勿被爱的错觉蒙蔽了双眼，真正错失了一段亲情……

爱多了会腻，会烦，会有负担，会让人产生错觉。一个在催促声中长大的孩子，确实容易产生叛逆情绪。爱，不难，正确地爱却不易。这些道理，我不是不懂，然知易行难，希望女儿能从我和罗先生身上吸取教训，等她长大成人，等她有了自己的家庭、自己的孩子，能用正确的方式好好地爱她该爱的人。

虚构的考场作文 (⊙ ⊙)b

10月26日 星期四 晴

昨晚罗先生回家，声讨若安："你这个坏家伙，竟然把爸爸妈妈写成这样，对你那么好，哪里伤害你了？"

"都跟你们说过啦，故事是瞎编的，但感悟是真的，为了完成作业嘛，嘻嘻。"女儿为自己辩护。

"罗先生，别难过，等下一篇出来，你才会真的恼火。"我抓住了一次难得的"挑拨离间"的机会。

嘿嘿！先奉上这篇"坑爹"利器——《错过的生日》。

今天是我的生日。我像往年一样，早早起床，穿上最漂亮的衣服，离开房间，准备接受爸妈早就做好的香喷喷的"长寿面"以及他们的祝福。但当我进入厨房时，我感觉被浇了一盆冷水——厨房里空空如也，啥都没有，我的心瞬间淹没在无边的失落之中。我的父母竟然错过了我的生日，这是我无论如何也不能接受的。

"若安，对不起呀，爸爸起晚了，现在就去……"

看着爸爸睡眼蒙眬的脸上的慌乱，我冷冷地说了句："不用了。"

"怎么了？"爸爸疑惑地望着我铁青的脸，有几分不耐烦，"没关系的，就是起晚了些。"而后又抱歉地对我微微一笑。

"我都说不用了！"我的泪水如决堤的河水汹涌而下，混杂着委屈与一种莫名的愤恨。

爸爸先是一愣，正想安慰我几句，但听到我"你们根本不重视我"的吼叫后，他停下了，生气地瞪着我，严厉地说："别再说了，一大早在这闹什么？这个生日不过了，过什么过……"

"凭什么？这可是我的生日！"我顶嘴道。

爸爸突然间暴跳如雷，他指着我的鼻子，怒不可遏："你厉害啦！长这么大就知道过生日过生日，我问你，你还会什么？你以为爸妈欠你什么？告诉你，别自以为是，小孩子这么自大！长大了一岁，什么都没学到，还过什么生日？！你

128

妈妈也是今天生日，我们没有庆祝过她的生日，她有生气吗？你有对她说过生日快乐吗？"在爸爸的吼叫中，我渐渐停止了哭泣，像只老鼠一样重新钻进了被窝。

我回忆起过去的一次次生日，妈妈永远是面带微笑，在我们俩一起过生日的日子里，都是在庆祝我的生日而不是她的。是因为我的缘故，妈妈错过了一次又一次生日，而我却还在家里不可一世。想到这里，我的眼中流下了悔恨的泪水。父母费尽心思把我拉扯大，牺牲了他们的青春，他们的美好年华，即使他们无法给我一份很好的礼物，即使他们错过了我的生日，但他们在我的生命之中，从未缺席过。我脆弱时他们呵护，我痛苦时他们安慰。原来，他们从没错过我的生日，因为在我的有生之日，我都沐浴在他们的爱之中。而他们赋予我的最好的生日礼物，就是他们的陪伴与关爱，还有生命。

错过了并不可怕，可怕的是错过了却依旧一无所获。错过的已经过去，珍惜你现在拥有的一切，拥抱幸福！

昨晚吃饭时，我问女儿："你那篇有关生日的事情，真的发生过吗？我忘记了。"

"哪里有！为了行文方便而已。"

"那为什么编这么一个故事？"

"呵呵，因为我们家过生日都比较'清凉'呀。"

"你介意吗？"

"介意啥？你知道的啦，我又不是物质主义者。两个鸡蛋一碗面，这是我们家的传统，纪念老外婆嘛，我觉得挺好的呀。"

"妈妈小时候，两个鸡蛋一碗面已经是家里能拿出的最好的生日礼物了。现在物质丰富了，生日反倒不知怎么庆祝好。你很小的时候，我们对你的生日是有好好庆祝的，有时候一个生日还好几个蛋糕，觉得太奢侈了，害怕影响你的成长，就改了规矩。"

"为什么会有几个蛋糕？"女儿问。

"会请一些朋友来家里呀，他们有的会带蛋糕来。"

"噢噢，那挺奢侈的。"

"你写这些完全不存在的假东西，所以作文质量一般呀。"我换了个话题。

"没办法，从小到大都在写假作文，言不由衷，越写越烂。妈妈，你去看咯，那里还有一篇写有关文字的东西。"

从她给我的那几篇作文里，我翻出了一篇叫《我的文字，我的诗》的东西，里面确实描述了这种状态——

麻木，不足以用来描绘我和我的"佳作"：矫揉造作的辞藻，千篇一律的模式，千年不改的事例。作文，对我来说，只是一种无奈的累赘。而文字，不是获得高分的工具，不是用来玩弄的。我曾想过，等高中一毕业，我就要永远和作文说再见。……我对作文的恨来源于我对文字的爱。我憎恨写作文是因为我恨那些虚伪的话语，我无比厌恶这种对文字的苟且。在我的追求中，每个文字都是美丽的，每个词语都是神圣的。发自内心的文字，都是一首歌颂生活、赞美自然的小诗。

这几十年中国教育突飞猛进，不曾想女儿依然受到如此"折磨"，又或者"作文"和"文字"原本可以契合，只不过女儿文字功夫不够，所以无法运用自如？历史总是在解决一个又一个问题中前进，生活亦是如此。不论是非对错，先想办法帮助女儿解决高考作文难题再说。等高考结束，希望她能写出那些让她欢喜、让我感动的美丽文字，一起追求诗的境界、心灵的高度吧！

飞鸽传书 ๑(´∀｀)๑*

10月27日　星期五　晴

今天，继续解读女儿的"佳作"——一篇名叫《爱，慢下来》的文章。这是她几篇文章中得分最低的一篇，却是我最喜欢的一篇。摘录如下——

沐浴在殷红的阳光中，拿起笔，在雪白的信纸上写下心的方向。常常设想这样的场景，某个人经过难熬的等待，在某个早晨，收到了一封回信。这个人品读完来自另一个人的思念，眼泪蒙眬，感动之情不可名状。

《查令十字街 84 号》就向我展示了这样的场景。主人公海莲娜和法兰克通信 20 年，却未谋一面。为何他们愿意用 20 年时间去了解千里之外的彼此？20 年，足以改变很多，等待、忍耐，却不求相见，看起来这是多么愚笨的做法。中考后，我和好友可心去了不同的学校，在繁重的学业压力下，我们不得不中断联系。直到有一天，可心写了一封信给我。"我知道你很忙，我也很忙，但请你抽空写封信给我吧。"她在信中这么写道。就在那一瞬间，我突然明白了很多，我立刻回信给她。在信中我写道："我终于明白为什么有的人要坚持写信了。时间，是我们能送给友人的无价之宝。陪伴，才是最长情的告白。"

从那天起，我就像变了一个人。学习之余，我开始关心身边的一草一木、生命中出现的每一个人。即使我时常因为忙碌而身心疲惫，但我的生活是充实的，我感受到了付出带来的快乐。周末回家与家人吃一顿饭后，我会留在桌边陪父母喝茶，收拾碗筷、整理厨房、倒垃圾，这些都是力所能及的小事，但这也是我用实际行动写给家人的"情书"。

写信，不仅仅是一种爱的形式，还是一种生活态度。慢下来，不仅仅是一种状态，更是一种爱。如今生活节奏越来越快，我们要把握住，不要弄丢了生命中最重要的东西，错过了人生每一个幸福快乐的时刻。

从今天开始，每天写一封信。写给你自己，对生命的总结；写给未来，让时间慢下来，让爱去温暖世界。

最近佛山各大高中学子"飞鸽传书"，若安收到了来自好朋友的信与卡片。感谢上天，她竟然同意我把这些小感动、小牵挂摘录进我的陪读日志里。

其一，来自袁莛炜——

认识你好快乐呀！你好善良，好善良，愿多年后你仍那么纯洁、善良。和你在一中散步、聊天的时光，我永远也忘不了，每每想起，都会好快乐！真的好想和你玩啊，好吧，只能等你高考过后啦。我永远在远方为你加油打气，你就想着，考完后你就能做许多你想做的事啦！是不是很棒呢！爆发出你的"洪荒之力"吧！愿未来的路上，我们彼此相伴，共同前进，愿我们友谊地久天长。岁月匆匆，不管未来怎么改变，我都会一直珍惜你这个朋友，以后不管相距多远，都要保持联系啊！

　　其二，来自可心——

　　我的世界里有这样一个童话故事。从前，有个女孩，她被一群人孤立。上帝心疼她，便派了一位天使去拯救她。天使用她的善良拯救了女孩。但后来，天使和女孩不得不分开。但天使仍然关注着那个跟别人不一样的女孩。女孩表面上对天使有点任性，其实她每天都暗地里感谢上帝的仁慈。

　　之前看到你笔袋里我们的合影，真的十分感动！原来有人那么关心在意我。说实话，你对我是真好啊，真的，简直是宠爱溺爱。我只有在你旁边才能放飞自我，做那个只有三岁半的可心。但你将来有了女儿，可别这样，不然她会学坏的。

　　若问女儿有何优点，我头脑里第一个闪现的便是"善良"。这个温和、体贴的女孩，小心翼翼地呵护着她的小伙伴们，很多时候甚至忘记了自己，让我这做妈妈的担忧不已。今天上历史课，我在（19）班检查昨晚布置的文字题，很多同学没做。我走到她课桌旁，发现她翻开的并不是我要检查的内容，便说："翻开给老师看看，昨天晚上你明明做了的呀！"她拿大眼睛瞪我，心不甘情不愿地翻到我要检查的位置。下课后，她跟着我到办公室，把装早餐的饭盒放在我的办公桌上。我问她："做了作业也不肯给老师检查，几个意思呀？"

　　"很多同学没做呀，我不能拿出来。"

　　"做了就是做了，做了装没做，就是矫情。"

　　"这样会让没做的同学难堪呢。"

　　"他们没做作业，他们自己承担没做的后果。你这样做，也不会有同学感激你！"

　　那个善良的小傻瓜黑着脸离开了办公室。

　　可能就如可心所说，女儿就是上帝派到这个世界的天使。但现在的问题是，这位天使尚不足以自立。我不反对你拯救世界，但你得先拯救自己，拯救你千疮百孔的学业，拯救你的脆弱、你的畏葸、你的偏狭、你的孤愤！是咸鱼，就先翻个身吧。

妈妈，你要走快点！(*＞。＜*)

10 月 30 日　星期一　晴

　　昨天晚上做梦，梦见好几个同事嫌弃女儿不够聪明，在同学们面前说若安坏话，若安知道后不肯上学了，我只得想方设法送她去技校，但又找不到满意的学校，各种着急上火，却无济于事。从梦中醒来后，我狠狠地鄙视了自己一把：都说"日有所思，夜有所梦"，看我平日稀里糊涂把女儿想成了什么样子呀，真是该打！

　　女儿中考那阵，我开过玩笑，说考不上一中便去上技校。不想，好几年过去，此类"玩笑"竟变成梦魇，让我好生焦躁。如此看来，我对女儿的学习还是信心不够，需要好好反思。其实，就算她读技校也不是什么坏事，上天让人来到这个世界，总要赏人一口饭吃，我又何必替她劳神？

　　昨晚文综选择题测试，女儿的政治和历史都不够理想。今天早读，她拿试卷来办公室找我评卷，我发现她有两道题不该错，一道在可错可不错之间，只有一道错得有理。她说昨晚测试，做题速度太快，做完后还剩 10 分钟，但准确度不够。可能还要等一段时间她才能有较大改善吧，我要有耐心。

　　她的灵性似乎放到了别处。昨天中午，她突然冒出个主意："我不管你们在我上大学后这间屋子装修还是不装修，但你们先买台抽油烟机吧。你看现在，就算不做饭，厨房里也满是油烟味，对你们的健康不好呀。"

　　"正合我意！这台抽油烟机用了十多年，是该换了。"我趁机表扬女儿。

　　昨天晚上，女儿放学回家，在楼下摁门铃，问罗先生我们家煤气用了多少，她要问清楚填写在楼下的小纸板上。罗先生去阳台查看后告诉她，然后得意扬扬地对我说："看我女儿，就是醒目！对家里的事情就是关心！这个比很多孩子强！"

　　这种生活上的灵性与对家庭的责任感自然是好事，但现在高三学习这么紧张，我还是希望她能将更多心思放在学习上，好好改善学业状况，提高自己的核心竞争力。这话若是被他人知道，"好事之徒"可能批评我虚伪，而朋友们可能又要说我功利，说什么"人心不足蛇吞象"。然而，这就是亲妈的心态呀，总是希望孩子能更强一些，发展得更全面一些。

有好几次晚修放学一起回家，我让她帮我抱教科书和练习册，还落井下石："哎呀，若是生个儿子就好了，那样他就可以帮我干体力活了。"

"我不是正帮你干体力活吗？还不满意？"往往这时，女儿都会快速回应。

"但若是儿子我就心安理得呀，你是女孩子嘛，弄得我欺负你似的。"

"我可不比男孩子差，你完全可以把我当儿子用，你也不看看我是谁！"

确实，女儿很多时候都是任劳任怨的贴心小可爱，她会细细体会并照顾我们的感受。吃晚饭时，女儿说："妈妈，今天回学校的时候你要走快一点，因为黄妈要我们早点回教室学习。"

"好的！走不过你，我可以跑的。"

我下楼的时候，女儿还在系鞋带，她说："妈妈，你要走快点，我一会儿就追上你了。"

为了配合她，我假装匆忙下楼。女儿在二楼追上我说："妈妈，我最近看阿城的散文，他说动物界有很多伤害来自亲子之间，就是说动物会主动伤害自己的亲属。"

"噢噢，我知道了。你想快点回学校读书，妈妈很高兴，非常乐意配合你，不会觉得受了伤害。"我安慰女儿说。

嗯嗯！虽然现在我跑不过她，力气也没有她大，反应也没有她快，但在思想和灵魂方面，我和女儿还在同一维度。这也算是无上的幸福了吧，开心！

第七章

2017 年 11 月

贪吃贪睡不干活！你做得到吗？ <(￣︶￣)>

11月1日　星期三　晴

11月的第一篇日志在十指和前臂的疼痛中开始。

遵照罗若安同学的指示，昨天家里安装了一台新抽油烟机，装完后一片狼藉。我开始大搞卫生，扔掉了老旧的消毒柜和一个因长期承重而歪倒的架子，将锅碗瓢盆全部整到厨房的柜子里，顺便再清洗瓷片、擦玻璃、买菜、做饭、洗碗……就这么点鸡零狗碎的家务活，竟累到我腰酸背痛，晚上睡觉多次被痛醒，被罗先生好一阵嘲笑："看你这样，还发朋友圈说劳动最光荣……"

孟子他老人家曾曰："天将降大任于斯人也，必先苦其心志，劳其筋骨，饿其体肤，空乏其身，行拂乱其所为也，所以动心忍性，增益其所不能。"从我这"弱爆了"的表现来看，老天是不会降大任于我的。从大学毕业到现在21年，我已经从一个能干的乡里妹子变成了彻头彻尾的臭知识分子。今不如昔，实在羞愧得紧。

昨晚睡不好的结果便是早上醒不来，尽管我定了闹钟，但醒来时已是六点半，听到罗先生在叫唤女儿："起来啦，再不起来就要迟到啦。"我估摸罗先生是无法叫醒女儿的，便挣扎着从床上爬起，不料女儿已站在客厅，一脸不满，说："爸爸这么晚才叫我，弄得我都要迟到了。"

呵呵，都是娇纵惹的祸！从小到大，女儿就没养成自己定闹钟、自己起床的习惯，就算定了闹钟，也无法在设定的时间起床，最终还得靠我出马才行。从女儿小时候到现在，都有人问我，怎么把孩子养到这么健康，长这么高。每每这时，我都会"拽拽"地说："别问了，问了你也做不到。"听我这么一说，人家是铁定不放过我的了，一定要问个清楚明白。然后我便会反问："贪吃、贪睡、不干活！就这三点，可是——你能做得到吗？"

136

贪吃，但不贪吃零食；贪睡，保证充足的睡眠，尤其是女儿小时候，几乎每天睡 10 小时以上；不干活，虽然她也学习，但总会有许多闲暇时光让她锻炼、看电影、发呆或者玩她喜欢的东西。跟那些要求高的家庭相比，我们家孩子的成长环境算是宽松的了。但宽松的结果是学业成绩相对"落后"，弄到如今高三，基础薄弱，成绩起伏不定。因此我常常告诫自己，既然选择了让孩子慢慢成长，便须有一颗强大的心脏，去面对孩子在很长一段时间内的落后。

今天下午上课，我布置（19）班做海南高考经济史精华题，经过若安课桌时，发现她最后一道题做错了，便指给她让她更正。后来我将答案写在黑板上，才发现自己给错了最后一题的答案，只得灰头土脸地认错。晚上若安回家，我问她："最后那道题，我告诉你做错了，让你更改，你是怎么做的呀？"

"我想了很久，发现不懂，就等着你评讲。"

"有没有想过我给的答案错了？"

"没有，只是不知道该选哪个，我怎么会怀疑我妈呢？"

孩子是如此相信自己的父母，而父母却不一定对得住孩子的信任。我突然觉得特别内疚，也很害怕，因为我身上承担着女儿成长的重任。都说父母是弓，儿女是箭，利箭需要借助良弓的力量才能遨游长空。在我们家，罗先生信任我，将女儿托付给我；女儿信任我，我说什么她就做什么。但我真的是那把良弓吗？我对得起这两个最亲的人对我的信任吗？

今天上午去文印室打印，遇到秋莹姐姐和朱老师。这两个"牛人"都把孩子送进了中山大学。尽管他俩的孩子基础比若安好一些，但也不见得强多少。想着"牛哥"和"牛姐"曾经走过的路，我对若安的高考增添了几分信心。

将过程做到最好，至于结果，就交给老天吧！求天上地下各路神仙保佑！

被历史老师冤枉了(°~°)

11月3日　星期五　晴

没想到，围绕一次测试，也可以发生一个有趣的故事。

137

前天下午第八、九节课，是历史单科测试时间。这次试题难度较大，52 分的选择题，全年级只考出了 36 分的平均分，而若安刚好 36 分。

昨天上午，我认真分析了（19）班选择题得分情况，发现基础问题严重。为了警示学生，我决定在全班逐题点名批评那些犯了基础知识错误的同学，其中若安被点名 3 次，另外一个名字跟她差不多的同学被点名 2 次。不知是我老眼昏花看错还是口误，抑或是若安听错，总之在若安看来，我把属于她俩的错误全部都"栽赃"到了她的名下。下课后罗若安同学满腹冤屈地跟我到办公室，说要查答题卡，看看自己是不是真错了那么多。结果当然不是，她便在办公室哭了起来。我因为赶着去（20）班上课，便不再理她，看着她拿纸巾擦眼泪，我知道自己摊上大事儿了。

晚上女儿回家吃饭，朝我各种"使坏"，吹胡子瞪眼，说我冤枉她，让她在全班面前丢脸。我跟她解释说："其实在决定全班点名批评之前，我有考虑过你。你这次错八道选择，有五道是史实问题，实在不应该。我在想，如果我不是你妈妈，我在做这个决定时，会考虑你吗？当然不会。假如因为我是你妈妈，便去掉一些常规教育手段，又合适吗？不合适。如果我的教学行为因为你而受到影响，那我便是因私误公，或者以权谋私。假如我真这么做了，那你岂不是在学校少了一位老师教导？"

"这些我都明白，但你也要实事求是呀。你知道吗，这样全班同学就会觉得我很差，他们会看不起我的。"女儿朝我嚷嚷。

"你看你，以偏概全了吧。同学们会因为这么一件小事而觉得你很差吗？就算是，全班都会这么觉得吗？我看就算有，也顶多三五个。哪怕你真被我冤枉了，你也不想想，为什么呀？你自己的学习问题不正视，跟我吵吵倒是厉害。"我不甘示弱。

"今天我红着眼睛去上课，同学们看到都不敢吭声了。"

"就你想象力强！都打预备铃了，大家都准备上课了，你能保证大家都看到了？就算看到了不吭声，你能确定他们都是因为害怕你伤心？想多了吧你！"

"可能是我比较敏感吧！但被人冤枉总不是好事呀！"女儿朝我做鬼脸。

"我真不是故意的，我也不知道这种错误是怎么发生的。但你怎么这么爱哭呀？这是第几次在学校哭啦？"

"不知道，我很容易哭的，你不知道吗？"女儿反问。

"我以前又没跟你在一起，哪里知道你竟然在学校也哭呀！哭吧，哭吧，哭多了心理就强大了，高考就好了。你要知道，高考是很公平的，每一个人的汗水和泪水都不会白流。"

"反正你就是坏妈妈，我要离家出走。"

"好吧，好吧，赶快走，正好不想看见你。"我催她回学校上晚修。

晚修结束后女儿回家较晚，我问："怎么这么晚？"

"小组讨论历史问题呀，我们几个约定这个时间的。"

"噢！怎么不离家出走了？还是觉得家里温暖？"女儿"哼"了一声，不理我。

"好吧，好吧，我知道我错了。我刚才想了很久，决定明天上课时跟全班同学纠正，说我冤枉你了，是我口误，把某某同学犯的错误都算到罗若安同学身上了。"

"啊？不要啦！"女儿惊呼。

"不行！作为老师要以身作则，知错便改。错了就是错了，纠正便是，道歉便是。"

"不要！你明天上课不要再提这件事了！"

"为什么？"我明知故问。

"你觉得这样对另外那个同学好吗？"女儿拿眼睛瞪我。

"对她有什么不好？难道她的学习问题不该引起重视？"我问。

"不准你这么坏！今天我被你冤枉就算了，反正你也批评了一堆人，至少我还有个伴！明天你单独批评她一个人，你让人家怎么承受？"女儿又"哼"了一声。

"那你原谅妈妈，不生气了？"

"我哪里生你的气了？我是气我自己，确实不该犯这么低级的错误。看来，我是得多背背书呀。"

"就是呢！我看你的历史，总是在 80 分上下徘徊，要不咱们定个目标，考次 90 分吧？"

"90 分？不可能啦，以我现在的水平。"

"理想还是要有的，万一实现了呢？！现在不行的话，咱们就先定个小目标，考次 85 分吧？"

"嗯嗯，可以尝试一下。"

说实话，我真的挺邪恶的，又一次利用女儿的善良成功地解决了"危机"。心理学家说，大多数伤害都来自亲人，这些伤害，有些有意，更多的是无意却习惯成自然。上一次我利用女儿的善良是在她读初一的时候，当时她提出要去学校住宿，我拒绝了她，并流下了"鳄鱼的眼泪"！女儿看见我哭，慌了神，立马抱着我，答应我不去住宿。我耍了个小伎俩，在女儿的初中阶段，将她留在家住了三年。我从何时开始变成这样的？是不是因为年纪大了，便学会了一些对付他人的小手段，变成了那个连自己都鄙夷的庸俗、世故甚至邪恶的小人？如此看来，不忘初心，保持本真，实在太难也太重要了。

对不起，亲爱的若安！下次妈妈一定仔细点儿，再也不犯这样的低级错误了！

断舍离（ ˘ . ˘ ）

11 月 5 日　星期日　晴

这两天，做了件大事，把女儿的书柜和衣柜倒腾出去，买了个八斗柜，还有一个书桌和梳妆台两用的柜子。昨天晚上，我和女儿一起整理她的房间。我们先把她珍藏了 N 年、藏在各个小盒子或小袋子里的各种小玩意摆放在梳妆台下面的暗格里，然后分工：我帮她清理衣服，她自己整理书籍。两人捣鼓了差不多两个小时，边整理边聊天，有许多神奇的发现——她找到了找了很久的社会实践证明，而我竟神奇地发现了遗失的三个 U 盘中的一个。

最让我感慨的是，若安竟然保留了两条柔软的、搓得大小长短几乎一样的洁白的棉花条！若安一岁多时，罗先生给她买了一个蓝色的胖乎乎的玩具狗，里面填满了柔软的棉花。不知从何时起，她用小手指将棉花狗抠了个小洞，从里面掏出棉花，搓成细细的棉花条。咬住下唇，用右手拿着棉花条触抚上唇，这就是她小时候经典的发呆方式。有时候她找不到棉花狗，便跟在我屁股后面焦急地喊："妈妈，我的棉花 dǒu dǒu 呢？我的棉花 dǒu dǒu 呢？"若安两岁生日时，跟一帮小朋友切蛋糕，我说："看哪个小朋友最乖，我们就让他最先吃蛋糕。"结果若安说："我最 dāi！我最 dāi！"笑翻一片。时光飞逝，我家那连话都说不清楚的小可爱已长大成人，着实让人欣喜。

若安甚是长情，什么都舍不得扔，日积月累，便越来越多。她的很多旧物都被我和罗先生偷偷扔掉或者送人，但有时候她想起来便会找，找不到就跟我们"撒狠"，扬言要找我们"算账"。昨天清东西，若安舍不得她的各种大大小小的心情纸条，一张一张地装在一个大盒子里。可喜的是，她竟然主动扔掉了小学和初中的一些教材，还有一些高一、高二时的旧试卷，让家里储物压力减轻不少。

这段时间，我都在整理房间：先是客厅，后是厨房，接着是女儿的房间。今天，我清理了自己的衣柜，扔掉了好几年都不穿的旧衣服。看着干净整洁的家，心情舒畅得很。四年前亚红老师看日本作家山下英子写的《断舍离》，不停地在我们耳边灌输"断舍离"观念，说什么每个人都应该断绝不需要的东西，舍弃多余的废物，脱离对物品的迷恋。她还说家里的旧物件发出陈腐和糜烂的气味，会侵占人的生存空间、腐蚀人的精神境界。说者无意，听者有心，不知道亚红老师现在还是不是"断舍离"的拥趸者，反正我是彻底爱上了清洁和整理，舒适的环境会带来良好的心情。相信女儿在这样宽敞明亮的环境中也能心情大好，好好学习，天天向上！

昨天上午，罗先生告诉我："女儿似乎不愿意更换家具，你可不能因此弄得她不开心。"我也担心她太过怀旧而跟我争吵，但没想到，若安非常喜欢她房间现在的样子。我问她为什么，她说："不是说这是送给我成年礼的礼物吗？我快要十八岁了，做些改变，也是不错的。"

是呢！人就应该积极朝前看：无论艰难险阻，我自一往直前。张德芬在《断舍离》中文版序言中说："想幸福，先放下对幸福的执念。"在我看来，人生不如意十有八九，我们要坦然接受生活本来的样子，穿越欲望的丛林，与痛苦或者残缺共生，若是能偶尔拾掇些小确幸，提升一下思想境界，便是上天对生命的馈赠。希望女儿在高三这段艰难的日子里，能承受起生命的阵痛，化蛹成蝶，走出自己不一样的人生！

赚钱是最坏的目标 (-_-;)

11 月 7 日　星期二　下雨了

前天吃晚饭，女儿又吐槽："某些人，一天到晚在我耳边叨叨，炫耀她所拥有的一切，却从来不认真听我讲话。今天更是过分，竟然跟我炫耀她妈是大学毕业，还带着鄙夷的神情问我，你妈毕业于什么大学呀？英雄不问出身，真是烦透她了。"

"哈哈，你就告诉她你妈毕业于中国农业大学好了。"

昨天晚上，罗先生给女儿讲韶关大学体育实习生因为钱少而不肯帮教育局中小学篮球联赛做裁判的事情，女儿说："他们怎么这样呢？因小失大，太不明智了。"

"现在的年轻人怎么那么看重钱呢？因为钱少就拒绝做某些应该做的事情，因为钱多就可以出卖肉体，出卖灵魂。"罗先生不解地问。

"不知道呢，因为他们蠢咯。"女儿蔑笑。

"是的，有的人很蠢，就比如我家女儿刚才抨击的那位，只知道自己叨叨，也不认真听我女儿说话。只在乎一时痛快，而不肯想想未来。她若是能照顾一下我女儿的感觉，也听一听我女儿说话，岂不是收获了一个一辈子的朋友？"我趁机插话，捧得女儿咯咯笑。

"女儿，我们家不算有钱，但也没到吃不起饭、穿不起衣的地步。只要努力，基本生存是没问题的。未来会发生很多事情，妈妈希望当每一件事情发生时，你第一个想到的都不是钱。"我告诉女儿。

"那应该先想什么？"女儿问。

"怎样把事情做好！事情做好了，便慢慢有钱了。还有就是与事情相关的人，还有你心中的道义。"我开始给女儿"洗脑"，"'钢铁大王'卡耐基曾经说过，人生必须有目标，而赚钱是最坏的目标，没有一种偶像崇拜比崇拜财富更坏的了！我很认同他这个观点。"

"嗯嗯！我也觉得有道理。"若安作若有所思状。

昨天一、二节在（20）班上课，好几个同学昏昏欲睡，这几乎已经成为

（20）班周一上历史课的常态。为了鼓舞学生，我给他们讲述了自己的"发家史"——年少时读书一般，高考考入最次的师专，大学毕业"晃荡"六年后才幡然醒悟，开始考研、读研、重新找工作，后到佛山一中努力奋斗 12 年。我跟学生回忆起那段考研的日子，每天工作和学习至少 16 个小时，在最辛苦、最想放弃的时候坚持了下来，最终给自己换来了一片晴天。

讲完故事后，我开始讲课，学生精神果然振奋不少。第四、五节是（19）班的历史课，我走进教室，习惯性地看一眼黑板，学生便开始欢呼，原来第三节要鹏上政治课，把周日文综选择题合卷测试成绩放在电脑上。这次（19）班的历史测试成绩不错，考出了一个重点班该有的样子。还在一个月前，有三次测试，都有普通班超过（19）班，（19）班由重点班变成了次重点。为了改变这种不利态势，我在（19）班组织了历史学习小组，定期辅导及研讨，在最近三次测试中，（19）班终于重新攀回第一的位置。看着那些期盼表扬的眼神，我会心一笑，说："这次测试不错，老师挺开心的。先讲一个我的人生故事，跟大家分享咸鱼翻身的感悟。"于是，我把在（20）班讲的"考研故事"重讲了一遍，最后总结说："人生，有可能在很长一段时间内都会处于逆境，需要我们努力坚持，相信奋斗的力量，相信自己的'小宇宙'总有一天会爆发！"

在两个班讲同一个故事，感觉却有小小不同，因为女儿就坐在（19）班。这个学年的工作，因为女儿而有了不同：备课时，我更会从学生实际出发，字体设置得更大，逻辑更清晰，思维更严密；上课时，我会留多一些时间给学生思考或者抄笔记，在讲台上耐心等待；当学生表现糟糕时，我会在办公室"吐槽"学生，扬言要"臭骂"他们一顿，但到教室后立马"变脸"，批评变成了鼓励；在学生表现相当不错时，我不再得意忘形，而会居安思危，提醒学生解决学习上存在的问题……罗先生常常教育我说，要拿女儿当学生教。现在看来，我还不太能把女儿当学生教，却已成功地把学生当成女儿教。当老师的，有了真切的亲妈感受，这应该算是学生的福气吧！

周日文综选择题测试，女儿的历史做得不理想，昨晚给她进行了一次特殊的辅导。我们约定了辅导原则，她讲，我听，必要时我帮她扫除阅读障碍，给予思路和方法引导。昨晚她讲题时，我不断"嗯嗯、不错、很好"，哄得她心情大好。昨晚晚睡，她第一次没有听音乐，没有磨蹭，在两分钟内刷牙、如厕完毕，然后上床睡觉，今天早上六点按时起床！真是伟大的进步，开心！

"兔子笔" 风波 ゞ(' ∧)ノ

11月8日 星期三 还在下雨

　　"生活就像一盒巧克力，你永远不知道下一颗是什么味道。"这是《阿甘正传》中有关生活的感悟。昨天即将结束时，生活给了我鲜活的案例，让本已疲惫的我有了强烈的码字冲动。

　　前天上午，若安在办公室用我的电脑查了一些"兔子笔"图片，让我给她买四支兔子笔，作为陈曦的18岁生日礼物。我们家"财政部长"兼"采购员"是罗先生，于是我将那些图片发给他，请他代劳。昨晚罗先生去商场买回了四支兔子笔，却不是若安想要的类型。若安要的是有兔子笔帽的笔，而罗先生买的是将兔子图案印在笔上的笔，"此笔"非"彼笔"。以我对若安的了解，她定是不会接受的了。

　　"网上商城的笔要满29块才包邮，否则就要6块钱邮费，而且也不知道什么时候才能寄到，所以我就没买。我在商场里找了很久，没有女儿想要的笔，就买了这种。反正都是笔，一样的。"罗先生解释道。

　　"我没问题，但你这样可过不了女儿那一关，你得跟她好好解释。"我告诉罗先生。

　　果然，若安回家后，父女俩因此"闹掰"了。以下是他俩的对话——

　　"爸爸，我答应过陈曦了，要送兔子笔给她的。"若安说。

　　"这就是兔子笔呀，你看，这兔子图案，多漂亮！"罗先生腆着笑脸。

　　"但这根本就不是她想要的兔子笔，她想要的是有兔子笔帽的笔，我答应过人家的，不能言而无信。"

　　"送礼而已啦，收礼的人哪能提那么多要求。"

　　"爸爸，你为什么不买网上的笔呀？"

　　"因为不够包邮。"

　　"那邮费多少？"

　　"6块。"

　　"爸爸，要不这样，你再帮我买，钱我自己出，好不？"

　　"不好，都买回来了，就这个。你的钱也是我的钱，没必要浪费。"罗先生拒绝得斩钉截铁。

"哼！"女儿生气了，跑回自己房间写作业。罗先生讨好不捞好，也很生气，晾衣服时将声音整得奇大，女儿"砰"的一声将房门关上，以示抗议。我提醒罗先生："声音小点，你们吵到我备课了。"罗先生不理我，晾完衣服后气呼呼地睡觉去了。

看着父女俩这情形，我实在没心情继续备课了。我拿出手机，下载京东APP，注册，查找若安需要的笔，买了很多支，下单，付款，去若安房间，拿给她看。若安终于露出了笑容："但我心里觉得内疚，爸爸生气了，怎么办呀？"

"爸爸是非常爱你的，他今天为了买到你想要的笔，在商场找了很久还是没找到，你就不要怪他了。至于多余的这些笔嘛，总是有用处的，你可以自己用呀，也可以送给同学，不是同学们都要成年了吗，你有大把送礼的对象。至于别的，咱们明天再说。"

今天早上跟若安一起回学校，我给她讲了铁凝的故事，说铁凝 34 岁时去探望冰心，冰心问她有男朋友没有，铁凝回答说没有。

"这个故事我知道！冰心告诉铁凝，你不要找，你要等。妈妈，你讲的这个故事不适合我呀，我应该不会到那么大岁数还没男朋友。"若安嘻嘻笑。

"你看你这孩子，在想啥呢，我是在说昨天的事情。我的意思是说，有关兔子笔的事，我觉得你是对的。有些无关原则性的事情可以随意，但有些东西不可以。给人送生日礼物，就是要锦上添花，就应该买别人想要的东西，这样才能体现送礼的价值。妈妈希望你能通过这件事，坚持做自己，不要随波逐流，不要苟且，尤其是在找男朋友这件事情上，一定要找到合适自己的、自己喜欢的人才可以，这可是关系到一辈子的大事。"

"我觉得爸爸有时候好可怕，什么事情，只要不符合他的心意，他就不高兴。"女儿说。

"是，有时候他是这样的。有些事情，哪怕他同意，但只要不是他首先提出来做，你做了的话，他也会不高兴。我觉得他是控制欲比较强的人，在他的观念中，家人按照他的意志生活就好，听话就好，乖就好，所以他曾经告诉过我，聪明的女人像只猫。如果这种控制能让家庭朝好的方向发展，当然是好事，但事实上并不能。如果家长控制欲太强，就可能扼杀家庭成员的个性，让其他家庭成员不能按照自己的意志生活。从这个角度来说，我很赞同你的坚持。"

145

"爸爸为什么会这个样子？"若安问。

"不知道呢，可能与他小时候的成长环境有关吧。上次你堂哥来我们家，告诉我说，你叔叔有个不好的习惯，就是家里的东西必须按照他的要求摆放，如果谁动了，拿到了别处，他都会知道，都会生气。所以爸爸和叔叔应该都是有控制欲的人，爷爷奶奶两人中必有一个是这样子的，我觉得可能是爷爷。"

"啊？我觉得是奶奶呀。"

"也有可能两个人都是。"

"那就太可怕了！妈妈，怎么办，我觉得自己也有控制欲啊，那样岂不是很糟糕！"女儿惊呼。

"家族劣根性是会遗传的，就算不会遗传，也会通过家庭教育将性格缺陷传给下一代，所以我们需要不断加强阅读，提升修养，增强勇气，斩断'家族遗传病'。"

"嗯嗯。同意，虽然感觉很难的样子。"

"还有呀，有些事情并不只有一种解决办法。比如兔子笔的事情，其实有很多办法可想，比如我昨晚那样，只是不要让爸爸知道了。有时候，善意的谎言是减少彼此伤害的好办法。你懂的啦。"我贼笑。

"懂。只是感觉很坏的样子。"女儿也笑了。

罗先生，原谅我为了女儿，偷偷把你"卖"了。从女儿出生到初中，她都是乖乖女，我们将她教育成了一个压抑自我、不敢表现自我的人。既然现在决定让女儿放飞自我，这就是放飞的阵痛，你要坦然接受。

曾经，在家长会上，我对爸爸们说："儿子是要在战胜父亲后才能成为男人的。"现在看来，女儿也是一样，只有摆脱家庭的羁绊才能成为独立的自我，有独立的思想与精神，有挑战困难的欲望、勇气和能力。也只有这样，父母才能早日放手，才能安心放手。

祝福我亲爱的女儿，愿她今生今世都能活出自己想要的样子！

帮妈妈按摩 <(¯‿¯)>

11 月 10 日　星期五　晴

　　昨天中午睡觉落枕，脖子一直痛到现在。躺下需要勇气，坐起需要勇气，翻身也需要勇气。身体有些小问题，连带脑子也不好用。中午给自己热饭，竟然开错了煤气开关，活生生将一口铁锅烧到发红，满屋子"硝烟"弥漫。晚修时罗先生发信息"问责"我："今天窗户没关啊……"我竟然忘记了罗先生最在乎的窗户，又有"在家里养老鼠"的嫌疑，真是自找麻烦。

　　今天上午顶着僵硬的脑袋备课，还完成了十九大报告和党章的考学，下午又上了好几节课。傍晚若安回家吃饭，跟她讲起一天的"磨难"，竟然有点想流泪的感觉，还"恬不知耻"地问："女儿，怎么办，我好像到了需要你照顾的时候了。"

　　"那我就照顾你呀，怕啥，反正我已经长大了。你看，我们都要举行成年礼了，说明我马上要成年了呀。"

　　"时间过得真快，在我眼里，你还是个小屁孩哩。"我感慨道。

　　"你才小屁孩，连开错煤气开关这样的事情都做得出来。"女儿哂笑我。

　　"吹个牛呀，我这一辈子，也没做过多少低智商的事情。除了这件，就是很久以前将你从蚊帐里抖落到地板上，不对，好像还有一件。"我开始跟女儿絮叨她小时候的事情。

　　那时候女儿还很小很小，有一天晚上睡觉不知怎么了，反正床上找不到孩子了。我从梦中惊起，发现她差不多掉到地板上了，还好有蚊帐兜住了那个小人儿。也不知道为啥，迷糊的我竟然拉动了蚊帐，然后她便彻底掉下去了。还有一次，也是女儿很小的时候，有天晚上她突然闹腾，我实在坚持不住，就对女儿说，宝宝你先哭着，妈妈先睡一会儿，结果我睡着了，女儿从此晚上睡觉就不再哭了。

　　"妈妈，那天晚上我为什么哭呀？"

　　"不知道呢，不是饿了，也不是要换尿片，应该就是顽皮，想抱抱咯。"

　　"嗯嗯，我小时候是不是很乖呢？"

　　"是的，非常乖！现在也非常乖，特别体贴，特别懂事！"我趁机表扬她。

晚修下课，这个体贴的乖孩子来办公室帮我按摩。她双手按住我的后脑勺，稍一用力，我便痛得哇哇大叫。

"妈妈，你这样也太弱了，我都没怎么用力。"女儿边按边笑我。

"是真的很痛啦。"我假装要哭。

"要是爸爸给你按，你估计真要哭了。"

"所以我不会找他的。爸爸帮你按摩，是不是弄得你很痛？"我问。

"是呀，但按完后很舒服。你看，这个地方有根筋，所以容易受伤，按起来也会特别痛。"

若安的手法和语言表达，同罗先生给她按摩时一模一样。谁说对大孩子的教育投入没有用？人在年轻时学到的东西，虽然不一定能马上发挥作用，但总会留下某些痕迹，在某种情境下突然冒出来，成为解决难题的人生智慧。

再过三个月，我们家若安就要成年了；再过 10 个月，她就要离开家展翅飞翔了。时间飞逝，对孩子的教育却越来越迫切，以后我要更加用心才是。陪伴、引导，还有教育，是我能送给女儿最好的成年礼物，要努力加油啊！

不喜欢有不喜欢的学法 (*ˋJˊ*)

11 月 15 日　星期三　下雨了

没想到，一个普普通通的落枕，竟折腾了我这么长时间。本来前天已经感觉好多了，但由于昨晚睡的时间太长，今天早上起床后，后脑勺和肩部又感觉相当不舒服。"不作不死"，看来以后连睡觉都不能随意，要老老实实枕好枕头，摆个正确的姿势，再期待美梦的到来。

这些天发生了许多事情，最大的便是月考。我监考，改卷，登分，评讲，女儿又经受了一次挑战，得到了锻炼。这次考试，文综第一次合卷，35 道选择题，9 道文字题，150 分钟内答完，女儿写到手指痛，成绩出来的过程也是让人心惊肉跳。周六上午文综考试完毕，下午便出了选择题分数，若安的政治、历史还不错，但地理比年级平均分低了 4~5 分。改历史试卷时，我发现她在最容易得分的材料概括上出了较大问题，比年级平均分低了 6 分左右。后来政治成绩出来，文字题只得了 21 分，比年级平均分低了 8~9 分。当我以为她这次考试可能发挥不佳的时候，却得到了一个好消息——地理竟考了 70 分，比年级平均分高出 7~8 分，而历史最终也比年级平均分高了 2 分，最后出来的文综总分比年级平均分高了 5 分左右。接着语文、数学、英语成绩陆续出来，语文高出 8~9 分，数学比年级平均分略高，英语有可能考到 140 分。不出意外，她这次考试的年级排名应该接近或超过期中考。

　　这次考试让我对女儿有了新的认识。之前她最大的问题是信心不够，现在看来，只要坚持努力，她完全能考出优异成绩。在孩子成长过程中，需要成功的体验让她找到自信，大人也需要从孩子的优异表现中找到希望。接下来我要做的，是更多地相信女儿，给予她有效的方法与更多小小的成功体验。

　　现在若安在学习上的问题主要表现在，语文作文要继续突破，数学容易的题不能拿到满分，英语稳定性不够，政治学习兴趣不大，历史材料解读能力不够，地理基础还有待强化。科科都有问题，需要整体优化。其他科目还好，政治问题最大。这两天，女儿总在我耳边叨叨："不知道为什么，我对政治实在没什么兴趣。这个科目有时候很僵化，有时候又太玄乎，让人把握不住。它不像历史，是一门客观的学科，也不像地理，完全靠理性分析，而且有些内容又太过政治化……"

　　"昨天我跟汤阿姨聊过这个问题，她说，喜欢有喜欢的学法，不喜欢有不喜欢的学法。"

　　"不喜欢是怎么个学法？"

　　"怎么能拿高分怎么学。"

　　"这么说还是很玄乎。'鸟儿'说，看某个题目考的是什么内容，把知识迁移出来，然后往上扯就好。但我就是不会扯呀，也不想扯。"

　　"你依葫芦画瓢就好了。当你学政治懈怠时，你就想一想，明年这个时候，你在你理想大学宽敞明亮的学术报告厅里听知名教授做讲座，坐在藏书丰富的图书馆里畅游学海，在宁静的校园里漫步，跟一群高大上同学谈理想、谈人生。既然政治是通往理想的必经之路，那就好好享受学习政治的过程呀。"

　　"好像很有道理的样子。妈妈，你能不能跟'鸟儿'说说，说我现在政治

149

学习存在问题呀。"

"当然要跟他说了，但我觉得关键是你自己改变认识，鸡蛋要从里面打破才行呀。"

"啥意思？"

"鸡蛋从外面打破就死路一条，从里面打破则意味着新生。你完全有能力依靠自己考进一所理想大学，你的聪明才智是毋庸置疑的。"我表扬她。

"嗯嗯！"

"王军彬老师认识吗？"我问。

"认识，怎么了？"

"他有句名言，我觉得非常在理。第一次考好是偶然，第二次考好是侥幸，第三次考好才叫实力。妈妈希望你能努力学习，刻苦钻研，在下一次考试中考出你的实力来。"

"嗯嗯！"

"嗯"这个词，在别的孩子那里可能意味着敷衍，但在若安这里意味着认同。最近天气转凉，天亮得越来越晚，挑战一个人意志的时候到了，若安超越别人的机会也到了。各路神仙，请赐予我们力量吧，让我们在最寒冷的日子里勇往直前！

考进年级前100名 \(^o^)/

11月16日　星期四　阴

昨晚月考成绩出来了，若安考了年级第88名。按理说，我应该觉得特别开心，毕竟，这是她第一次考进年级前100名，她创造了自己的纪录！但不知为何，我竟没有想象中的惊喜。若安晚修后回家，我将排名情况告诉她，她也没有想象的兴奋，只是咧嘴笑了一下，说："这次英语考得好，把我的成绩拉上去了，下次就不一定了。我觉得我英语还没那么稳定，下次不一定能考这么高分。"

"就算下次英语考不到这么高分，但别的科目也许可以考更高分呢，比如历史，如果你的材料意识增强了，得分率会大大提高。再如数学，如果你能保证那些简单题不丢分，总分也会高出许多！所以要对自己充满信心。我对你没有别的要求，你就继续努力，争取下次考试保持在 150 名左右。咱们先稳住中间位置，然后再图提升。"

"嗯嗯！"

若安"嗯"完后，便回房间写历史作业去了，直到 11 点。之后，罗先生在客厅叫她漱口、睡觉，我随口一问："做得怎样？"若安回答说，有一道题的解析很奇怪。我让她拿练习册过来，给她讲解，顺便查看了一下她的历史作业，发现有好几个单元训练和课时作业没有完成。虽然科代表检查作业后写了个小小的"补"字，但那些位置依然一片空白。于是我严肃地对她说："难怪你这段时间历史学习退步了，原来作业都没完成呢，这样肯定不行的。"

"没事儿呀，我待会就给你补回来。"若安嘻嘻笑。

"待会？啥时？都这么晚了还怎么补？赶紧刷牙、睡觉，明天还有很多学习任务等着你呢。"

这就是问题，学习效率不高，宏观掌控能力不够，稳定性较差。如果说上次期中考 146 名是偶然，这次月考 88 名就真叫侥幸，但偶然中蕴含必然，侥幸中潜藏实力，若安还是有很大上升空间的。假如我真的是好老师、好妈妈，就该相信每个孩子（当然也包括自己的孩子）都是一座金矿，而不仅仅是在家长会上"忽悠"一下家长而已。

前天高三体育测试，当时我不在学校，小美老师在文综备考微信群做现场报道："现在 800 米已经开跑，若安跑了第二名，不，并列第一，真是太厉害了，大长腿就是牛！"

我在群里回了个笑脸，开玩笑说："退步了，以前她跑第一的。"

见到若安后，我问："800 米谁跑了第一名？"

"陈舒婷呀。"

"为什么你是第二？"

"哎呀，不想冲刺了。以前我跑过第一，这次就让别人第一吧。反正都可以满分，没关系呀。"

"怎么没关系？！你再一次亵渎了体育精神。"我拿手指点了点她的额头，再白了她一眼。

近段时间，江歌在日本被闺蜜刘鑫男友杀害的新闻不绝于耳。江歌为闺蜜"挡刀"，当场死亡。而刘鑫，竟关上了那扇救命的大门。江歌妈妈到日本处理女儿后事，一直联系刘鑫，但刘鑫既不回复，也不提供任何帮助。当江歌妈妈在微博上提到凶手是刘鑫的前男友，刘鑫却立刻回复江歌妈妈，责问江歌妈妈为什么要把她的名字报出来，引导网友诋毁她，并威胁说江歌妈妈再这样，就停止协助警察。在此后的 200 多天时间里，刘鑫换微信头像，在社交网络上晒美美的自拍照，全家其乐融融地过年，似乎完全忘记了江歌为谁而死。在舆论滔滔、生活受到影响之后，刘鑫才愿意跟江歌妈妈见面，承认江歌的死跟自己有关系。

一个善良的、有正义感的女孩，为了一个"寄生"在自己身上的所谓"闺蜜"，失去了宝贵的生命，让含辛茹苦抚养自己长大的母亲深陷痛苦。 2013年，黑龙江桦南县人民医院 17 岁的实习护士胡伊萱送"为夫猎艳、街头装病"的孕妇回家，被孕妇及其丈夫迷奸并杀害。这是人类社会，也是动物世界，当人类遇上了噬人的兽类，唯有拿起武器自卫，哪里还能存有哪怕一丝一毫的善意？我从来都觉得，要想做好人，必须有跟坏人过招的实力，否则，好人必成炮灰，活不得安宁，死不得其所！

问题是，我家女儿就是这么一个老好人，善良到让人担忧，连体育测试这样的"大事"，都可以为了让别人品尝"第一"的滋味而放弃加速。不想赢，不敢赢，赢不到，面对如此没有赢的意识的傻女儿，我真不知该如何是好了。

以直报怨，以德报德(ˇᵥˇ)

11 月 17 日　星期五　阴

最近真是多事之秋！

周日，沅江三中重点班第一名罗××因不愿写励志视频感悟，在与班主任鲍方"交流"失败后，用弹簧刀残忍地杀死了鲍方。鲍方是益阳师专（益阳师范高等专科学校）化学系师兄，我很多大学同学毕业后留在益阳工作，加上这起不该发生的悲剧话题色彩浓厚，我这几天被该事件引发的新闻媒体或自媒体有关学校管理、教育方法、家庭教育、师生伦理等"大讨论"轮番轰炸。惊诧、难过、遗憾，还有困惑，填满我的内心世界，再加上江歌与刘鑫事件的新闻冲击，头脑几乎得不到片刻安宁。孰料昨晚吃饭时，女儿告诉我说，她的初中母校一个初二女生因考试失利、得不到父母理解而跳楼自杀了。

这个世界怎么了？一言不合就拿刀砍老师，一事不顺就舍弃年轻的生命，难道我们的教育真的出了大问题？还是社会发展太快、焦虑情绪太多，优渥的生活、无微不至的关注反倒让少男少女们不堪"重负"？也不知道自己哪根筋出了问题，我竟无意识地对若安说："宝宝你别怕，有妈妈呢。"若安抬头望着我说："我不怕呀，我怕啥？我觉得这个女生实在太脆弱了。考试而已嘛，谁没考过？据说她平时在年级一百多名，这次考差了点，也还是两百多名。但这又算什么呀，我初中时还长期五六百名呢。"

"可能是别的什么原因吧。"我说。

"听同学说，这个女生比较内向，估计没什么朋友；还说她留了遗书，上面写了很多对父母不满的话，估计是父母给的压力太大了吧。"女儿揣测道。

"你读书，妈妈是不是给了你很大压力？"我问。

"还好啦，在我能承受的范围之内。"女儿回答。

"唉，初二的孩子，真是没轻重。她这样，父母该有多痛呀！"我叹息道。

"可能她的生活，除了学习外没有其他东西，所以没什么可留恋的。她父母痛也没办法呀，孩子跳楼自杀，跟父母教育多少有点关系。"

"但做父母的，终究难以承受失子之痛呀！最近江歌的事情你听说过吗？"

"听同学讲过，没怎么关注。"

"一个离婚女人，含辛茹苦养大的女儿命丧异国，确实让人同情。"

"我觉得江歌就是傻的，她那个什么闺蜜，根本就不拿她当朋友。"女儿愤愤不平。

"这样的事情不是天天在你身上发生吗？你总是为了别人，忘了自己。问你呀，最近跟你那所谓的'朋友'怎么样了？"我问。

"还好，有时候在一起，但比以前少了很多。"

好吧，这个从前九头牛也拉不回来的孩子，面对"刘鑫们"的恶劣行径，内心终于起了波澜，有些"利己心"了。

"妈妈，问你句古语。孔夫子说'以直报怨，以德报德'，为什么到现在变成了'以德报怨'？"

"他的意思是说，'以德报怨'是不合适的，若是以德报怨，那拿什么报德呢？对那些对不起你的人，公平公正就可以了，我们的善行或者恩德要回报给那些德行好或者帮助过我们的人。"

"听起来好有道理的样子。"若安恍然大悟。

"所以呀，不要对什么人都好，对待身边的人也不可能一视同仁，总是要有所区别的，至于怎么区别，那就看别人的人品与处世了。"

"妈妈你放心吧，我只是不想做些违背本心的事情，我并不是蠢，别担心我。"若安反过来安慰我。

"养儿一百岁，常忧九十九。"做父母的，怎会不担忧儿女？只是若安能这么贴心，也算让人欣慰了。

我可能要跟她绝交 (⊙-⊙)

11 月 18 日　星期六

上学路上，我跟若安聊起了上次的政治测试："政治成绩不尽如人意，得想想办法。"

"搞不清为什么，政治题错 4 个已是常态，真是麻烦！"

"你参照参考答案，想想为什么答案是这样，自己的知识漏洞与思维差距在哪里，然后就明白为什么会这样啦。"

"其实不用对参考答案，我也知道问题出在哪里，但总是做不对，我能有什么办法？"若安长叹了一口气。

"那你就多问问老师，多问问身边同学呀。你们班那么多学霸，总有一款适合你！你呀，什么时候能让我省心一点？"我问。

"你少想一点不就省心一点咯。"

"少想一点？这个时候？怎么可能？！你知道吗？物必先腐而后虫生，我不能等你身上爬满了'臭虫'，才恍然大悟，才明白你的问题出在哪里。到那个时候，想补救也来不及了呀。你现在成绩有所提升，自然要乘胜追击了。"

"以前你说，如果我是前 100 名的学生，你就不管我了。现在我考了一次前 100 名，你就想我考前 50 名。假如我真考了前 50 名，估计你又想我考前 10 名了。"若安揶揄我。

"这次是偶然，考三次才叫实力，现在还不能说你是前 100 名的学生。但我发现你考前 50 名也不是不可能，这次月考，你跟他们的差距也就十来分的样子。"

"难度很大！这次是因为英语考好了，才会有这个成绩。我英语不可能每次都考这么好的，说不定下次就考砸给你看。"

"别的科目就算了，但英语你真有这个实力。我问你，有几个学生能考几次年级前四、前五的？别拿豆包不当干粮，你又不蠢，为什么妄自菲薄？"

"哪有妄自菲薄？哪有这么容易的事？"若安反问我。

"你什么时候能认真想一想我说过什么！从你读小学开始，我就说你非常聪明，不比别人差，但你一直不信，硬是要把自己藏起来。我就不明白了，为什么一定要弄到自己灰头土脸的才高兴？"

"哪有灰头土脸？我那叫低调！"若安继续贫嘴。

好吧，我知道要让一个长期不够自信的孩子相信自己能考好不是一件容易的事情。现在，她的自主意识越来越强，想要改变她的想法也越来越不易。很多问题，不是一次两次甚至三次四次努力就能解决，而是需要反反复复不断强调和巧妙"洗脑"。有时候，当我不抱希望的时候，她却突然醒悟，自觉向我靠拢。比如——

"妈妈，我很担心，不知道高三读完，我想跟多少人绝交！"女儿恨恨地跟我讲。

"没有很多人，也就一两个吧。"

"有些人，长期以自我为中心，我已经厌倦了，不想再跟她们玩下去了。"

"既然玩不下去了，为什么还要玩？"

"不想让自己变得小气呀，为了这么点破事儿，没有必要。但高考结束后，大家可能就要分道扬镳了。"

"那也没办法呀，人生不就这样吗？你慢慢长大，会发现自己的'三观'越来越成熟，对生活、对朋友也会有不同的看法。读大学是一个改变和重新选择的机会，可能一年后你的人生跟现在会有很大不同呢。"

在没有教女儿之前，我以为她是因为没有朋友才跟某些人黏得很紧。慢慢地我发现，她的人际关系并没有我想象的那么糟糕，她跟班里很多同学都很要好。很多时候，我都看到她跟同学勾肩搭背、愉快地玩耍，还有她那些从天而降的小礼物、小糖果、小纸条，都能让我发现她那愉悦的人际交往。接触、了解得越多，我的担忧就越少；我的担忧少了，孩子的世界便敞亮了。良好的关系就是良好的教育，是真理，也是愿景！勉之！

有一种冷叫妈妈觉得我冷]°~°[

11 月 20 日　星期一　降温了

今天一大早，我强迫女儿穿上了厚毛衣！因为天气预报显示，气温为15~19℃。广东就是这样，突然入冬，让人猝不及防。但若安明显不愿听我的摆布，上学路上，她一直说没那么冷。当我回到办公室开始工作时，她竟拿着自己偷偷塞进书包的薄毛衣问我："妈妈，我真没觉得那么冷，能换了吗？"看着她那"不到黄河心不死"的样子，我觉得又好气又好笑，假装生气："滚滚滚！"于是那"战斗"成功的孩子立马跑厕所换衣服去了。

武志红在《为何家会伤人》里说，每个人内心中都藏着两个"我"：一个是"内在的父母"，另一个是"内在的小孩"。"内在的父母"是我们对自己的现实父母和理想父母的内化，当我们做父母时，这个"内在的父母"就是我们自己。"内在的小孩"是我们对自己童年体验的记忆和自己理想童年的内化。溺爱有很多种原因，其中最重要的一个原因，就是父母"内在的小孩"的向外投射。溺爱的父母将自己"内在的小孩"投射到现实中的孩子身上，他们无节制地给予孩子，其实是在无节制地满足自己。

　　我之所以经常读心理学书籍，不仅是因为教师职业的需要，还因为它切切实实地治好了我的"心病"。我 10 个月时母亲去世，连一张照片都没留下。年迈的祖母将我抚养成人，虽然她老人家给了我无尽的关爱，但我总觉得生命中缺少了某种非常重要的东西。我 11 岁时父亲再婚，吵吵闹闹的家庭环境让我更加渴望有个正常的家庭，更希望有妈妈抱我、亲我、宠我、爱我，任我撒娇、任我索取。

　　若安读初一时的某个晚上，一家人围在一起吃饭，她小心翼翼地对我说："妈妈，我想去学校住宿。"由于她提得突然，我竟不知如何反应。其实，我一直都反对孩子住宿，一想到好几天见不到宝贝了那么多年的宝贝女儿，我便会很难过、很抓狂。但彼时若安已经读初中了，我找不到反对的理由，只能像只木鸡般呆坐在餐桌前，一分钟内硬是挤出几滴眼泪来。若安被我吓到了，赶紧过来抱着我说："妈妈别难过，我不去住宿，我保证以后再也不提这事了，我保证，在满 18 岁之前，每天都让你看得到我。"

　　其实，那次我不仅吓到了女儿，也吓到了自己——我被自己高超的演技吓坏了。为了留女儿在身边，我的眼泪及时完美地涌动，上演了一场欺骗小孩的卑劣丑剧。没读武志红的书之前，我只是隐约觉得孩子在成年之前不应该离开父母，没有家长陪伴对孩子来说是一件特别可怜的事情，床上没有熟睡的孩子对父母来说也相当残忍。读了武志红的书后，我才明白我不是害怕女儿离开我，而是恨透了没有母亲的童年。长大后的我变成了自己的母亲，宠溺着年少时的自己。虽然我明明知道自己"变态"行为发生的原因，也经常提醒自己要理性，但由于"心理问题"根深蒂固，时不时旧态复萌，给女儿带来了不少困扰。这不，一件厚毛衣又引出我儿时的痛来了。

　　真是难为若安了，连换衣服这样的小事儿，都要征得我的同意。可能，在别人看来，女儿太没主见了，我太强势了。但在我看来，这正是她的善良之所在，不忍辜负或者伤害了我对她的爱！有女如此，夫复何求？

有一种冷叫我自己觉得冷 7(°ロ°)L

11月21日　星期二　冷

今天早上，罗大小姐竟然自己穿上了厚毛衣！

一查天气，13℃。

一场寒流，引出毛衣下面藏着的"小我"来……

感恩节，要感谢我的孩子(￣▽￣)

11月22日　星期三　还是冷

"爸爸，我要投诉妈妈，她竟然在班上说我没有数学天赋。"女儿晚修回家，一进门就嚷嚷。

"你这坏蛋，怎么这样说女儿？"罗先生假装生气。

"我哪里说你没有数学天赋了？我只是说你没有学数学的环境。"我一边"应付"罗先生，一边跟女儿辩解。

"嘻嘻！你就是说了。"女儿继续向爸爸"投诉"，"她在班里说，她是教历史的，不注重对我理科思维的培养。她还说我的数学是体育老师教的，看不起你是体育老师。"

"体育老师怎么了？体育老师就不能教好数学吗？你还在班里这样说女儿，该打。"罗先生做了个要掐死我的动作。

"你别挑拨离间呀，我哪有看不起体育老师？我在班里这么说，是想说明学习环境的重要性。不就是拿你做个例子，让同学们更好地理解李约瑟难题嘛。"我朝女儿瞪眼睛。

"我知道呀，开个玩笑嘛，你在班里开我玩笑，我回家开你个玩笑不行呀？"女儿翻了个白眼。

"行行行，没问题！你不觉得你的历史老师有化腐朽为神奇的智慧吗？"

我朝女儿吐舌头。

"嘻嘻，有点啦。李芊说我跟她有很多共同之处，如我们都是湖南的啦，我们的妈妈都是历史老师，她爸爸以前也是教体育的。"

"你看，要感谢妈妈吧！一堂课让你找到了知音。"我呵呵笑。

应该说，若安很多时候的顽皮和贫嘴，基本像我，由于遗传也由于教育。很多年前，当她严重不自信的时候，我告诉罗先生，让他多夸夸若安顽皮、聪明，结果若安在家一天天皮起来，灵动了许多。若安读高一、高二时，被负面情绪缠绕，我告诉罗先生，要经常夸女儿大方。罗先生完全遵照执行，经常说："我发现我女儿越来越好玩了，能开玩笑了，很大方，不像别人家孩子那么小气。"在罗先生的"力捧"下，若安果然大气了许多。罗先生虽然不是若安的直接"管理者"，却是一个默契的"配合者"、完美的"润滑剂"、合格的"后勤部长"和"财政部长"！

"女儿，你猜猜，我今晚去体育馆的时候，搭公交遇见谁了？"罗先生问若安。

"谁呀？"

"你猜嘛。"

"那么多人，我怎么猜得出来？"

"你猜嘛。"

"你猜，你猜，你给个提示嘛，漫无边际，让她怎么猜？"我开始"报仇雪恨"。

"就是咯。"若安在一旁"补刀"。

"唉，你们俩真不好玩。别猜了，告诉你们吧，我遇见黄妈了。"罗先生举手投降。

"啊？为什么你们能碰到？她跟你说什么了？"若安惊呼。

"她下班回家呀。黄妈说，若安是个非常好的孩子，让我不用担心。她还说，你很懂事，也非常有个性。就算表扬也是不能随便的，表扬对了，你会很高兴，表扬错了，你还有些不满意呢。"

"黄妈真厉害，这都让她发现了？"我插嘴道。

"我很聪明的呀，哪句是敷衍了事，哪句是真心实意，难道区分不出来呀？要知道，我可不像你们这些愚蠢的'麻瓜'。"若安继续嘻嘻哈哈。

　　"女儿说得在理，其实我也不会随便表扬学生，空洞、敷衍的表扬不如不表扬，因为那样反而会让孩子怀疑你的诚意，得不偿失。不过，我相信黄妈表扬你是真心实意的，只是因为你不够自信、自我认识不准确，才会怀疑她的诚意，而你这种真实的怀疑还让黄妈真切地感受到了。这方面的问题，要注意一下咯。"我"叨叨"女儿。

　　"你说啥就是啥啦，啰唆。"若安不再理我，整理地理笔记去了。

　　前几天，我在朋友圈转发了一篇名为《谢谢你，愿意做我的孩子》的文章，里面有句话说："原来孩子，是上天派来拯救我们这些庸碌愚蠢的大人的。"姑且不去深究大人们是不是都庸碌愚蠢，孩子究竟能不能拯救大人，但我的人生，确实因为孩子而美好了。在陪女儿上高三的这段日子里，表面上是我在教育引导她，其实上是我在修正过去的错误，既包括我在教育女儿方面存在的理念和方法错误，也包括很久以前大人们不小心留在我身上的伤害以及我的诸多认识错误。父母陪孩子成长，修正自己的人生路，而孩子还能在一堆错误中保持真诚与美好，那该是怎样的宽容与大爱啊！

　　今天是西方的感恩节，是对亲人和朋友表达谢意的日子。在这个特别的日子里，我要特别感谢一下我的孩子！

你不要太心疼我 :-D

11 月 24 日　　星期四　　似乎更冷了

　　这几天寒流肆虐，但若安的学习热情不减。每晚临睡前，她都会叮嘱我——"记得呀，早上六点叫我"，或者"威胁"我——"你要是不叫我，我就打你"，又或者讲道理——"你不要太心疼我，我的睡眠时间够了，睡多了，反而不好"。虽然她不能自己定闹钟叫自己起床是个大麻烦，但既然从小到大都这么惯着的，就不要在高三做什么改变了。早晨 5:55 起床对我来说，虽然是个挑战，但能让我安静地"晨写"一小时，回忆一下昨天发生的事情，写些感悟和反思，挺好的。

昨天吃晚饭时，我跟若安感慨："你们做历史题的速度太慢了！20 分钟，只做了 10 道选择题。按照我的安排，至少还要多做一道材料题。有些同学在一些小细节上不断纠缠，严重拖慢进度。今天课堂上的题真的很难吗？"

"不觉得呢，我也不知道他们为什么。"

"不知道该怎么教了。印出来给你们当作业，你们嫌作业多；放课堂，速度又慢。你说，我该咋办呀？"

"我也不知道该咋办，今天作业特别多，我估计都完不成。"

"为什么今天作业特别多？"我问。

"每个星期的中间几天作业都非常多呀，习惯了。"女儿解释道。

"那你做得完吗？历史作业呢？最近有改善吗？"

"数学肯定得先做完啦。历史最近学的内容做完了，以前的没做。等等啦，会做的，快啦！"

…………

晚上女儿回来，我问："历史那道文字题做了吗？"

"没有！明天回去再补。不过，我得考虑一下明天早上是先补政治呢，还是历史呢，抑或是地理。"女儿嘻嘻笑。

好吧，如此看来，我只能尽量在课堂效率与质量上多做文章了。陪女儿上高三的一个意想不到的好处是，我更了解学生了，能更好地从学生的角度思考问题，选择更好的教学内容与教学方式。"教学相长"亦无止境，看来，以前对学生的研究还是太肤浅了。

前天在文印室打印文综试卷，见到朱老师。我跟他开玩笑："我一见到你，就想起了朱蓝；我一想起朱蓝，就想起了王老师。"

"哈哈，为什么你不想起我？"他问。

"我一想起朱蓝能考进中山大学，就想起王老师的沉稳淡定。你这方面，我感觉还差了一点。"我哈哈大笑。

"是的，是的，没错！家长一定要淡定，家长淡定了，孩子才能沉稳，学习效果才会好。朱蓝读高三时，每次出成绩，王老师都会先发短信提醒我，说淡定，别生气，莫发火！"朱老师给我讲故事。

"哈哈！你们家也太好玩了。"

听别人的故事，想自己的人生。对照"朱蓝成长模式"，我确实觉得王老师是我学习的榜样，沉稳、大气，给了孩子足够的包容与改变的机会。看若安最近的学习状态与心态，我觉得自己的高三家长做得也还不错，要自我表扬一下！

学习进入平稳期 :)

11 月 28 日　星期二　晴

最近这些天，出两套试卷，组织考试，改卷，评讲，课后辅导，备课，我忙得不亦乐乎，连写"陪读日志"的时间都没有。今天稍微空闲一点，就抓紧时间码几百字，提醒自己正在做这辈子最重要、最伟大的事情，要打起精神，尽量做到最好。

这两天若安有些不舒服，先是喉咙痛，后来又说感冒了。神奇的是，当我准备严阵以待的时候，她却告诉我，好像没事儿了，好了。大约两个月前，她在学术报告厅听语文讲座，可能是空调太凉的缘故，也不太舒服，但过一两天很快就好了。如此看来，她现在的身体，比以前更好了些，这与她每天坚持长跑有很大关系。点赞！

若安的学习情况跟以前差不多。上周六的文综合卷测试，是进入高三以来的第二次，因为不是大测试，所以试题难度较大。若安没有做完试卷，有道政治题几乎没答。但愿下次测试，她的做题速度及准确率能提高一些。改她的历史试卷时，我发现她的答题质量提高了很多，如果不是因为审错题，她几乎可以拿到90 分。不过，审错题是非常严重的错误，希望她以后考试时能够更仔细些。可喜的是，她在周日文综选择题合卷测试中得了 124 分，排年级第七。这可是前所未有的高度，要记录一下。

周日吃晚饭时，我们总结了若安高三开学四个月以来的情况，在"抬头看黑板"、听课效率、情绪控制三个方面有了很大改善，但她又添了个新毛病——"摸头发"。其实，我也不确定"摸头发"是不是个问题，网上的说法莫衷一是，而我亲自请教过的心理学专业人士告诉我说，这不是心理问题，顺其自然就好。又或者，"摸头发"跟许多同学转笔一样，是思考问题时的一种附带习惯，只不过是不太好的习惯罢了。女儿说，她上课和做作业时摸得很少，但考试时就摸得多。既然这样，就暂且不去管它。

最近若安似乎有了更多学习心得。她说："我发现，我只要把能做出来的题做出来，排名就不会太差。……历史选择题呀，就像你说的那样，有些选项一定是对的，只要寻找其他选项的逻辑错误就好。……我在做《红楼梦》的知识整理，怎么发现一会儿就死个丫鬟，为什么不死个男仆？……"

日子鸡零狗碎，我无法"重演"过去四天的历史。因此，还须积极勤劳一些，做个合格的"起居舍人"，"左记事，右记言，所以防过失，而示后来"！勉之！勉之！

妈妈将心理学活学活用（一）

11 月 29 日　星期三　晴

昨天一天没课，我却一刻也没闲着，花了大量时间批改 2014 年全国高考题，写评语，做课件，汇总学生问题。这是一道非常有意思的题，全摘如下——

有历史学者为说明近代以来科学技术在生产力发展中的作用，引用了如下公式：

生产力＝科学技术×（劳动力＋劳动工具＋劳动对象＋生产管理）

这一公式表明，科学技术有乘法效应，它能放大生产力诸要素。

——摘自齐世荣总主编《世界史》

运用世界近现代史的史实，对上述公式进行探讨。（说明：可以就科学技术与公式中一个或者多个要素之间的关系进行论证，也可以对公式进行修改、补充、否定或提出新的公式，并加以论述，要求观点明确、史论结合、史实准确）。

如果审好题了，拿满分不难，但学生的能力毕竟还没达到高考程度。由于是平时训练，重点班很多同学挑战高难度，因此有许多稀奇古怪的答案，烧了我不少脑细胞，也磨了我许多时间。还好若安思路清晰，做得相当不错。我问她是怎么审题的，她说："材料里有三个关键词，一是科学技术，二是括号里的某个要素，三是生产力。整个题目，只要说清楚科学技术如何放大劳动工具的作用，从而推动生产力发展就可以了。"

"为什么你选择劳动工具呀？"

"因为它最好写呀，很多史实的。"

"我女儿真聪明，忒牛！"

"很多题都是这样的，找到解题关键就可以了。"女儿嘻嘻笑。

"我看你现在的表现，智商完全靠谱呀。现在回想起来，你完全有能力在中考中表现得更好，都不知道那个时候是为什么。"我感叹道。

"我也不知道为什么，感觉自己初三、高一、高二都挺迷茫的，不知道自己该怎么做才好。"

"青春期嘛，正常。现在是不是好很多了？"我问。

"现在当然好很多啦，那么多人在引导和关心我。"女儿快速回答，完全不假思索。

"但我有不同看法，老师们的关心和引导只能算是'科学技术'，有放大作用，能帮助你不断进步。但最重要的是你自己懂事了，长大了，自主能力提升了，你自己才是'生产关系'。"我趁机引导她。

"妈妈，原来你也这样想呀。我也觉得这道题可以从生产关系角度思考，毕竟，生产力能否发挥作用，很大程度取决于生产关系。科学技术嘛，是一把双刃剑呀。"

"真是聪明娃娃，一点就通。不过，除了生产关系外，这道题还可以从其他角度入手，因为生产要素还包括教育、资金、信息等，可以选择补充或修改公式的。"

"嗯嗯，有道理，但我之前没想到这一点。妈妈，你说，这次文综考192分在年级能排什么位置？"女儿换了个话题。

"不知道呢，要等老师们把试卷改完后才能统分。你这次政治考得不怎么好，地理呢？"

"地理比班平均分高。"

"你历史考得不错，总分估计排中间是没什么问题的。但高考政治相对容易拿分，你真的要在这个科目上多多努力呀，不能由着自己的性子，想学就学，不想学就不学。"

"嗯嗯。好。"

"还有数学呀，那些公式，真的要背呢。你别瞧不起背诵，这可是人的重要能力呀。"

"嗯嗯。好。数学是非常有规律的学科，我觉得自己可以学好的。妈妈，你刚才说科学技术能起'幂函数'效应，说明你数学还可以呀。"

"开玩笑！我也是读过书的好不？虽然搞不清楚具体知识是怎样的，但这个名词还是知道的。"

"也就是说，你读高中时，学习根本就没有那么差，只是你跟我们讲的时候谦虚罢了？"

"在年轻人面前，不要那么张扬。以那个时候的读书环境而言，妈妈的学习不算差了。所以你放心啦，你的遗传基因还是相当可以的。"

"呵呵，知道啦。"女儿又嘻嘻笑。

现在的我，为了改变女儿的潜意识，几乎抓住了所有能表扬她的机会，私下或公开，真实或夸张，几乎达到了"走火入魔"的程度。但我也知道，这种表扬，对于一个自信心严重不够的孩子来说，还远远不够。女儿口中迷茫的那三年，正是我当级长的三年——最忙碌、最艰辛的三年。虽然我不后悔这三年的付出，但对女儿确实是一种亏欠。女儿的高三已经过去四个月，我需要认真学习，好好反思，做好将来六个月的"育儿"规划，不枉自己口口声声的"专业"，也对得起女儿的青春。

爸爸帮我抄歌词 o(￣▽￣)d

11 月 30 日　星期四　晴

前天晚上，若安求罗先生："爸爸，帮我做件事情。"

"不做！你的事只有你妈妈能做！"罗先生习惯性拒绝。

"不行，这件事只有你能做。"若安拿出一张纸、一支笔，将罗先生拉到茶几旁，打开他的手机，翻出了一首歌，说，"帮我把歌词抄在纸上。"

"好吧，呜呜……为什么是我？"罗先生一边假哭，一边坐下来开始抄。看此情景，我觉得特别好玩，偷偷问罗先生："知道她为什么一定要让你抄吗？"

"为啥？"

"因为怕我骂呀。这家伙在审时度势，知道叫你抄，你怎样都不会骂她。让我抄，若是歌词不咋地，或者'三观'不正，我肯定要评价、要批评她。所以，这种事，找你这种没原则的人做是最好的了。"

果然，等罗先生抄完，我拿来一看，是一位叫谢春花的歌手的《我从崖边跌落》，歌词充满迷茫失落——

我从崖边跌落，落入星空辽阔。银河不清不浊，不知何以摆脱。我从崖边跌落，落入丛山万座。呼声不烈不弱，梦门何故紧锁？谁引我入明火？谁推我入筐箩？谁割去我耳朵？谁圈我以绳索？谁耻笑我执着？谁把岁月蹉跎？谁碾碎了泡沫？谁心已成魔？

送若安上床睡觉时，我跟她说："谢春花这名字取得很好，挺中国风，但歌词嘛，似乎没有那么积极呢。"

"我也不懂她究竟在说什么，只是中午起床在宿舍广播里听到这首歌，觉得挺好听，就想学一下。"

"说到歌词创作，我还是喜欢 20 世纪 90 年代的港台流行歌曲，香港有黄霑，台湾有李宗盛。黄霑的'沧海一声笑，滔滔两岸潮'气势宏大，李宗盛的'灿烂星空，谁是真的英雄，平凡的人们给我最多感动'颇接地气。虽然他们制作音乐的水平没有现在高，但歌词意境非常美，或者你也可以拿来研究研究？"

"我也觉得你们那个年代的歌挺好的，现在某些流行歌曲挺low的，所以我还是喜欢英文歌曲。"

"呵呵，遗传挺有意思的，你喜欢唱歌，像妈妈。以前我读书时，也挺喜欢唱歌的。不过，我只喜欢了一段时间，没能坚持下来。"

"我就说我像妈妈咯。"若安转过身来抱着我，开心地笑了。

其实在我看来，若安根本没有唱歌的天赋。高一、高二佛山一中举办的两次"Sing-High"歌唱比赛，她都没能通过初赛。但音乐对人的精神陶冶作用重大，唱歌也是抒发苦闷情绪的极佳途径，因此我也支持她学唱歌。若安来佛山一中后，我"假公济私"，通过"关系"把她送进了合唱团。两年时间，经过无数次训练与公开表演，无数次"厕所飙歌"，若安从五音不全、鬼哭狼嚎到练习让人惊悚的高音，再到今天有她自己特点的音色与一定的歌唱技巧，算是进步不小。感恩陈老师的专业指导，也感谢女儿的坚持！

不过，罗先生现在似乎越来越不像话了，原本对若安就好得不得了，现在几乎已经"恶心"到极致，完全变成"宠女狂魔"了。若安晚修放学回家进门那一刻，无论做父亲的在做什么，都会丢下手上的活儿，奔去门口迎接女儿，抱一抱，帮女儿提书包，替女儿切水果，"宝宝"长"宝宝"短的，还朝我做鬼脸晒幸福。只要是若安说要的东西，无论是什么，也无论多少钱，他都会屁颠屁颠地去商场买回来。当若安在家里脾气不好或耍小心眼时，他也舍不得批评一句，"指使"或者"哀求"我去"搞掂"，自己则在一旁窃笑。有次吃饭，若安吃得有点急，噎着了，他竟然朝我瞪眼，命令我："还不快点给我女儿倒水！"招来我一顿好骂！

传统中国家庭，严父慈母，父亲代表着秩序与方向，母亲代表着温暖与归属。但在我们家，或者现在许多家庭，父母亲已完全调换角色。这让我很是困惑，今天的爸爸们，都怎么了？男人把女人逼到这个份儿上，究竟是社会的进步还是倒退？罗先生，你太"狡猾"了，太"坏"了！做好人，谁不会？问题是，凭什么是你？凭什么不是我？！

不过，看着父女俩愉快玩耍的场景，我又感受到了莫大的幸福与满足。每个人都有自己爱的方式，罗先生想怎么爱女儿就怎么爱吧，关键是女儿受用就好。

今天是 11 月的最后一天，若安高三已满四个月。每天晚上她放学回家，我都能感受到她的疲累。晚上睡觉时，我都要问她第二天什么时候起床，她都会说六点。每天早起，看着外面一片漆黑，我都会想，女儿这么辛苦，我真的要这么残忍，叫醒一个严重缺觉的孩子吗？但如果我不狠下心来叫醒她，让她失去挑战自我、追寻成功的机会，对她来说，将是更大的残忍。我不是功利的人，但需要成全孩子的上进心。以后，天气会越来越冷，挑战会越来越大。我的心，需要更硬点；态度，要更坚决点。啥都不是事儿，坚持下去就好！

第八章

2017 年 12 月

今天很欢乐(*≧∨≦)

12月1日　星期五　晴

今天相当欢乐，三件事罗列如下。

No.1——

傍晚六点多，若安才回到家。我问："怎么这么迟？干啥去了？"

"Sing-High决赛，看高一、高二表演去了。"

"是吧。他们唱得可好？"

"还不错呀。不过，很多选手气息不足，有些选手声音变了，不是真实的声音。"

"是吧。我不喜欢那些唱假音的，一听就起鸡皮疙瘩，还能不能好好唱歌了？"

"假音也是需要水平的。我觉得，在还不会唱假音之前，用真实的声音来唱比较好。可能当局者迷，他们看不到自己的问题吧。"

看Sing-High比赛的结果是生活发生了细微变化。因为要赶晚修，若安吃完饭便立刻回了学校，晚修回家后才去洗澡。于是，夜深人静的冬夜，若安在厕所里开"演唱会"，英文歌曲唱了一首又一首，怎么都不肯出来。唱歌，果然是她的挚爱！高三节奏这么紧张，她还能抽空体会一把"放纵"的滋味，也相当不错。强烈支持！

No.2——

吃晚饭时，我跟若安讲发生在（20）班的笑话："我跟他们班讲'书圣''画圣'，发现他们似乎不懂什么叫'圣'，便想举个例子，问他们，知

169

道什么是'情圣'吗？"

"你怎么讲的？"

"我告诉他们，那些不是在谈恋爱，就是在去谈恋爱的路上的人就是情圣，还问他们，你们班可有情圣？结果严伟晋大声说，他不知道他们班谁是情圣，但他们班长绝对不是情圣。"

"哈哈哈，此地无银三百两，这不是告诉大家，班长就是情圣吗？"

"是呀！原来周嘉铭同学，真的很招女孩子喜欢呀。"

"我都说了，很多女生都说他很帅，据说好多人追他！"女儿嘻嘻笑。

"帅倒不见得，不过他挺温和的，学习也相当认真，还是班长，招女孩子喜欢也正常。"

"我又不是他们班的，哪里知道这些。只是他看起来挺帅的，嘿嘿。"女儿继续嘻嘻哈哈。

"再帅也不关你的事，你远观一下就好了。"

"嗯嗯！现在这么忙，谁有空去管这些？"

"谈恋爱嘛，还是要找个帅一点的。帅是动物的优良基因，若是放进丛林世界，高大威猛的雄性能更快吸引到雌性，繁衍后代的概率也大大增加。教书这么多年，我发现，那些涵养更好、更喜欢挑战、更外向的人，似乎也要更帅一些。相由心生嘛，也不是随随便便什么人都能帅的。"

"哈哈！很有道理的样子！透过现象看本质嘛，政治课上常讲的。"女儿做了个总结。

No.3 ——

今晚我值班，跟若安一起回学校，不知怎么的，聊起了我在课堂上讲的那句"剩饭炒三道（遍），狗都不恰（吃）"。她觉得很好玩，于是我便教她说桃江话（我的家乡话）。虽然女儿从小到大都只会说普通话，但还是能听懂很多桃江话，学起来也不算太难，就那么几分钟，她就能把这句话讲得有几分桃江味，还多学了一句"好手不打练（贱）骨头"。

"妈妈，这句是什么意思呀？"

"好手不打贱骨头，是远离垃圾人，不要玉石俱焚的意思。"

"看来这些俚语，还挺有人生智慧嘛！"女儿感慨道。

"那是自然！要知道，这可是多少代人民群众智慧的结晶！"

"以后我还是要学些湖南话，否则怎么跟别人说我是湖南人呀？！"

好吧，那就一起慢慢学吧。我从 1996 年离开湖南到现在，已过廿载，虽然"乡音未改鬓毛未衰"，但已忘记不少乡村俚语，也该趁此机会找回那些遥远的记忆了。

妈妈被福尔摩斯附体了吗? ₂ (~_~);₂

12 月 2 日　星期六　晴

"妈妈，明晚看电影吗？"昨晚吃饭时，女儿问。

"随便你呀，你说看就看。"

"那就看吧。妈妈，看电影的时候，能早一点出发吗？"

"准时就好啦，为什么要早一点？"我问。

"有个同学的耳机坏了，想让我帮她买一个。"

"哦？为什么她自己不去？"

"她说她周末没空出门。"

"为什么没空出门？"

"不知道，应该是写作业吧。"

"你不用写作业吗？周一到周五有什么紧急的东西要买，请你跑腿代劳就算了，但周末，大家都有时间。而且，人家没爸妈吗？为什么要找你？浪费自己的时间是慢性自杀，浪费别人的时间就是谋财害命！此事坚决拒绝！"

"小傻瓜"沉默不语。

"你已经答应她了吗？"

她继续沉默。

"让我猜一下那个人是谁。周末都没空出门的孩子，应该是沉迷学习。既然她沉迷学习，那么买耳机应该是用来做英语听说之类的。如果是因为英语听说，她就可以名正言顺地跟父母讨要，她父母应该不至于拒绝她。假如她周六

不能出门又不能请父母去买，那么她买回来便一定不是用来学习，而是干别的什么事情，比如玩游戏、'煲剧'之类。你们班的女娃娃都挺热爱学习的，你也没帮她们做过这一类事情。所以，这个同学不是你们班的，而是你那个经常意见多多的朋友？！"

若安呆呆地望着我，不知所措，良久嘟囔了一句："今天妈妈怎么了？福尔摩斯附体了吗？"

看着她愣愣的样子，我害怕自己吓到她了，不想将彼此的能量损耗在这么点破事儿上，于是态度开始软化："不如这样吧，你问清楚你同学需要什么品牌，大概买多少钱的，请爸爸从网上买算了。至于什么时候能买回来，就不敢保证了。既然她选择依赖别人，那就学会等待吧。另外还有一个解决办法，我们家不是有很多耳机吗？送一个给她便是了。"

若安"嗯"了一声，说送一个给她吧，随后便傻笑起来，说："我就知道我妈开明，不会让我在同学面前丢面子的。"

但我却笑不出来！一个过于善良和热心的孩子，身边总会有那么一两条"寄生虫"吸食她体内的养分，而她自己却浑然不知，或者明明知道了也为了所谓的"大义"而不忍拒绝。但父母，却恨不得立刻给孩子灌几片"驱虫片"，将一应虫子杀死、杀光而后已。我害怕孩子不善良，但更害怕她因为过于善良而受伤！等高考结束，我要好好给若安做做这方面的思想工作，引导她学会一些拒绝的方法，否则后果不堪设想！"养儿一百岁，长忧九十九"，不知道我们家的傻丫头什么时候才能让我不这么担忧。

不过，昨晚一起买电影票的时候，若安却让我"老怀甚慰"！我们想看一部刚上映的动画片《寻梦环游记》，用微信购票时，看到佛山各电影院的排期都在上午，好不容易找到一家叫大明星的影院有晚上的场次。虽然这家影院离家稍微远了点，但能看便是好事，我点进去准备购票。女儿突然说："妈妈，既然大明星有晚上的，其他影院应该也有。不如我们再点点看看？"

"好主意！听你的！"我退出大明星，找到附近的大地数字影院，点进去，发现晚上也排了很多场，原来电影排期的详细信息没有在微信购票首页上呈现，我又犯了经验主义错误。于是，我们欢天喜地地选票、付款，敲定了一场跟"亡灵"的"近距离"约会。

买电影票是件极小的事情，但若安细心，能举一反三，发现不可能中的可能性，这是我所不具备的优点，这个发现比发现大地数字影院有晚上的场次更让我惊喜！校运会时黄妈表扬若安细心，因为若安推荐张慧珊参加 400 米比赛。当时我还觉得迷惑，不明白为什么黄妈会这样表扬她。现在看来，还是黄妈慧眼识人。又或者旁观者清，我因为太在乎、太小心翼翼而丢失了本该有的智慧。

上星期小姑妈生日，我打电话给她，谈起表妹闹离婚的事情。小姑妈在电话里说："如果她像你们那么有能力，离就离吧，但她离婚了，生活都将成问题呀！"在我的印象中，表妹是聪明能干的妹子，不是那种离开了男人就活不下去的弱女子。小姑妈这么看女儿，让我觉得不解。可能天下母亲都是这样，哪怕孩子已经长成参天大树，但在母亲眼里，永远都是那棵需要呵护的小树苗。

原来，相信是一种力量，更是一种能力！只有父母拥有相信的能力，才能给孩子相信的力量！多么痛而深刻的感悟！以后我要更放松一些，不能大惊小怪，更不能神经质，要让女儿感受到那种温暖而坚定的力量，在宽松的环境中突破一个又一个学习障碍！

跟女儿讲《围城》的故事 (ˊωˋ)

12 月 7 日　星期四　晴

昨晚女儿回家时，我正躺在沙发上看书，她走过来靠在我身上。我一边帮她按摩后背，一边教育她："跟你说个事儿呀，这两天你跟我说话的时候语气不好，有点不耐烦，还有点凶。"

"有吗？哪里有？"

"怎么没有？今天傍晚你回家，我问你跑步了没有，你很大声地说，跑了，难道看不出来吗？听起来你对我相当不满呀。"

"呵呵，你都能看得出来我跑了呀，有什么好问的？"

"现在是冬天了，出汗少，你跑步和跑回家的样子有什么区别？我又不是孙悟空，没有火眼金睛，哪里能看得出来？就算我看出来了，问一问也是可以

的嘛。普普通通的日常交流，你用不着为此生气呀，是吧？"

"好咯，对不起啦，妈妈。"女儿靠在我身上，一动不动。

"我前段时间在微信上看到一篇文章，觉得有点道理，题目叫《你回家时的表情，决定全家人的心情》，里面讲了钱钟书《围城》里的一个故事。方鸿渐因为找不到工作心情沮丧，回到家时板着脸，孙柔嘉问他吃饭了没有，说她已经吃过了。方鸿渐不高兴了，继续沉着脸，说：'我又没有亲戚家可以吃饭，当然没有吃饭。'就因为这一点琐事，夫妻俩吵了起来，方鸿渐还动手打了孙柔嘉，保姆李妈劝架不成，只好通知房东，这一下闹得左邻右舍全知道了，孙柔嘉愤然离家出走，这段婚姻在愤怒与哭声中走向终结。讽刺的是，就在五小时以前，方鸿渐走在回家的路上，还暗下决心要对妻子好一点。此时，孙柔嘉也正在家里等方鸿渐回来吃晚饭，并告诉他可去姑母那干一份高薪的工作。"

"就为了这么点小事？"女儿问。

"就为了这么点小事！家长里短，能有什么大事？但情绪具有传染性，处理得不好可能酿成大祸。我知道你现在读高三，非常辛苦。但既然都已经这么辛苦了，就不要在辛苦之外再添烦恼了。"

"嗯嗯，好。"

"不过，家也是情绪宣泄的场所，真受委屈了、郁闷了，是可以在家里有情绪的。但我们要学会控制情绪，一个人随时随地都可以找到发脾气的理由，如果不会控制，这辈子该怎么过呀？他的家人岂不是也要生活在梦魇之中？你看那些激情杀人的，往往也是情绪控制力很差的，所以，学会控制情绪，也是人生的必修课呀。"

"嗯嗯，有道理。"

每个家族都有自己的不良基因或者坏脾性，如果不能从某个人开始斩断劣根，这种不良的或者坏的东西就会代代相传，成为影响家族命运的撒旦。很不幸，我虽然对父亲有诸多不满，却也遗传了他的坏脾气——偏激、乖戾、武断。这个发现让我哀叹"命运不公"：我明明有那么聪慧、温婉的外婆（应该也有个聪慧、温婉的母亲），为何哥哥能像外婆家的人，脾气又好长得又好看，而我却一点都不像？我经常"声讨"父亲，其实更多的是在"声讨"自己，"声讨"可怕的遗传！这条漫长的自我救赎路，艰难、拖沓，充满挫败感。感谢罗先生的好基因，让女儿相对温和，但她或多或少会受到先天遗传或后天教育的影响，有时会表现出急躁，有时还会迁怒于人。<u>人生就是一场修行，每个人都需要跟自己的劣根性作斗争</u>，希望女儿能更好地认识和反思自己，多读些书，多些历练，多结识些涵养高的人，不断完善自己的人生！

再次寻找"嫌疑犯" <(¯≈)>

12 月 8 日　星期五　晴

今天上午第二节才有课，起得又早又不赶时间的人，是可以在吃早餐的时候跟同事聊聊天的。

当我在饭堂一角静静享用"秘制炒粉"时，舒姐坐了过来，于是我们聊起了阿文。阿文去法国留学已经有两个星期了，一切顺当。说起这个学习基础不好但高三坚持每天 5:30 起床奋斗的孩子，我们都有些感慨。舒姐说，阿文通过某个留学中介获得全额奖学金，在通过基本语言测试后去了法国。以前这个中介对学生高考成绩要求不高，上二本线就可以，但今年要求必须在重点线以上，而阿文的高考成绩刚好达到重点线，算是对阿文刻苦学习的最高奖赏，幸甚！

阿文的经历让我想起了管慰，那个高中三年一直坚持毽球训练，没参加过一场正规比赛却获得 20 分高考加分并因此"挤"进西南财经大学的孩子。管慰 2009 年高中毕业，那时体育比赛拿到省级名次后还可获得高考加分。他文化成绩不算特别好，体育成绩也不是很好，但对毽球有着无与伦比的热爱，非常努力地参加训练。毽球队的老师很喜欢这个勤奋的孩子，一直"收留"他在毽球队训练，也带着这个替补队员去各种体育比赛中见识大场面。

两个孩子的成长让人欣喜。或者人生就是这样：<u>我们长期在黑暗中踯躅，不知还要坚持多久才能找到光明，也不知道最终能否找到光明。但上天不会辜负那些苦心人，机会总会在某处温柔地等候你，回报你疲惫却坚定的心灵。</u>

聊了一会儿，黄妈凑到了我们这一桌，话题转到（19）班同学身上。黄

妈说她要对男生宿舍进行整顿，因为有几个男生欺负王昊权，还让我猜猜都有谁。（19）班一共9个男生，张斐卓和韦致远是若安小学或初中同学，若安跟我讲过很多他俩的事情，可先排除。谭天是班长，排除。黎相晖人好话少，排除。远翔虽然话多，但品性纯良，也可排除。在另外三个男生中，我很容易敲定了两个，正想要排除第三个的时候，黄妈告诉我说，第三个正是主谋，其他两个只是跟班，让我大跌眼镜。

这个寻找"舍霸"的过程，让我眼明心清，顺便敲定了那个高二下学期在操场"追"若安追到她害怕的家伙。"昊权事件"的主谋"明恋"班里某位女生，是故"若安事件"的主角必是"昊权事件"的两个跟班之一。这两个男生中，一个第一次见到我时非常紧张，眼神躲闪，一个因为不好好擦黑板，让我对他有"天然"的不喜。第一个的嫌疑度为90%，另外一个为10%。无论是作为老师还是母亲，我都不会去找这个男生"算账"（没必要也不需要），但想起女儿几个月前对我说过，她并没有因为有人追而感到骄傲或者虚荣，反而对自己有深深的不满意：为什么追她的不是优秀的男生而是这么一个现在看起来人格还不完善的人？将两件事情联系起来，我找到了一定的思维逻辑。一个不知道怎么表达爱意的男生完全有可能对不喜欢的同学表达恶意，同理，一个对同性或其他人会表达恶意的人也没有办法让女生感受或接受他的爱意，所以若安拒绝了他。这种拒绝可能出于本能，也可能出于"三观"不同。在这件事情上，我要为若安点赞，她很棒！

黄妈说，（19）班同学做事主动性不够，人情味不够。她举了个例子：昨天高考报名表最后检查并签名确认，她在班里问有谁可以帮她收表、顺号并交到办公室去，结果没有人理，最后还是若安帮了她。黄妈问我，男生宿舍的事情该怎么处理？我给了她两个建议：一，孩子们都大了，有什么事情要实话实说，对他们进行正面引导和积极教育；二，要问一问昊权，他有什么感受，他是否因此困惑，他想自己解决问题还是通过班主任解决问题。聊着聊着，我们就聊到如何汇聚班级正能量上面来了，我也给黄妈支了几招。老师们在一起聊天，学生几乎是永恒的主题。黄妈让我特别关注韦致远，因为这孩子可能是"状元"之才。我想除了他之外，我也得好好关注其他几个学业出类拔萃的孩子，对那两个"嫌疑犯"，也要保持平常心，好好引导和教育，尽量做到"以德报怨"，如果不能，至少也要"以直报怨"。因为我是老师，要遵守自己崇高的职业道德，"公报私仇"是极下作的事情，我是不屑为之的。

　　晚上吃饭，我表扬女儿乐于助人，不想她不屑一顾，说："这么点小事儿，有什么好表扬的？黄妈也太夸张了。"

　　"黄妈好厉害呀，我都怕了她。你知道她今天跟我说什么吗？她问我情绪控制得怎么样了，好像你是她的女儿，好像我要弄到你'悲惨世界'的样子。"

　　"我觉得你没问题呀，倒是我最近情绪控制不太好，可能要来例假了。"

　　"情绪控制是个大问题，上次我已经跟你讲过方鸿渐和孙柔嘉的故事了。我的观点很明确，家里是可以有情绪的地方，适当的情绪宣泄可以保持心理健康，但家里不是可以放纵情绪的地方。在家里发脾气，最安全，危险最小，但给家人带来的伤害也不小。"

　　"是的。那个方鸿渐，自己不学无术，还脾气暴躁，只要是正常女性都会离开她的。"若安开始发表她的高见，"他找不到工作怪谁呀？他留学那几年干啥去了？我觉得婚姻破裂，男性要承担大部分责任。很多女性结婚后，尤其是有了孩子后，家庭责任感会很强，不会随便因为什么小事情就离婚的。"

　　"你这样想也可以。女性在这方面可能更强一些，但很多男性也非常不错呀，比如你爸爸。"

　　"那还用说，我爸爸当然比其他男人强啦。"女儿不满地白了我一眼。

　　呵呵，罗先生，你该老怀甚慰啦。女儿这么爱你，不枉你宠她一场。这个世界没有无缘无故的爱，哪怕亲子之间也是如此。那些得不到子女尊重和善待的父母，夜深人静的时候，是不是该反省一下自己呢？

　　现在女儿的为人处世及情绪控制都比之前好了很多。在琐碎的日常中感受孩子的进步，是一种恬淡的幸福。今天真是美好的一天，祈祷明天、后天、大后天，继续……

购买成年礼的"行装"（°♥▽♥°）

12月9日　星期六　晴

　　成年礼要来了，需要给若安打点一套像样的"行装"。

　　今天的任务是带若安逛街。

　　我们的目标非常明确，买一条能出席正式场合的裙子，但实地考察后才发现，要实现这个目标并不容易。高三成年礼的衣服，太便宜可能不够庄重，太贵又过于浮夸。我们在商场奔行，若安试了好几条裙子，发现不是颜色太老就是样式太普通，穿不出我们想要的效果。后来我们调整思路，既然买不到合适的裙子，那就买衬衣和裙子来搭配吧。在否掉了一条售价千元的黑色套裙后，我们重返迈入商场后的第一家店并很快挑到了想要的宝贝。在若安穿着新衣服走出试衣间的那一刻，我知道"猎衣行动"可告一段落了。回家路上，若安一路欢笑，心情大好，我也感受了一把金钱与物质带给人的满足感。

　　三件衣服（一件衬衣、一条西裙与一条背带裙），一共 1621 块。这对于一个在校学生来说，可能稍贵了一点，但若安已接近成年，高考结束后就要脱下校服，穿成年人的衣服了。从我的消费理念来说，宁可少买几件，也要穿着得体，穿出个人品位与气质。从小学开始，若安基本穿校服，而我又欠若安一堂美育课。等高考结束后，该好好培养她的审美能力才是。

　　成年礼，对女儿来说，是非常重要的仪式，应该特别重视。我和罗先生年轻时不懂事，觉得事情把握实质即可，仪式无关紧要，自然也缺少些"仪式意识"。正因为此，家庭生活中的"仪式感"不强，没有情人节，不过圣诞节，春节不会四肢趴地给长辈们磕头，端午节不看龙舟，有时候中秋节还不赏月，生日也没正儿八经地过过，天天平淡，日日平庸，少了期待，少了感动。有次看《奇葩说》，黄磊说"没有婚礼，不嫁女儿"，我深以为然。美国婚姻专家温格·朱利说："即使最美好的婚姻，一生中也会有 200 次离婚的念头，50 次想要掐死对方的冲动。"在生活中，夫妻之间难免会出现分歧、争执，柴米油盐可能会磨掉爱的感觉，但温馨浪漫的婚礼能给人美好回忆，会增加信念的力量，让彼此的手能够牵得更长久些。现在，若安接近成年，未来还要经历婚姻，经历生养，我要仔细一些、贴心一些，在特别的日子里，给她适度的温暖和感动。孩子要成年了，父母可以、也应该逐渐从孩子的生活中撤出，但不能让孩子有被抛弃的、孤独的感觉。这才是家，也是父母对孩子应尽的责任。

以后，我也要勤快一些，用心一些，在重要的日子里给家人多制造些温暖与浪漫。人，可以偷懒，但关键时刻不能懒。人太懒了，家便快散了。

成年礼，你怎么看？

12月10日　星期日　晴

"你怎么看成年礼呀？"吃午饭的时候，我开始引蛇出洞。

"没怎么想过呢，就是觉得，那天我可以跟同学一起玩。"

"你没有思考过成年礼的意义？"

"说实话，真没有。成年意味着责任呗，这些大家都知道的。"若安回答。

"好吧，那我换个问题，你有想过仪式本身的意义吗？"我问。

"没有，从小到大没参加过什么仪式呀，有点好奇。"若安嘻嘻笑。

"看来需要给你启蒙一下。小王子还记得吗？他不是曾经驯服过一只狐狸吗？小王子好不容易结交了一个好朋友狐狸，于是天天去看它。但狐狸不高兴了，它对小王子说最好在某个固定的时间去看它，比如下午四点。因为如果四点是个固定时间，那么从三点钟起，它就开始感到幸福。时间越临近，它的幸福感就越强。但是，如果小王子随便什么时候来，狐狸就不知道该在什么时候为即将到来的幸福准备好心情，也无法好好享受幸福了。狐狸认为，应该要有一定的仪式。小王子问狐狸什么是仪式，狐狸说，仪式就是使某一天与其他日子不同，使某一时刻与其他时刻不同。比如说，猎人们每星期四都和村子里的姑娘们跳舞，跳舞就是猎人们猎取爱情的仪式。对于狐狸来说，星期四也是一个美好的日子，因为它可以一直散步到葡萄园，安全地吃葡萄了。"

女儿"噗"的一声笑了："妈妈，小王子的故事我小时候看过很多遍啦，为什么从你嘴巴里讲出来，这么有意思？"

"那是因为你从小习惯了听我讲故事呀！"我白了她一眼，"别打岔，听我讲！什么是仪式？仪式就是让某一天与其他日子不同，让这一天成为一个幸福的、美好的、完全放松的日子。在这个日子里，我们可以追忆过往、感恩家人、检视自我、思考未来，让人生过得更理性和更有意义。"

"嗯嗯，有道理。"女儿附和道。

"所以，为了成年礼，我们应该做些准备，比如买件正式点的衣服，但更重要的是，准备好心情，能全情投入，能在仪式中感受点什么、收获点什么。"

"听说——我觉得应该是谣言——我们年级有的女生为了成年礼买了近万块的衣服呢。"女儿说。

"吹吧，家长怎么可能为孩子购买这么贵的衣服呀，你们还是小孩子呢。"

"但是，据说下面这个是真的，说某文科班的女生买了几千块的耳环。"

"个人觉得也没必要。佛山一中校规是不允许佩戴首饰的。不过，金银首饰嘛，等你长大后，还是要买一些。"

"我也觉得夸张了点，放心，我是不会跟人去比这个的。"女儿说。

"我觉得，《寻梦环游记》很好地阐释了仪式的意义。我查了一下，墨西哥的鬼节有两天：11月1日是'幼灵节'，祭奠死去的孩子；11月2日是'成灵节'，祭奠死去的成人。这个节日与西方的万圣节有相似之处，但又不完全相同，它具有浓厚的印第安民族文化特色。墨西哥有位诺贝尔文学奖获得者叫奥克塔维奥·帕斯，他说死亡是生命的回照，死亡才能显示出生命的最高意义，'死是生的反面，也是生的补充'。我觉得他对死亡的看法应该代表了墨西哥人的普遍观念，而这种观念应该是通过庆祝亡灵节逐渐培养起来的。"

"我也觉得这部电影拍得特别好，我看的时候，都感动到流眼泪了。在电影里，完全看不出生与死的边界，米格随意在生死之间穿行，却毫无违和感。中国人对死亡讳莫如深，让我们感觉死亡是件很可怕的事情。小时候，只要说了不太吉利的话，爸爸肯定要批评我的。"女儿开始"吐槽"。

"没辙儿呀，这是咱们中国人的传统文化，孔老夫子不是曰过嘛，'务民之义，敬鬼神而远之'。"

"是哩是哩，都怪他，不让我们谈论死亡，怎么能这样呢？不谈论，并不表明它不存在。我们心理老师说，很多癌症患者其实可以活得更久，但由于他们特别恐惧，所以早早被自己吓死了。也许有些东西，我们思考得多了，便没那么恐惧了。"

"深刻呀！我女儿真棒！我一直觉得，只有知道生命的终点，才能更好地走好生命的过程。很多东西，都需要我们细细体会，而仪式就能给我们提供这样的机会。舅舅不是从事丧葬业嘛，我曾经问过他，有什么特别感受。他说感受最深的是葬礼上的那些哭，什么人都有，有悲痛欲绝的，也有假装哀号的。"

"是呀是呀。妈妈，你还记得《海边的曼彻斯特》吗？男主角的哥哥去世了，他带侄儿去医院看哥哥的遗体，他侄儿问他，为什么那些人要装出难受的样子？我的某位朋友，也爱装、爱秀。有些人，总以为自己很聪明，可以装出自己很厉害、很幸福的样子，却不知明眼人一眼就能看穿他们光鲜外壳下藏着的怯懦的灵魂。"若安一说起她那位"朋友"就来气。

若安能这么想，真是太好了。这些年，我带她看的电影算是没白看，她对人生能有这么朴实的看法，让人欣喜。我一直相信好的开始是成功的一半，在孩子进入成年的第一天，需要有成年人告诉他们怎么做优秀的成年人。我衷心希望这届高三的成年礼，能让所有人（包括学生、家长和老师）都能从中感受到仪式的真谛，而不会将这么重要而美好的东西变成形式，变成一场普通得不能再普通、平庸得不能再平庸的高考宣誓。特别是孩子们，不要将成年礼变成"攀比礼""炫富礼"，希望他们能好好思考成年的意义，真正将成年礼变成努力奋斗的新起点，不枉老师和家长在他们身上付出的心力、体力，还有财力！

教育，始终在路上……

成年礼写给女儿的信（二）

12 月 26 日　星期二　晴

这几天工作特别忙碌，学校的成年礼已经举行，而我竟来不及记录若安参加这一仪式的点滴，也没有按照年级要求按时给女儿撰写家书。今天找到时

间，终于可以跟女儿谈一谈有关她成年的想法了。

亲爱的女儿：

　　你好！

　　学校的成年礼，已经在两天前举行，虽然我和爸爸陪伴你参加了那个庄重、难忘的仪式，但我并没有遵照学校要求撰写家书，不是不愿意写，而是当时没想好写些什么。因此，请你原谅，妈妈在关键时刻没有"急才"，不能给你写一封应景的信。

　　时间过得太快了。我依然记得 18 年前，你刚来到这个世界的第一天，我整整一天没有合眼，因为兴奋，也出于担心。不知道为什么，我们的病房竟然无法锁门，我请陪产的孙阿姨拿凳子把门顶住，但她说，顶什么顶？你生的又不是儿子，难道还怕别人偷你的女儿不成？我说，虽然我的女儿在别人眼里不值钱，但在我的眼里却是无价之宝。那个夜晚，我就那样看着你，红扑扑的脸蛋，长长的眼线和眉线，长长的柔软的手指，让我幸福到不能自己——不顾自己刚做了一个大手术，就那样看着你，看了整整一夜。

　　后来你慢慢长大，长成了我预料中的好女孩。别人都说，父母情感天动地，但我想说，儿女爱更值得珍惜。18 年来，你给了爸妈太多温暖与陪伴，有太多难忘和感动的瞬间。曾经，两三岁的你在汽车站送我去广州上学，嘱咐我要注意安全，让我无法迈开脚步跟你说再见；曾经，你打电话叫我回家，说让爸爸买辣椒炒肉给我吃，让我恨不得抛下学业回到你身边；曾经，我在楼下唤你，说妈妈回来了，你迈着小短腿从四楼奔下来扑进我怀里，让我感觉抱着你就好像抱住了全世界。从小到大，你都那么乖巧懂事。上幼儿园时，几个大人包了一辆出租车送小朋友们上学，当别的小朋友争着坐前排副驾时你主动坐到后排座位，当别的小朋友不愿坐副驾想在后排玩闹时你又一个人静静地坐到副驾；小学时你被同学欺负，我想去找学校老师或者小朋友家长，你又拼命拦住我，生怕我冲动之下伤害了别人；中考前那天晚上，你告诉我说某某同学喜欢吃我们家附近商场的饺子，一定要去给她买上一盒；现在，进入高三这么紧张的时刻，你不是帮这个同学买药，就是帮那个同学买点好吃的……有时候，看着你这么辛苦，真想给你下禁令，不准你再替别人跑腿，但一想到这么多年来我脾气不好，给了你许多脸色、说了许多让你不开心的话，甚至还动手打过你，而你还那样坚定不移地爱着我，我就不想阻止你做真实的自己。女儿，今天离你 18 岁生日还有 58 天。58 天后，你就要正式成年了，未来漫长的成年时间里，愿你的每一天，都能顺意、静好！

你就要成年了，我不想跟你讲诸如成年了要懂事了，要努力了，要承担起自己的责任了之类的啰唆话，因为这些大道理，你在很多年前便已知晓。对你的希望与祝福，千言万语，无法尽述，如果在这封信中一定要讲点什么的话，那就讲一讲我这几天对人生的思考吧。

明年 9 月，你就要跟其他同学一样，离开家，去某个城市读大学，学自己想学的专业，结识新的同学，遇到更有才情的师长，你会长得更漂亮，变得更优秀，可能还会遇到一个优秀的男孩，开始一段美好的爱情，会选择跟爸爸妈妈不一样的生活，去旅游、去支教、去探险……虽然妈妈万分舍不得你离开家，但你还是去做你想做的事情吧，我亲爱的孩子！在成年后的黄金时间里，你尽可去追梦、去探索、去完善，不需要太多地考虑爸爸妈妈！在你的生活中，总是有太多的"别人"，太少的自己，妈妈希望你能没有负担地去做一些自己喜欢做的事情，感受自我飞扬、青春奔放的美好年华。只要你记得，<u>在离家的日子好好照顾自己，在想家的日子回家</u>。

真的好希望你能更快乐些。你太过善良，不擅拒绝，对道德操守有着让人"抓狂"的坚持。那些对自己要求高的人，往往对别人也会有些苛刻。从小学高年级开始，你对家事、国事、天下事便有了自己的见解，对身边人的某些做法，先是不解，后是不爽。你不解不爽但又不愿或不敢采取行动去解决问题，慢慢地变得有些叛逆。有一段时间，你被负面情绪缠绕，让我很是担心。曾经，我觉得你是流落到人间的天使，什么都想管，但又管不了。爸爸说你适合进国安局工作，因为你为了让我们放心，总会把一些事情憋在心里，生怕被我们窥探了你的秘密。还好，进入高三后你温和了许多，开始专注于学业，人也变得大气不少。妈妈曾经告诉过你，人性有阳光的一面也有阴暗的一面，你对世界的看法很大程度上取决于你的运气，幸运的人可能更多地碰上好人好事，不幸运的人可能更多地碰上坏人坏事。但这个世界，好人好事总是多过坏人坏事，哪怕是夜晚，也会有月亮反射出太阳的光芒，让在黑暗中踯躅的人看到希望。上帝若是给你关了一扇窗，肯定会为你打开一扇门；就算幸福不来敲你的门，我们也可以主动推开幸福之门。所以，快不快乐，关键在于自己的选择。

心理学家说，一个人要保持心理健康，每天要说 95% 的废话，做很多毫无意义的事情，浪费一些看起来宝贵的时间。妈妈知道你是个志存高远的孩子，估计你这辈子都不会停止努力，但我更希望你在努力的同时，能找点乐子娱乐自己、犒劳自己，让紧绷的神经放松放松，然后再努力奋斗，成为一个既能干又有趣的人。

在未来人生的发展上，希望你像爸爸一样做人，像妈妈一样做事。爸爸从小生活在一个充满爱的家庭，他的世界温暖而充盈，因此他性格温和、平易近人；妈妈来自一个破碎的家庭，有许多痛苦的回忆，因此脾气急躁、专制武断。也正是因为这样，爸爸沉稳踏实、稳打稳扎，而妈妈则勇于冒险，有许多想法也乐于去尝试。有一天你问我，假如高考考不好怎么办。我说我们用马斯洛的需要层次来分析分析：你虽然个子高，但吃得不多，而且我们碰上了好时代，因此无论如何，都可以满足衣食住行等生理需要；只要你拥有完整的人格，能处理好自己与内在的关系，你就能获得安全、社交与尊重的需要。马斯洛需要层次的塔尖是"自我实现的需要"，但我们无需用世俗眼光，一定苛求自己赚多少钱或者做出多大的业绩。人生道路千万条，我们不一定要跟大家走同一条路，也不一定要保持同样的节奏。你可以快一点，也可以慢一点，你可以直走，也可以绕个弯，只要你努力，总能达到自己理想的彼岸，成就自己美好的人生。因此，在自我实现这件事上，你只需要选定自己想要的专业与方向，然后坚持努力就是了。至于高考，只要你继续努力，解决学习上存在的问题，我相信你一定能考好。不要问我为什么，也不要问有没有意外发生，因为我始终相信奋斗的力量，相信我亲爱的女儿也能跟妈妈教过的那些优秀的师兄师姐一样，战胜高考，为自己开辟一片蓝天。

妈妈小时候，生活环境相当恶劣，考大学几乎成了唯一的出路，为此我相当努力，但也有信心不足的时候。有一次大外公跟我开玩笑，问我假如考不上大学怎么办。当时我很恼火，朝他发脾气说，如果考不上，就听你们的——嫁人！其实，每个女孩到一定时期，都是要披上嫁衣，嫁作他人妇的。但结婚不是女孩来到这个世界的最终目的，我们来这个世界走一遭是为了更好地实现自己，自然更不能将自己变成男性的附丽。

回想高中以及后来的日子，我发现我唯一缺乏的就是勇气。那时，可笑的自卑让我低至尘埃，不敢选择自己想走的路，不敢追求自己喜欢的人。人生，其实有各种可能性，只是我太过自卑，而错失了很多机会。不知是命运还是轮回，现在的你颇有些像以前的我。像就像吧，哪有孩子不像父母的呢？既然妈妈能从困境中走出来，我相信你也可以，因为现在的你比以前的我要优秀太多太多。你要知道，每个人来到这个世间，无论美丑，都是限量版，都是珍珠，只要你勇敢一些，擦拭掉身上的灰尘，你就是夜空中最亮的星。

　　亲爱的女儿，妈妈身上有诸多缺点，不能成为你的人生榜样，但你可以将我的奋斗史当成你的成长教科书，只要你再乐观、勇敢一些，抛掉那些可笑的自我设限，找到有效的方法，坚持下去就好。至于结果，无须纠结，更不必害怕，我们有几个很重要的亲人在天上，他们都会护佑你呢。

妈妈

2017 年 12 月 26 日

　　女儿从小到大，几乎都在我和罗先生身边，我对女儿的教育，一般都是耳提面命，很少有写信的机会。上次给女儿写信，还是在三年前，那时女儿正冲刺中考，也是压力不小。现在重读三年前的信，颇有感触。抄录之，以此留念。

亲爱的女儿：

　　你好！给你写信的时候，我想起了不久前的一件小事。那晚，你正认真地写作业，我却不识时务地想跟你玩很多年前我们常玩的游戏。你不耐烦地赶我："去去去！哪儿凉快哪儿待着去！"我委屈地问："哪儿凉快？"你告诉我说："电视机那里凉快！"

　　看着热火朝天学习的你，我不由迷惑了。从前那黏人的小屁孩，从前那个缠着妈妈讲故事、聊心事的小小女儿，进入初三后开始了她独立奋斗的雄壮征程。这不正是我满心期待的吗？为何我却有股淡淡的失落与忧伤？

　　家长永远都是这么矛盾。上学期我去参加家长会，在你们学校的报告厅，望着黑压压的一大群家长，我感受到了无形的压力。我想，在这些家长中，有几个不希望孩子考上佛山一中这类好学校的？而作为孩子，你们又得承担多少来自父母、来自中考的压力？你们为此流过多少艰辛的汗水与无助的泪水？而这些，热衷名校、一心想通过孩子成功给自己长脸的家长们是否看得懂、想得

185

清？但亲爱的女儿，你不用害怕！我曾很多次告诉过你：你有你的人生，我有我的人生；你做好你的事，我做好我的事；如果我有什么理想或遗憾，我会很努力地去实现理想或弥补遗憾，我不会用我的"残生"去侵犯你的"新生"。你不需要为了妈妈所谓的虚荣而读书，妈妈也绝不追求这样的虚荣。

"你要清楚地接受一个事实——你有一个极其平庸的孩子。我可能会变成一个很普通的人：很普通的学历，很普通的职业，不太有钱，也没有名，一个最最平庸的人。如果这样，你会失望吗？"这个问题，几乎是所有成长中的孩子都会问到的，你也曾经这么问过我。望子成龙、望女成凤是父母们的普遍希望，谁都不希望有个平庸的孩子。但成功不成功、平庸不平庸的标准模糊不清，容易让人迷失。

我期待你有理想，期待你能成功，但饭要一口一口吃，路要一步一步走，学习成绩的提升也要一步一步来。所以，如果有些东西还理解不了，有些题目因能力所限还无法解决，有些考试还不能如你所愿，你不要着急，也不必烦躁，就如我常在你耳边念叨的那样："东家的花儿昨天开，西家的花儿今天开，我们家的花儿还没开。我不知道它什么时候开，但我相信有一天它一定会开！"你只管充满信心、专注痴迷地去做就是了，只管开心快乐地享受每一天的学习就是了。

"我要求你读书用功，不是因为我要你跟别人比成就，而是因为，我希望你将来会拥有选择的权利，选择有意义、有尊严的工作，而不是被迫谋生。"这也是我对你的期望，希望你用功读书，考上自己理想的高中。但这不是为了炫耀，而是希望你能找到更好的平台、向更优秀的人学习。你生活在一个快速发展、急剧变化的时代，这个时代有很多美好的新鲜事物，也充斥着焦虑、浮躁、世故与功利。希望你不要功利化地读书，能从学习中发现与创造潜能，通过各种方式评定自己的潜能发挥情况，知道自己存在的问题，尝试改变与控制自己的行为去解决问题。中考正给了你这样一个机会，希望你能很好地把握这个机会，好好磨炼自己，成就更美好的自己。宝贝，加油！我永远爱你，永远支持你！

妈妈

2015 年 4 月 25 日

第九章

2018 年 1 月

我告了妈妈一状(*⊙.⊙)

1月5日　星期五　降温了

吃晚饭的时候，若安横着眼对我说："我今天向黄妈告了你的状。"

"你告了我啥状？"我没好气儿地问。

她没有正面回答，反过来问："妈妈，你现在是不是每天在公众号上更新一篇文章呀？"

"基本吧，这与你向黄妈告我的状有啥关系？"

"今天黄妈找我谈话了，黄妈说，你可以抽空帮我学语文、政治和历史。"

"历史没问题呀，但我怎么可能帮你学语文和政治？而且我问过常阿姨了，她不建议我教你学语文。她说我写小文章还行，但毕竟学科不同，非专业人士就不要轻易尝试了。问题是，为什么黄妈会这样说呀？"

"因为我上次考试成绩不好呗，所以她觉得你可以帮我。"

2017年12月11日，我开通了自己的教育公众号，隔一两天便推出一篇文章。当级长三年，我在级报《铸剑》上开了"级长专栏"，每期发一篇教育方面的文章，日积月累，便有了不少。这些"宝贝"，都是我对教育最真切的感悟。为了能"造福"更多人，也为了给自己一点压力，趁着今年学校安排的工作相对轻松，我便利用闲暇时间，整理、修改、发布这些文章。这次月考若安考差了，可能黄妈认为这是我"重心转移"导致的，才"怂恿"若安要求我花更多时间去辅导她的功课。

思考了一会儿后，我对若安说："我觉得吧，你的学习只能靠你自己，别人是帮不来的。上次你在办公室告诉我，因为我太紧张你的成绩，所以你考试考不好。但其实是我太紧张还是你太在乎？我从来都不相信你会读不好书、考不好高考！这两件事让我有不好的感觉！不要将成绩下滑的原因推到我身上，我做什么与你的成绩没有必然联系。而且，我并不觉得放在你身上的时间不够，那些一直住在学校的同学，家长会放这么多时间到他们身上吗？"

我"噼里啪啦"一顿自我辩护，若安只有张口结舌和掉眼泪的份儿。我不想跟她发生冲突，便缓和了一下，说："历史没问题，你随时都可以找我。前天晚上我就问过你要不要评卷呀，但你说没时间。"

"那今天晚上，我拿试卷回来吧。"若安用手抹了抹眼泪。

晚修结束后，若安把历史试卷拿回来，我给她评讲。在历史这一科上，她的思维能力不错，但基础知识遗忘太多，语言表达不够精准，概括能力有待提高。这些问题是现阶段高三学生存在的普遍性问题，等二轮复习再过一遍，情况会得到很大改善，相信女儿过段时间会很好。

很多年前，兰姐姐对我说过，做班主任，不要总是"寻"学生的麻烦，学生有问题了，需要帮助了，自然会来找老师。我觉得她说得甚是在理：对学生是这样，对女儿也应该这样。考得不好不是关键，关键是她如何看待考试失利，从哪个方向归因，是否将事实泛化。现在若安对学习确实紧张了许多，也自觉了许多。既然她觉得我花在她身上的时间不够，那我就从辅导她的历史学习开始吧。虽然，我并不觉得自己会因为写些小文章而耽误了工作和对她的教育。

那天，在《读者》上偶然读到爱因斯坦的一句话，他说——

有两件事是无限的：宇宙、人类的愚蠢。而对于宇宙是否无限其实我还没有那么确定。

在自我认识这个方面，女儿可以算是愚蠢的了。她从来都不相信自己是优秀的、有能力的，并且表现出一副被外面的世界吓坏的样子，如小老鼠一般，躲在阴暗的角落。这个原本不自信的孩子，还被高考吓到半死。我愿意帮她，但也不能过多插手，否则她的能力发展不起来，就算看得见短暂成效，也不一定能换来最终的好结果。那些在高三盲目刷题的，那些一直依赖补习的，高考不见得有多好。虽然我跟她一起上高三，也教着她的课，但不能包办，要着眼未来，让她钻研出适合自己的方法并生发出无敌自信来。

高考而已，我就不信这个邪！让她清楚地认识事实是关键，改变她的认识也非常重要。首先要帮助她摆脱那些莫名其妙的恐惧，其次要脚踏实地、有针对性地解决她学习上存在的问题。为什么别人家的孩子那么省心？而我家这个看起来很乖很懂事的小屁孩却这么多事？真是烦死我了！

没规矩的数学补习班 d(*'ω'd*)

1月7日　星期日　阴

昨天周六，罗先生从英德学习回来，在微信上找到一个名为"头脑王者"的小游戏。一开始父女俩捧着手机挑战网络对手，随着等级越来越高、难度越来越大，我也加入战斗。尽管题目都是些常识，但若安无论是知识储备还是反应速度，都要胜过我和罗先生。果然"高三狗"才是知识最渊博的人，如果现在他们能参加公务员考试，估计所向披靡。一家三口依偎在一起，挑战了一关又一关，既学了知识，还把女儿哄得心情大好，真是不错。

周末是若安难得的补觉时间，昨晚她睡了9个小时，今天中午又睡了2个小时。下午罗先生先起床，从4点开始不停叫唤女儿，各种夸张、搞怪、威胁，但那个存心贪睡的孩子压根儿不给他任何回应。罗先生叫了十多分钟发现无效，就跑外面剪头发去了。半个小时后，我叫若安起床，一叫便醒，她洗漱完毕后开始写历史作业。等罗先生回家后，我故意在他面前炫耀，罗先生一脸无奈。今天中午在聚豪贤吃饭，我和若安一起欺负罗先生，他也是坦然受之。罗先生真的非常有爱，愿意给女儿还有我更多包容与接纳。感恩！

然而，估计我能成功"控制"若安的时间也不长了。今天早上9点，她有数学补习课。我8:20叫她起床，结果她不理我，见我叫急了，便说："平时都是8:30起床的，让我再睡会儿。"8:30后她起床、洗漱、吃早餐，去补习机构，果然又迟到了。还好她们这群补习班师生，不是你迟到就是我迟到，连老师也不例外，我也懒得管她了。

若安去补习之前，罗先生告诉她说中午在聚豪贤吃饭，让她上完课后自己走路去。若安边系鞋带边问："妈妈不去接我吗？"我说："你自己去不行呀？"不料这丫头竟然威胁我说："你不去接，我就不去吃饭。"估计因为有上次一家人一起走路去餐馆的"先例"，她这次便不愿意独自走路了。孩子果然"娇宠"不得！但想想去接她又有何妨，我便答应了，不过要求她带上电话以便联系。不想她"哼"了一声说："既然你去接我，我还带什么电话？"然后便飞也似的下楼了。

中午 12 点，我去补习班接若安，等了好久。这群补习班的师生非常好玩，看起来个个不靠谱，不是你迟到就是我迟到，但真正学起来，往往又忘了时间。好不容易等到若安跟另一个同学慢悠悠从补习班出来，我迎上去逗她："既不带电话又不守时，你要赔偿我的损失。"

"怎么赔偿呀？"女儿问。

"给我发 8.88 元红包。"我说。

"我没钱呀，不过，我可以问爸爸要，哈哈。"女儿又开始坏笑。

罗先生说，若安越来越像我，有想法有个性像我，顽皮像我，小气也像我。其实，她像我的地方还有很多，最遗憾的是，我没有给她良好的理科学习基因，所以从小到大，她都学得很辛苦。但愿上天保佑，若安能继续努力，越走越顺利。

抓到了"嫌疑犯"（￣o￣）

1 月 8 日　星期一　下雨了　降温了

今天吃晚饭，坐实了若安一个大秘密。

一开始我们在谈论若安的某个朋友，不知道怎么地，谈着谈着就谈到了班里的事情，我问她："你们班小黑怎么回事儿呀？昨天晚上的测试只有几分，历史 0 分。"

"可能他生病了吧，今天一天没上课，听说肚子有问题。这几天施源肚子也有问题，上吐下泻。"

191

"看在小黑对你这么好的份儿上，你就同情一下他吧。"我决定"讹"她一把，不想一"讹"就中，女儿立刻满脸通红，带着指责的语气问我："你是不是看过我的明信片了？"

"什么明信片？你觉得我是那种要偷看孩子日记呀、信笺呀、明信片之类的家长吗？"

"那你怎么知道是他？"

"我没说过是他呀，是你自己说的。"

"我什么时候说过是他？"

"刚才呀。"

看着女儿局促不安又无可奈何的样子，我决定缓和一下气氛："其实之前我压根没把他列入怀疑对象，我还以为他是欺负昊权的两大'坏蛋'之一呢。但有一天你告诉我，小黑跟你讲他比你高，我就知道应该是他了。还有更久以前，你说你在外面扫走廊，有个男生帮你，进去以后感觉班里有女生不爽，我就知道可以排除以前的怀疑对象了。以前我怀疑的那两个男生，不是那种愿意帮人扫地的人。怎么样？妈妈厉害吗？"

"嗯嗯。厉害。"女儿看着我，一脸羞涩。

"哈哈，以后我就把小黑当女婿来教？"

"不要！"女儿惊呼。

"我才不会做这赔本买卖，谁知道以后会怎样呢？问你呀，你那个谁？哦，'真矮'，对，'真矮'！他怎么样啦？那事过去了？"

"过去了吗？没有吧。"女儿又跟我打马虎眼。

"现在那'真矮'怎么样了呀？学习还好不？"我问。

"不知道呢。他们那三楼，已经被封禁了。"

"啊？为什么？"

"听说很多同学感冒发烧，所以那里是重灾区，老师不让我们去。"

为了缓解女儿的紧张情绪，闲聊了一会儿后，我便赶她回学校学习。之后，我洗完澡收拾好，回学校值晚班。在校园里碰上小芳老师，我借机问她："小黑这个学生怎么样？"

"小黑这孩子老实，做老公很好，做情人不行。"小芳老师说。可能感觉到这么说不合适，她立马纠正说："开个玩笑呢。"

小芳老师是不是知道什么，只是没告诉我？但这些事情也不好敞开了去谈，于是我说了句："在我看来，如果一个男人没有情趣，就基本不适合做老公了。人生苦短，得学会找乐子。"

有时候我觉得自己特别讨厌，或者是老话所说的"知女莫若母"，又或者是我跟高中生在一起太久了，还读了些教育学、心理学书籍的缘故，总之女儿有什么事情，不用她说，我基本一猜就中。这个"嫌疑犯"潜藏了很久，虽然女儿遮遮掩掩，但仍然被我"讹"了出来。也许对孩子来说，这不是什么好感觉。毕竟她也是接近成年的人了，在我这里却没什么秘密，就像刚出生的婴孩，赤裸、羞涩，可能还有一丝羞辱。以后对若安，一定要多留一些自主权，尊重她的身体和心理边界，哪怕自己感觉不好，或者担心什么的，也一定不要越界。

还好女儿并没有恋爱的痕迹，我也不需要过多关注。不过她对小黑，似乎没有以前反感了，又或者已经生出好感来也未可知。

一切随缘吧，现在最关键的，还是陪着女儿好好高考！加油，加油！

佛山一模考砸了 (ˊ^ˋ)

1 月 30 日　星期二　好冷

先写两个没想到：第一个没想到，再过两天，便是二月，若安的高三，只剩下四个月；第二个没想到，罗若安同学竟得流感发烧了。

若安小时候，身体特别强壮，红扑扑，肉嘟嘟。那时候我内心窃喜，以为她遗传了我的好体质。不想她慢慢长大，越长越高，不光骨架像极了罗先生，长相也跟我相差甚远，现在竟连体质也像她爸爸家的人。我悲伤地发现，她的体质没有我想象的好。最近的流行性感冒，她竟然没能抵挡住！小时候那个被我"当猪当狗"一样养的孩子，长大了还是不像我。这是命，得认！

佛山一模考试第一天晚上，若安回到家，说很累，全身肉痛。我说考试是这样的，先睡觉，睡一觉就好了，但她还是挣扎着学到 11 点多才睡觉。第二天中午，收到若安借同学手机发来的短信："老妈，我是你家可怜兮兮的狗呀，我觉得很不舒服，觉得很冷，咳嗽，全身很痛，晚修想请假可以吗？你下午能不能来找我（考完后）？还有文综好像考得不太好，你别生气。"看到问题严重，我打了个电话去若安宿舍，告诉她下午考完英语后立刻回家。若安回家后用体温计一量，高烧39℃多！于是这几天若安走上了跟病毒作斗争的日子，体温升上去，退下来，全身乏力，嗜睡……还好若安毕竟长大了，没有小时候那么脆弱，虽然发着高烧，却也只请了一天假。而这对搞笑的父女，为了战胜病毒，竟然去了三家医院。首先是第二人民医院，再是永安医院，最后是中医院。按照罗先生的说法，如果还不好，就要去第一人民医院，因为每家医院诊疗习惯不一样，开的药也不同。在几家医院的共同治疗下，若安竟没落下太多课程，尽管身体乏力，黑眼圈久久不散，但总算经受住了一场考验。

若安的高三，只剩下四个月了。这次佛山一模，因为生病的关系，若安考得很不理想。一模结束后，她请假一天，试卷评讲的效果不佳，但放假前一个星期她的学习状态还是不错。前天开始正式放寒假，若安开始了紧张的寒假复习，这两天她每天学习10小时以上，但我发现她的学习效率并不高。上周六晚上，若安做了两道历史文字题，竟然花了140分钟，而且完成质量也不怎么样！用她自己的话说就是，自己心里有事儿，不怎么想做。若安很容易被情绪影响，喜欢揽事来做，但能力又不强，有时候还容易犯傻，考试成绩忽高忽低，真是让我这当妈的担心。还好这两天她收拾好了心情，开始好好学习了。

爷爷来了 (@^_^@)

1月31日　星期三　依然好冷

前天的日子跟昨天一样。若安认真学习，我躺在床上看《琅琊榜》，罗先生像个陀螺一样做各种家务。

上周四，若安爷爷从湖南过来给我们送各种好吃的。家里多了个老人家，加上若安的堂哥梓豪，突然觉得好热闹。本来家有考生，家里是不合适住这么多人的，但若安心态出奇好，享受被一堆人娇宠的日子，学习也没有受到影响，真是不错。只是爷爷来了后，吃饭时又有了几分怪异、几分搞笑。爷爷宠爱孙辈，恨不得将所有好东西都给他们。于是每次吃饭，什么好吃的，爷爷都要夹给孙子、孙女，还想挪动盘子，将好吃的菜都端到孩子面前，甚至恨不得替孩子吃下去。如此场景，若安从小到大，已经上演无数次。到如今，孙辈们基本成年，而爷爷依然这样做，只让人觉得无语、无奈。梓豪可能"久经沙场"，知道怎么拒绝爷爷，但若安温厚，不忍让老人家难堪，每次爷爷夹菜过来，便端起碗老老实实接着，还觍着脸吃下去，场面简直让人不忍直视。爷爷奶奶带孩子，或多或少有些问题。梓豪刚到佛山时，我们便被告知，他特别挑食，这不吃那不吃，但我和罗先生都没有骄纵孩子的习惯，所以梓豪在佛山几年，硬是改了挑食的毛病。而爷爷对此茫然不知，还总念叨梓豪"咋哩（非常）挑食"，这不吃那不吃的，每念叨一次，孙子便在一旁反驳一次，我便在心里感慨一次。

　　曾经很多次，若安跟我们讲，她的亲人只有爸爸妈妈。当年我和罗先生义无反顾地离开湖南在广东安家，又舍不得若安离开自己跟爷爷奶奶住，导致她跟湖南的亲人们相处机会甚少，感情自然也受到影响。不说她，就算是我，跟亲人的距离（特别是心理距离）也越来越远。等若安高考结束后，得派她回湖南陪爷爷奶奶一段时间，顺便培养培养和亲人们的感情，学着种种菜、养养猪，增添点乡土气息。

第十章

2018 年 2 月

理解了她的唯唯诺诺 (￣▽￣)

2 月 1 日　星期四　天晴了

　　昨天是梓豪 19 岁生日，全家人一起点蜡烛、许愿、唱生日歌、切蛋糕……欢乐得很。

　　梓豪是若安的堂哥，原本我以为他跟我们的家庭生活不会有太多交集，不想这个留守儿童学业较差，初中毕业后来佛山上技校，正式进驻我家，一待三年半。

　　梓豪来佛山读书，学校是我帮他找的，也是若安强烈要求并欣然同意的。但梓豪来佛山后，给若安带来了不小的影响，尤其是在她的青春叛逆期。三年前的国庆节我带学生去日本，回来后在学校见到若安，她眼泪汪汪地对我说不想回家了。问原因，竟然是因为国庆节叔叔来了佛山。可能那段时间家里两个大男人对梓豪关注太多而稍微"忽略"了若安，让她有了强烈的心理不平衡感。此后大约一年时间，若安在情感上怎么都扭不过来，有一次还对罗先生大吼："你不要管我，你管你'儿子'去！"若安对梓豪态度的急转直下让我惊诧不已，还好我这些年关注心理学的东西比较多，知道她反应过激不对，但也尊重她的认知与感受。一个独生女，一个生下来就习惯了一家三口过小日子并被父母捧在手心里的孩子，是很难接受家里突然多出一个人的，而且这个人不光分去了父母对自己的爱，还被有意无意地拿来"烘托"自己的不好，这确实不是什么好感受。梓豪从小学到初中，父母都在深圳打工，这个被爷爷奶奶呵护长大的留守儿童，有留守儿童的辛酸也有留守儿童的问题。梓豪来佛山后，我和罗先生对他的教育几乎束手无策，重了不行，轻了不可，急不来也缓不得，既要关爱和教育他，又要考虑女儿的感受。几乎一年时间，我都在引导女儿怎么跟哥哥相处，怎么呵护和宽容哥哥，怎么珍惜难得的亲情，怎么给家人带来幸福与快乐。还好女儿逐渐长大，两个孩子也都本性温和，如今已能其乐融融地愉快相处了。

　　若安的青春期来得比别人晚，延续的时间也比较长，但她本性善良，还不至于给别人带来什么伤害。记得若安读初中时，由于数学成绩欠佳，罗先生施展他那超级无敌魅力为她讨来个"特殊补习"的机会，请到了他的同事祝老师给若安补习。祝老师是罗先生学校里数一数二的优秀数学教师，坦率、热情，不求报酬。祝老师的女儿李悦跟若安同校同级，因此便将两个小孩一块教，也不知究竟是谁做了谁的陪读。有一次我们请祝老师一家吃饭，饭桌上免不了谈起孩子的教育。中国人喜欢拿别人家的孩子对自己的孩子进行现场教育，祝老师也不例外。李悦颇有男孩子个性，沉迷日本动漫，祝老师对此很担心，言语之间免不了批判。为了"迎合"她，我也发表了对日本动漫的"批判性"看法。女儿在一旁看着，很是着急，为了避免李悦难堪，她及时阻止了妈妈们对日本动漫（某种程度上也是对李悦）的"围剿"，并高屋建瓴地"教育"我说："除去那些黄色场面，日本动漫还是有很多高明的地方的，国产动漫确实不如它。妈妈你只看过小丸子，所以你不懂，最近我正准备看部'日漫'来气气你呢！"

　　有时候，我特别喜欢女儿的灵性。今天早上吃早餐，爷爷又把他碗里的鸡蛋夹给女儿，我想要制止，看了爷爷一眼，说："您就自己吃吧，若安自己有。"女儿怕爷爷尴尬，用脚在桌子下猛踢我，我只得开个玩笑缓和气氛。对女儿的表现，我引以为豪，她的不拒绝，原来不是因为不想，而是因为不忍。

　　每带一班学生，第一堂课上做自我介绍，我都会跟学生讲丰子恺在《静观人生》中提到的他画画的故事。

　　有一回我画了一个人牵两只羊，画了两根绳子。有一位先生教我："绳子只要画一根。牵了一只羊，后面的都会跟来。"我恍悟自己阅历太少。后来留心观察，看见果然：前头牵了一只羊走，后面数十只羊都会跟去。无论走向屠场，没有一只羊肯离群众而另觅生路的。

　　后来看见鸭也如此……

　　牧羊的和赶鸭的就利用它们这模仿性，以完成他们自己的事业。

　　我常常希望自己，希望自己的学生，当然更希望自己的女儿，能拥有"独立之精神、自由之思想"，不随波逐流，不人云亦云，在茫茫人海中活出真我。有时候我觉得若安太过"骑墙"，唯唯诺诺，但仔细一想，她的行为背后都能找到清晰的逻辑脉络。不经过一番思考，有时还真难以体会到孩子的内心世界。如今我既然懂了，就随她去吧！

她又长高了 (ヅ·~_~.)ヅ

2 月 3 日　星期六　好冷

这段时间天气特别冷。本来前天已经回暖，但昨天又冷了回来。昨天晚上，若安的学习地点由房间挪到了客厅，因为在房间不能不开窗户，一开窗户冷风就"飕飕"地吹进来，影响学习效果。糟糕的是，我竟找不到衣服给她御寒。从读小学开始，若安穿得最多的是校服，加上广东天气温和，给她买的厚衣服本来就少。更恐怖的是，她又长高了！今天早上起床时，我给她找了一条稍微厚一点的裤子，结果竟然高过脚踝了！尽管现在已放寒假，但她学习忙碌，每天的学习任务都完不成，自然也没有时间去添置新衣服。这段时间的严寒，要围着火炉对付过去了。只是她每天上午出去补习数学，估计只能在寒风中瑟瑟发抖了！

不知道为何，别人家的女儿在青春期后不再长高，而我们家的孩子接近成年还在噌噌噌往上长。上次生病发烧后，我感觉她又长高了。昨天晚上，她拿把梳子让我给她梳头发，我站在她面前，感觉自己又矮了不少。等高考结束，压力没那么大，休息时间增多，加上她又喜欢运动，莫非真要长到 175 cm 不成？到那个时候，不光是我，连罗先生在她面前都要变成"小矮人"啦。那场面，简直不敢想象、不忍直视！

这几天罗先生带着若安踢足球、打羽毛球，回家后都得意扬扬，说女儿运动能力增强了，力气大了，协调性也好了。若安五个月的时候，我因为身体不好，将她托付给爷爷奶奶抚养了两个月，结果在这段时间内，她已经将学步车操控得灵活自如，后来慢慢便会走路了。没有了在地上"摸爬滚打"的锻炼，协调性自然不够好。若安小时候在幼儿园，无论是做操还是跳舞，都比其他同学慢半拍。好在罗先生是体育老师，对若安的运动训练循序渐进，到如今，她竟也不比别人家的娃儿差到哪里去。这个方面，要给罗先生点赞！

只是若安这"慢半拍"的习惯，不仅表现在运动上，也表现在心智和学习上。教育没有彩排，也不能重来，孩子的成长一晃而过，若是不能采取顺应其天性的教育方式，无论怎样竭蹶趋步，都无法取得想要的结果。因此，对若安，我一定要做好充分的思想准备，多一点耐性，多一些等待，不激进也不观望，尽心做事，静待花开！

视力差了，有白头发了 (O_O)

2 月 4 日　星期日　气温 5℃

昨天带若安配了副眼镜，看了场电影。进入高三后，她的视力直线下降，两只眼睛都要佩戴 300 度的镜片，有只眼睛还散光。配眼镜的妹妹说，之所以散光，就是因为眼镜度数不够，常常眯着眼睛看东西的结果。前段时间，若安的座位调到后面，我发现她上课总须扶着眼镜看黑板，才决定给她重配一副眼镜。中国的基础教育实在抓得太紧了，教室里的孩子，不戴眼镜者寥寥可数。进入高三后，许多孩子体重急剧增加。按照时髦的说法，胖是一种工伤，高三学生的辛苦，非亲身经历过的人是无法体会的。昨天上午，我发现若安头顶上有了好几根白发，心疼死了！但愿这折腾人的高考赶紧过去吧！

与一个即将成年的男孩谈人生（⌒）

2 月 5 日　星期一

若安成年礼前，我跟某某君有个约定，他给若安写封信，我给他儿子木木写封信，美其名曰"易子而教"。成年礼那天，若安收到了某某君的信，但我

200

爽约了。其实我本不想"耍赖"，只是不知为何，开了个头就写不下去了，只能跟某某君说抱歉。昨天晚上，带若安去看《无问西东》后，备受感动，于是文思泉涌，给木木写了一封长信。抄录如下——

亲爱的木木：

你好！

这本该是一封在成年礼时就写给你的信，可不知为何，当我提笔想写些什么时，却不知道写什么才好。尽管我是老师，陪伴过许多男孩长大，但在成年礼那么庄重的时刻，我突然发现自己对男生了解太少，因此不敢写、不能写，因为我不能简单粗暴、指手画脚地设计一个男孩的人生。因此，请原谅我的迟钝与拖延，我实在不能在自己一片混沌的状态下给你写一封未来人生指导的信。直到昨天，我看完电影《无问西东》，感受过四个大男孩的人生选择之后，我知道我可以写点什么了。

这部电影在今年1月12日上映，到现在已接近一个月，从不断攀升的票房收入可知，它深得观众喜爱。我想你来自那么文艺的家庭，应该已经在电影院感受过它的魅力了。如果还没看过的话，我强烈建议你去看看，可以跟父母一起，但最好是一个人。我觉得这部电影适合一个人静静地坐着看，去感受别人的故事带给自己的震撼与感动。好电影离不开大历史，没有近代中国的屈辱，没有抗战，没有"文革"，没有今天的快速发展，这部电影就不会这么深刻，电影中各类人物的选择也没有那么发人深省。历史是一面镜子，可以从不同侧面照出自己的人生。作为你的历史老师，我建议你在漫长的成年时光里，多读点历史书，多参观历史博物馆，多看些与历史有关的影视作品。学史可以明智，历史给人提供的智慧不仅可以拓展人生的维度，还可以帮助你理解重大社会变化。当生活遇到困难，当人生处于十字路口，历史或许可以帮你拨开迷雾，找到方向。

人们在某些时刻，特别是在你这样的年纪，容易陷入迷茫。电影里的吴岭澜、张果果，一开始都是迷茫的。吴岭澜是迷茫的，他是一个"实科生"，但物理考试不及格，当校长梅贻琦问他为什么要学"实科"时，他回答说，最好的学生都读"实科"，所以自己也读了"实科"，至于自己适不适合，读来做甚，他没有认真思考过。张果果是迷茫的，当他陷入职场潜规则、被上司设计

离职、对社会失望与怀疑时，当他听同事讲被捐助对象讹诈的旧事时，当自己捐助的"四胞胎"家长不断有求于他时，他便有被纠缠的苦恼，产生了厌恶与逃离心理。人生在世，容易受到周遭世界的影响，被各种似是而非、功利浮躁的观念所左右。我们容易随波逐流、迷失在纷纷扰扰的尘世间，拖着疲惫的身躯东奔西跑，与纷繁琐碎的生活中作困兽斗，最后只剩下支离破碎、面目全非的自己。电影里清华大学校长梅贻琦说，"人把自己置身于忙碌之中，有一种麻木的踏实，但丧失了真实。什么是真实？做什么，和谁在一起，你看到什么听到什么，有一种从心灵深处满溢出来的不懊悔也不羞耻的平和与喜悦"。我想，这样的民国风采、大家风度，值得我们追思、学习。梅贻琦曾经担任清华校长 18 年，有宝贵的教育经验，人们常常拿他那句"所谓大学者，非谓有大楼之谓也，有大师之谓也"来批评现在的大学建设，而我则非常喜欢他那句"人生不能离群，而自修不能无独"的警句。每个人的出身不同、境遇不一，都要独自面对自己的问题，成就自己独特的人生。别人，实在帮不了你什么。

亲爱的木木，我知道你现在处境不易，成绩不够好，高考留给你的时间也不够多，你既肩负着家人的希冀，又不想辜负了自己的青春，因此压力颇大。但我想以自己虚长的年岁告诉你，每个人的人生都可能面临这样的时刻，只不过有的人早有的人晚。世间名言警句万千，我却最喜欢孔子的那句"勿意，勿必，勿固，勿我"。这句话的意思是说，不要主观臆断，不能固执己见，能接受必然与大众选择，也允许有偶然与另类发展。一中曾经有一位师兄，他在读高三时，学业与家庭都陷入绝境，几乎可以说已经没有他的容身之所。走投无路的他跟我说想离开学校去部队锻炼几年，我同意了，也准备做点什么去帮助他达成愿望。但几个月后，缓过神来的他走上了艺考之路，还在短时期内进步神速，考上了中央戏剧学院。时间，是解决人生迷茫的良药。可能你觉得已经给了足够的耐性，却仍然找不到适合自己的路，但在我看来，只是你给的耐性依然不够。我很喜欢电影里所说的：愿你在被打击时，记起你的珍贵；愿你在迷茫时，坚信你的珍贵。在我的印象中，你是个非常好的孩子，虽然你学得很辛苦，但你仍在努力地跟上节奏；你经常被打击，但仍保持着那份淡定与恰如其分的礼貌。你的坦诚，你的沉稳，还有你那漂亮洒脱的钢笔字告诉我，你是块璞玉，虽然在应试教育的大环境下不能光芒四射，但总有一日，你会让世人看到你存在的价值。因此，我想借电影里的话给你第二个成年的期望，珍视自己，找到自己的兴趣与特长，找到合适的发展途径，相信自己，笃定前行。

这部电影还有一个方面深深地吸引着我，那就是"托底式"的爱情。电影中的王敏佳，受到政治因素的影响，被羞辱被殴打，虽然死里逃生，却也容颜不再。这个时候，陈鹏深情的告白与有效的帮助让她重燃希望。陈鹏对惊恐失措的王敏佳说："你别怕，我就是那个给你托底的人，我会跟你一起往下掉。不管掉得有多深，我都会在下面给你托着。我最怕的是，掉的时候你把我推开，不让我给你托着。"爱情是诗人的挚爱与才情所在，也是芸芸众生绕不开也推不掉的财富与责任。亲爱的木木，虽然高三不是恋爱的最好时机，但你的未来人生，必定会经历美好的爱情，找到一个可以陪伴你也需要你"托着"的人。一个人托起自己的人生不易，托起别人的人生更难，因此你既需要好好锤炼自己，让自己变强大、能做大事，也需要温暖他人，让自己更细腻、能做小事。在这部影片中，"托底式"的爱不仅表现在爱情上，也表现在纯粹的朋友、师生与亲子之爱上。沈光耀，这个文武双全、家世良好、乖巧孝顺的富家子弟，在国家危难之际，义无反顾地投笔从戎，成为一名光荣的飞行员，将青春热血挥洒在祖国的蓝天，留给家中慈母永远的荣耀与悲痛。我们很幸运地生活在和平年代，不需要在忠孝之间做出选择，但这也容易让我们流于平庸，轻贱了自己的生命。在我看来，你的父母聪明能干，很强大，但他们终究会老去，有朝一日也需要你"托底"。我这么说，不是想增加你的压力，而是想让你真切地了解生活的真实与残酷，希望你能努力地成长，成长成那个可以为家人"托底"、带给家人温暖与幸福的男子汉。

电影的末尾有一段独白说，如果提前了解了你们要面对的人生，不知你们是否还会有勇气前来？我觉得这句话过于悲观，它等于是在吓唬那些彷徨中的青春学子，如果你提前了解了你的中年——油腻、平庸、不成功，不知你是否有勇气、有能力改变自己的人生？人生不如意之事十有八九，但其美妙与可爱之处在于它的各种可能性，我们可以遵从自己的内心努力打造自己，创造出属于自己的奇迹。

世界很美好，世道很艰难。亲爱的木木，希望你在未来的日子里，坚强努力，静坐听雨，无问西东。祝福并深信你能拥有美好的人生！

春香

2018 年 2 月 6 日

寒假学习状态很好 b（￣▽￣）d

2月22日　星期四　下雨了

一晃大年初七。

很长时间不写陪读日志。不是因为懒，也不是因为琐碎，而是因为 26 天的寒假，每天都如此相似，就像"复制、粘贴"一般，相同的时间地点，相同的场景，相同的事情，实在没有每天撰写的必要。回望这 26 天，时间好像凝固了一般，积极、真实、安静。岁月静好，说的应该就是这样子的吧。

放寒假之前，我跟若安说，希望这个寒假她能好好学习，不要跟爸爸妈妈发生冲突。事实证明我是小人之心，若安的懂事与努力程度，远远超出我的想象。她每天早上 6 点多起床读书，晚上 11 点多睡觉，背政治、历史、地理，做英语听说训练，上数学辅导课，做各类试卷，更正答案，用电脑查询各种知识，一日三餐，跑步，打篮球，打羽毛球，踢足球……26 天的时间里，若安看了四场电影——《无问西东》《神秘巨星》《奇迹男孩》《忌日快乐》，除夕夜看了"春晚"，大年初一去中山拜会了巧玲阿姨与贾叔叔。除此之外，她所有的时间都用来学习了。有天上午若安做文综试卷，从 9 点到 11 点半，她一动不动地坐在书桌前，中间有一次我敲门进去问她要不要喝水，她都快速拒绝了，然后又沉醉于试题当中。寒假的日子就这样周而复始，若安一直在学海中徜徉。现在虽然看不到成果，但看到她如此努力，不管高考结果如何，我都能接受。我们家的孩子，好样的，妈妈为你点赞！

刚放寒假时，若安进入学习状态有点慢，每天能够完成的学习任务也不够多，但慢慢便快了起来，基本能在规定的时间完成试卷，英语的做题速度更快了。早上起来，当我还想跟她说点什么的时候，她就已经开始读政治了。一个寒假，她复习完了三本政治、三本历史，基本完成了英语和地理作业，超额完成了数学作业，虽然在语文上花的时间也不少，但还是没能完成老师规定的背诵任务，不过也已经非常了不起。更重要的是，她情绪稳定，心情愉悦。罗先生说，若安的脾气比以前温和了许多，无论我们怎么说她（调侃或批评），都不会生气。真是了不起的进步呀！可能单纯的环境更适合若安成长，更能带给她宁静与快乐。也许别人家的孩子不是这样，但我们家的女儿对复杂的环境缺乏足够的应对能力与技巧。今天吃早餐时，我告诉她说，开学后一定要保持现在的学习和生活状态，努力读书，不被周围环境影响，不见或少见带给自己负面情绪的人，不关注或少关注让自己分心的事情。她答应了，希望她能做到。这个方面，开学后我要多多关注。

我和罗先生的寒假，基本也是"复制、粘贴"模式。罗先生每天不辞辛劳，买菜、做饭、洗衣、拖地，大概有两个星期晚上还出去做裁判赚钱，真不容易。我基本都是查资料备课，整理以前写的文章，一有新思路便写一篇新的微信推文，到今天，已经积累了 54 篇，也算是个不小的"成就"。

若安依然顽皮。她读书的时候，经常要挡住我的路。我说："好狗不挡路。"她便扮可爱地"汪汪"或者装愤怒地"汪汪汪"。我和罗先生聊天时，她依然要插话，跟小时候一模一样。有次不知道聊到啥，罗先生说："看你也眉清目秀的，为什么读书时没人追呢？"结果那读书的人儿插嘴道："因为她没胸！"真是让人又好气又好笑。今天下午叫她起床时，我看到小健（我们家的布绒玩具狗，若安两岁时的生日礼物）也在被子里，正紧贴着若安的脸。明天若安就要满十八岁了，但在我心里，她似乎还是那个只有几岁的小女孩。

昨天晚上，罗先生坐在沙发上看电视，看了一会儿后，突然朝我眨巴眼睛，一副想哭的样子，说："我看到电视里别人家嫁女儿，一想起女儿以后要嫁出去，我就好舍不得。"我说："咱们不嫁女儿就好了，你这么舍不得，我们就招个上门女婿，为什么一定要将女儿嫁出去呢？"罗先生"哼"了一声，说："就你鬼主意多。"有时候，我感觉罗先生更感性，想得更长远。但给他这么一闹，我突然想起半年后女儿就要离家上大学去了，留给我陪伴、教育和引导她的时间已经很少，也不由得伤感起来。接下来的时间，我该好好珍惜、多多加油才是。

第十一章

2018 年 3 月

十八岁生日礼物是一场考试

3 月 3 日　星期六　阴

　　这段时间真是忙呀，短短一个星期似乎过了好几个月。

　　正月初八开学。这天刚好是若安 18 岁生日，三校联考成了她特殊的成年礼物。若是平时，真该买个蛋糕好好庆祝一下，但考试期间，若安特别忙碌，晚修后再吃蛋糕又太过油腻，对胃也不好，于是作罢。还好我们年前已经给她买了电脑和小苹果项链作为生日礼物，也算没有亏待她。

　　相对佛山一模，若安的三校联考成绩有点小进步，数学和英语正常，语文和文综欠佳。虽然整个寒假若安都在努力读书，但这并不意味着她一定能立刻取得好成绩。我相信，这段时间的努力一定能在以后达到好的效果。昨天上午第 3—5 节课，文科班进行文综测试，若安依然没能做完试卷，政治依然是薄弱学科。但可喜的是，她这次选择题成绩已经达到年级前 100 名。虽然之前她已经有好多次拿过更前的名次，有一次还是年级第七，但这次的前 100 名意义重大，因为这是她沉入谷底后的反弹，相信她可以在新的高度上继续前进。更可喜的是，她这次历史测试拿到了 89 分的好成绩，文字题的逻辑思维与表述能力有很大提升。看来，寒假读书还是有效果的。

　　其实，作为历史老师，我也可以随便多给她 1 分，让她考到 90 分，改卷松一点紧一点都没有关系，激励作用重大。但我突然想问问她的态度，于是问："你是想我给你 89 分还是 90 分？你自己选，你说多少我就给多少。"若安回答说随便。我说："既然你说随便，那就 89 吧。"其实她是很想得到 90 分的，拿着自己的试卷研究了很久后说："妈妈，最后一题你多扣了我一分。"我觉得好笑，便跟她分析多扣她一分的理由，并指出了她其他的一些问题。希望通过这件事，若安能够记住，"随便"并不能帮助自己得到想要的东西，也希望她能继续努力学习，争取高三历史能考次 90 分。

上星期二，若安跟随大部队去禅城区中心医院参加高考体检，有了跟一帮女孩"在陌生人（护士）面前脱衣服做奇怪动作"的体验。回来后若安向我抱怨说，身高测矮了，视力下降了，体重增加了。唉，高三真是最好的增肥剂！虽然她在高三后继续长高，但体重也以不可抑制的速度增加，体检显示有 59 公斤！真是"胖福无疆"呀！等高考结束后，一定要"苛刻"她，让她减掉 10 斤才是。

本学期若安有个可喜的改变，她已经不跟那个（2）班的"朋友"吃午饭了。今天吃晚饭时，我们谈到这个话题，我随口问她："刘小曼有祝你生日快乐吗？"

"没有呀，人家哪里会记得我。"若安皱了皱眉。

"你觉得她把你当朋友吗？上学期我们还送她耳机呢！"我说。

若安沉默了一会儿说："她只需要一个陪衬，需要有人观看她的表演，但我已经不想当她的观众了。以后吃饭能找到小芙、小蓉时，我就跟她们姐妹俩一起吃饭，找不到她们我就一个人吃饭。"

"你能这么做，很勇敢，为你点赞！其实你也可以找你们班的同学吃饭，比如陈曦，你们不是已经在一起吃过几次了吗？妈妈也不想干预你交朋友，但我反对你交那些带给你负能量的朋友。有研究表明，一个人能发展到什么程度，取决于他经常交往的五个人的平均发展水平。我觉得这是很有道理的，你自己好好反思一下吧。"

也不知道是我"刺激"了她还是她自己内心有很多感触，若安眼里竟闪着泪花。有时候，我家女儿傻乎乎搞不清楚状况，她为了别人，委屈自己的时候多。所以她的事情，还得我这个当妈的多为她筹划。顺着这个话题，我告诉她说："对于你的大学，什么学校，什么地点，我都没有什么想法，我只提一条，就是你一定要学一个不能混日子的专业，因为我不想你白白浪费四年美好的大学时光，我还等着你买大别墅给我住呢。"

女儿的眼睛开始发亮，问我："那是不是四年以后，我会比别人优秀很多？我觉得这是个好主意，我听你的。"

那么问题来了，大学什么专业最难读、最不好混日子呢？是时候了解了解这方面的情况了。

冲刺听说考试 =≡Σ⟨⟨(つ'ω')つ

3月5日 星期一 晴

　　高三第二学期的时间过得很快，每天都忙得像个陀螺，一天工作下来，感觉昨天离今天已经好远。可打开日历一看，离高考又近了几许，又感觉时间金贵，要好好把握。高考体检算是跟高考的最终约定，而两星期后的英语听说考试将是跟高考的第一次过招。

　　从初八开学到今天，一共 10 天。这段时间，若安晚修后回家，都捧着寒假没能读完的第四本政治课本"唧唧复唧唧"，但还是没能完成。昨天晚上，她已经开始为期两星期的晚修后听说训练，希望通过这段时间的强化能提高她的英语听说、表达、理解与思维能力。若安的英语听说高考成绩，估计在 14 分，发挥得好，可以冲 15 分，发挥得不好，可能掉到 13 分。分数不是重点，重点是她能完整走完全过程，熟悉高考流程，提高心理素质，养成遇事不慌、不出大错的良好素质。听说考好了，对 6 月份的高考将有莫大帮助。因此这段时间，我要打起万分精神。昨晚听若安做听说训练，我感觉她语调有些奇怪，她自己也有同感，还说要向英语老师寻求帮助。

　　为了方便若安学习，罗先生也是挺拼的。放寒假前，我跟他说，寒假是进行听说训练的黄金时期，寒假训练量足够，听说能力将提升不小。罗先生一听，二话不说，立刻从网上给女儿买了一台联想笔记本电脑，作为女儿成年礼的礼物。拿到电脑后，若安很是激动，使劲晃动我的胳膊："妈妈，我应该是我们班第一个拥有自己电脑的人吧？！爸爸什么时候变得这么大方了呀？"看着她傻乐的样子，我忍不住抛给她一个白眼："爸爸对你，不是什么时候都大方的吗？！"

　　今天升旗仪式，（19）班再次拿到文明班标兵，这次轮到若安上台领奖。升旗仪式结束后，花姐姐在微信群发了一张领奖照片，照片里的若安一脸严肃，似乎是别人"借了她大米还她小米"。看到照片，我简直笑到不行。这可是她期盼已久的领奖呀，结果却拍成这样，真是有趣。下课后若安来办公室，我把照片给她看。若安朝我吐了一下舌头，解释道："那么多人，我好害怕呀！"也是，3000 多名师生参加升旗仪式，她第一次登台领奖，估计也难笑得甜美。很高兴若安又经受住了一次考验。

英语听说考试 ٩((●.●))ۆ

3月17日　星期六　阴　

　　时间过得飞快，而我也忙碌得紧。两星期一晃而过，若安经历了全市联考和英语听说考试模拟考，今天，她就要参加高考英语听说考试了。

　　由于高考封场，高三学生全部搬到东区多功能室复习备考。若安的考试安排在下午最后一场，但集中时间是下午13:30，因此上午她在家里学习，11点吃午饭，小憩一会儿后去学校参加考试。

　　这段时间若安学习状态很棒，相当刻苦，做事速度也快了许多。刚开学时，我每天早上跟她一起回学校，但现在她已经嫌我走路太慢，遇上我要跟她一起走的时候，她就会不断催促我"走快点儿，走快点儿"，所以最近一个星期我都是放她"单飞"，我也乐得清净。若安每天早上的起床时间依然是雷打不动的6:10，下午放学后依旧坚持跑步，晚上回教室的时间基本是18:30，下晚修后立刻回家，进行英语听说训练。晚上我值班时，偶尔会观察一下若安的学习状态，感觉她挺专注、挺沉静，但课堂效率还有待提高。她还是太喜欢做笔记，跟老师跟得不够紧，因此失去了许多提升思维的机会，这方面要特别注意。

　　全市联考在本周二结束，若安的语文和文综有点小进步，英语排年级18名，但数学只考了81分，比年级平均分低了8分。这次数学题目相当难，80分的选择题和填空题若安得了65分，后面6个大题只得了16分，虽是遗憾，但也看到了希望。这次考试，她的年级排名是193名，比上次进步了40名左右。从排名来看并不如意（毕竟她曾经考过年级前100名呢），但若是从分数来看，我觉得不是什么大问题，因为总分比她高10分的学生，排名比她高了差不多50名。所以继续努力学习，解决学习中存在的问题就好。她的高考，已初现曙光！

　　前天打电话给补习班的"黄较瘦"，商量若安的数学学习，决定再给她补习两个月，时间定在每周六的晚上。这样一来，若安就完全没有大块时间用来休整，只剩下周六晚上数学补习后到周日早上 9 点这段可怜巴巴的时间，而这段时间我要让她用来好好睡觉，补充体力。这样的学习节奏，连看场电影的机会都没有了。但当我跟若安商量的时候，她又非常赞同。在她心里，高考还是最重要的。我喜欢这样的孩子，关键时刻掂量得清！有时候看她读书辛苦，我真的心疼，真想让她好好睡一觉，不要那么早起床，也不要那么晚睡觉，但我又想成全一个孩子的进取心。所以对若安来说，现在最重要的就是提高课堂效率，有针对性地解决存在的学习问题，不求高分，但求稳妥。

最近，我发现若安有两个趋势，不知是好是坏。第一，她对班里小黑的反感没那么强了。有一次不知怎么聊到小黑，她说，其实小黑是个好人，他跟（20）班的历史科代表是好朋友。若安知道我很喜欢（20）班的历史科代表，看她这意思，是希望我对小黑的看法能好一点儿。前几天（19）班按照年级安排，出 4 名同学在教学楼抓迟到。若安告诉我说，不知道是运气好还是怎么的，她被抽到了。但她又说，有可能是小黑故意的。总之，高二时，她偶尔还会提一提初中的暗恋对象"真矮"，但到高三已经绝口不提。她知道我喜欢她找高个子男生，有一次竟郑重其事地告诉我说，小黑站起来是比她高的。为了防止她关键时刻掉链子，我得表明自己的态度，因此某次吃饭时，我严肃地说："我把你生下来，不是为了让你成为什么人的依附，所以你要好好学习，使自己变成一个相当有本事的人。告诉你啊，进大学后两年内不准谈恋爱，不准找比你矮的，不要找跟你同年级的，最好找比你大几岁的，还有呀，那些不帅的、看起来很'鸡贼'的、家庭环境太差的，特别是读书不怎么好的，都不准找！趁这段时间我有空，得好好想想，给你制订个读大学的'三大纪律八项注意'！"若安听完后，一脸不屑，去罗先生那里装委屈："爸爸，你看你老婆！她自己的学生刚上大学就发朋友圈秀恩爱，对自己女儿却这么严格！"其实，她大学怎么样以后再说，至少在这几个月我得管住她，不能让她乱了心思，搞砸了高考。

第二，她越来越有主见（或者说"固执"）了。比如，今天的英语听说考试，学校规定 13:30 到西区大堂集中，但她一定要我 13:00 钟叫她起床。我说没必要那么早，但她说必须这么早，因为害怕迟到。我说从家里到学校不存在迟到，你是走路去，又不会塞车，但她坚持一定要 13:00 起床。看在她今天考试的份儿上，我便不跟她计较，给她定了 13:00 的闹钟，结果她一看到手机上的闹钟设置，立马咧开嘴笑了。我以为她这么关心时间是因为紧张的缘故，便陪着她躺在床上，不想不到 2 分钟，便听到了她小小的鼻鼾声。原来她不是因为紧张，只是要 13:00 起床而已。有时间观念固然不错，但太过了也未必是什么好事儿。

这段时间，班里学生常常说自己是"差生"，因为黄妈在数学课上批评他们，说他们连解三角形都不会。于是，当我在课堂上鼓励他们努力奋斗、相信自己的时候，学生就会抱怨说"我们是差生，我们不行的"。前天吃晚饭时，若安嘟囔着说："感觉我们不是黄妈亲生的！"但她感觉这个结论不对，立刻问我："妈妈，你觉得什么样的才是亲生的呀？"我说："亲生的就像我这样咯，打你、骂你、苛刻你呀。"于是她就不说话了。昨天午餐时见到黄妈，我跟她聊了聊这个事儿，黄妈很是生气，说："我鼓励了他们那么多，他们就只记得我说他们是差生了。这个时候，如果连三角形都不会解，又不肯承认自己差，想办法努力去赶上，高考怎么办呀？"这可能就是"00 后"的孩子——太有自己的想法，太过自信。如果不关注自己的学习问题，学习上一味"守成"，或许真是要碰个头破血流的。但我又不认同黄妈"差生"的说法，如果重点班的学生都是"差生"，那些学业落后的孩子，就真不知"差"到什么程度了？！

完全理想的教育环境是不存在的。在高考前的最后阶段，高三学生最重要的就是充满信心，寻找各种办法解决自己的学习问题。因此，若安，你要乖哟，好好听老师的话，跟上老师的节奏，加油！

高三只剩忙与累 (╯^╰)

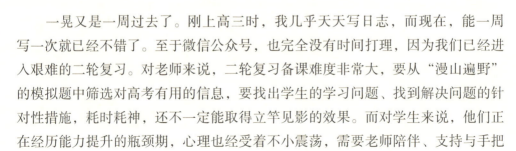

3 月 24 日　星期六　晴

一晃又是一周过去了。刚上高三时，我几乎天天写日志，而现在，能一周写一次就已经不错了。至于微信公众号，也完全没有时间打理，因为我们已经进入艰难的二轮复习。对老师来说，二轮复习备课难度非常大，要从"漫山遍野"的模拟题中筛选对高考有用的信息，要找出学生的学习问题、找到解决问题的针对性措施，耗时耗神，还不一定能取得立竿见影的效果。而对学生来说，他们正在经历能力提升的瓶颈期，心理也经受着不小震荡，需要老师陪伴、支持与手把手的引导。所以这段时间我忙得像个陀螺，晚上在办公室加班的次数越来越多，留给自己放松的时间也越来越少。有时候，我真希望自己拥有一台超级厉害的时光机，将这段日子安全地删除，一下子飞到六月——高考结束了，可以轻松享受假期了。

班里娃娃们的压力也不小，密集的测试，起伏的成绩，彼此之间的对比，教室里弥漫着紧张的气氛。前几天，若安说："有些同学太追求自己的优秀了，可能不太顾及其他人的感受。"高三让人变得敏感，但让我欣慰的是，若安情绪稳定。今天吃晚饭时，我告诉她，一定要沉住气，不能让任何人影响备考情绪，结果她"哼"了一声，说："谁？现在谁也影响不了我！"或许高三真的逼人成长，那些让她不快的人已经离她远去，现在的她，在一个简单的环境中，好好学习，天天向上。

被篮球砸到了ﾉ(*`･´*)ヽ

3 月 30 日　星期五　晴

昨天若安上体育课，右脸被篮球砸到了，虽然没有什么大碍，但亦让人心惊肉跳。进入高三后，她们班几个女生迷上了打篮球，但从小缺乏训练的女娃娃们，基本都是乱打，所以受伤的机会也多，不是戳到手指，就是伤到膝盖，或者被篮球砸到身体的某个部位。从小到大，若安似乎特别容易受伤，从来都是这里青一块那里紫一块，似乎就没有全好的时候。或许也是因为这样，她自己竟也习惯了。每次我心疼地摸她受伤的地方，她都会说："没事儿，只有一点点儿疼，死不了。"以前小磕小碰也就算了，但现在到了高考的关键时刻，可千万不能有啥事哟，因此每次她上学时，我都会说："下楼梯慢点，别扭到了。"她常常"嗯嗯"应付我，也不知道究竟做到了没有。

昨晚晚修后，若安趴在地板上写作业，我问她什么情况，她说："累了，但累趴了我也要学。"我听着甚是感动，于是拿本书，陪着她学习。昨晚做梦，我竟梦到若安用电脑设计了她和小黑的动画，而小黑也跟她一起玩"暧昧"！日有所思，夜有所梦，看来我对若安的高考还是相当在意的，担心她与小黑的那些小情感会影响她的高考，也觉得那个个子不高、模样不帅，还长了好多毛毛的小黑，是无论如何都配不上我那如花似玉的女儿的。哈哈，我这样的亲娘，怎会如此变态？！真是对不起别人家的孩子！

昨天换了些淡雅的鲜花，房间内暗香浮动。最近若安喜欢上了我买的鲜花，说如果教室里也有就好了。想起每年高考，媒体造势，家长变"疯"，各种求神拜佛，各种旗袍摆拍，不知给孩子们带来了多少压力。若真是有心，不如在孩子们艰苦奋斗时，做一顿美食，送一朵鲜花，给一个拥抱，来一句鼓励……

很庆幸若安的高三，有我一直陪伴，有各种神奇的体验，也有一种难得的心安。

第十二章

2018 年 4 月

有点焦虑了 :-(

昨天晚上的文综选择题合卷测试，若安的政治错了一半，只得了 24 分，比年级平均分低了十多分。晚上她回家，我问她怎么回事，她说挺难的。我说，年级平均分那么高，怎么会很难呢？她说她不知道。昨晚在办公室，我问了好几位政治老师，都说不难。我让若安把政治试卷拿来，开始一道道研究，加上要鹏在办公室，有不懂的便问他，我发现若安在材料阅读、审题、逻辑推理和基础知识上存在诸多问题。在我看来，政治试题的能力要求跟历史的差不多，我不懂为什么若安历史做得不错而政治却这样狼狈？要鹏说，她在一些关键知识上模糊不清，需要多背诵易混易错点，并将他整理出来的政治部分发给我打印。昨晚回到家，我跟若安分析政治试卷，首先提醒她一些注意事项，然后让她自己将全部试题重新研究分析一遍，效果不错。看来我这历史老师接下来要有第二职业了——当政治家庭教师。

昨晚吃晚饭时，若安说："不知道为什么，我现在只要听到黄妈讲话，就会觉得紧张。"

"为什么会觉得紧张？"

"不知道呀！她似乎都是在鼓励班里的同学，但我就是觉得紧张。"

"是你一个人觉得紧张，还是班里其他同学也觉得紧张？"

"可能就我一个人吧，黄妈说话的时候，其他同学都在笑。"

"其他同学在笑也不表明他们不紧张，你说你紧张也不表明你真的很紧张。作为班主任，黄妈肯定是想鞭策你们，因为班里有些同学没那么努力。但是你要明白，黄妈并不想增加你们的压力，而是希望你们能做得更好一些。"我开导若安。她的眼圈开始泛红。

"你是不是想哭？"我问。

若安不说话，眼泪滚了下来。

"现在备考进入白热化阶段，大家都在奋力拼搏，感觉紧张也是正常的。我们学校的同事都说我对工作要求高，是比较容易带给别人压力的人。我问你呀，你跟妈妈在一起有压力吗？"

"我跟你在一起没有压力，但不知道为什么跟黄妈在一起就是有压力。"

"有压力也不是什么坏事，给人施加压力的也不是坏人。黄妈是个率性的人，我很喜欢她的做事方式。我们现在的关键是清楚目标、知道方法。妈妈问你，你的目标是什么？"

若安低头不说话。

"你要明白你的目标是什么，知道自己要走向哪里，知道什么样的状态才能帮助自己实现目标。过分紧张、担忧只会让情况变得更糟。你知道最好的状态是专注做事，专注解决自己学习中的问题。多做事，少问为什么，然后问题自然就解决了。"

她继续沉默……

"你已经 18 岁了，长大了。妈妈相信你有能力调控好自己的情绪，我也相信你在学习上一定能做到最好。你已经长大了，我不想再给你一些无谓的表扬与安慰，我相信你的力量，相信你的素养！"

若安抬头看我，泪眼婆娑，真令人心疼。我将她拉过来，抱在怀里，轻拍了一会儿，说："想哭的时候就哭出来，哭完以后就要笑，现在，笑一个给我看。"

若安的左脸抽动了一下，神情奇怪。我觉得搞笑，憋不住，笑了，然后她就笑了。

我有些怀念寒假，只有一家三口，若安学习无比努力，心情又无比舒畅。而现在，除了辅导学习，我还要关注若安的情绪。学校究竟做了些什么，让孩子们的备考环境与心情变差了？而我，又曾经做过什么？这个问题，我得好好想想。

昨晚跟海鸥聊天，她说，若安就要高考了，她觉得紧张。我说我都不紧张，你紧张什么。她说因为在乎呀，看着若安这些年来这么努力，希望她能考个好大学呀。我说，可能我是"身在怕中不知怕"，只知道每天做事，备课、上课、改试卷、买菜、做饭、陪孩子，那些紧张甚至恐惧的情绪就随着一件件小事儿在时光中流逝了。希望接下来两个月，若安也能像我这样，让自己忙起来，忙而不乱，在解决一个又一个学习问题中获得飞跃。至于高考结果，就顺其自然吧！加油！

体验成功比高考宣誓更有效 ⌐￣‿￣)ﾞ

4 月 9 日　星期一　晴

前天学校举行了 60 天高考宣誓仪式，若安说她在疯狂起哄，尤其是看到"鸟儿"的麦克风发不出声来时，她像猪一样笑出声来了。这孩子，有些小坏，但不失可爱。

昨天下午放学，若安坐在客厅查看我刚改完的历史卷。可能她发现自己的分数相对较低，便闷闷不乐，吃饭时明显缺少倾诉欲，连笑容也看不到了。晚修回来，她却神奇地心情大好，还拿出昨天晚上新做的历史题要我讲解。我翻了一下，27 道题，她只错了 2 道。作为多年的学生管理者，我不怀疑高考 100 天或几十天宣誓的价值，因为它是激励，更是提醒，但对于奋战高考的孩子来说，相对高一点的分数与排名比宣誓更能提振信心。可靠的办法还是帮学生找出问题，指出方法，采取有效的措施帮助他们提升。

她的同学哭了 (ㅜ‸ㅜ)

4 月 10 日　星期二　晴

昨晚晚修我值班，先给几个学生评讲试卷，然后给小敏做心理辅导。

小敏很能干，会烘焙，会做各种美食，放学回家还做饭给父母吃，但她很不开心，因为她不想在高三这么忙碌的时候还要回家做饭，也不喜欢在跟妈妈说话时妈妈心不在焉，跟妈妈通电话时妈妈还会跟旁边的人说话。她希望父母能多关注她一点儿，但父母总是很忙，不光忙，还不了解她，不愿好好听她"吐槽"，也没有给她合适的回应与方法指导。说着说着，小敏就哭了。哭完后，她开始"声讨"那个凝聚力不强的班级以及某些同学的冷漠，还讲了许多事例给我听。这些，若安也曾经给我说过，从前我以为是若安太过敏感、苛刻，现在才知道这不是她一个人的感受。一个坐满了"学霸"的班级，不等于就是一个和谐温暖的班级，可能它符合绝大多数人的需要，但不一定符合少数个体的需要。而一个优秀的班集体，是应该关注到少数人的。

上学期成年礼，我跟小敏的妈妈深聊过，也提醒过她跟高三孩子相处要注意些什么，没想到这个忙碌的妈妈依然那么粗心。人到中年，要打拼、要实现自己的人生价值，要承担、要为老人孩子支撑起一个家，确实不容易。因为艰难，所以坚持，因为坚持，所以值得信赖，这样方能凸显"中年"的价值。但有的人选择了逃避、忽视，甚至伤害。小敏无非是要求父母多点关注与陪伴罢了，但他们竟然连这一点也做不到。这对家长，确实太粗心了。

晚上跟若安一起回家，聊起小敏寒假从学校学习回家要等很久才能吃到饭的事情，若安感慨道："那时我看她朋友圈里的'吐槽'，觉得她好可怜的。"

"怎么样？觉得爸爸妈妈对你好吧？"

"嗯嗯，还行。"

"什么还行？应该说很好。"

"嗯嗯，很好！"

"你这孩子，表扬一下爸妈就这么难吗？"

女儿"嘿嘿"坏笑。

有时候我觉得我和罗先生太过娇宠女儿。但一想到那些被父母忽略甚至伤害的孩子，又觉得我们对女儿的好一点儿都不过分。出来混，总是要还的。为人父母者，总得多考虑一下孩子的感受，在孩子最艰难的时候给予爱护与指导，否则便会出现情感疏离，甚至生发出怨怼与仇恨来。那些极端伦理悲剧，总可以在日常生活中找到因由。哪怕最善良的人，也会有表现出恶的时候。至于在什么时候，对什么人，达到什么程度，就要看压垮骆驼的最后一根稻草在什么时候出现了。

英语听说考试成绩不错 (o'▽'o)

4月27日　星期五　阴

前天晚上，高考英语听说考试可以查分了。我问若安："你查分吗？"她说不查，然后问："学校会发成绩单吗？"我说会。她说这样的话就不查了。我说："你不查就不查吧，但高考成绩也是要自己查的。"她坚持不查。我不懂她不查的理由是什么，是够沉稳、淡定，还是害怕面对成绩？在我看来，恐怕后者居多。

我想偷偷查一查以满足自己的好奇心，但不知道她的高考准考证号码，不想打扰她，还怕影响她晚上的睡眠，因此作罢。

昨天傍晚，若安放学回家，一进门就跟我说："妈妈，我查了听说考试成绩了，14分。"

"不错呀。我早跟你说了吧，英语听说考试的分数就是这样，你正常发挥，14分，运气好一点儿15分，运气不好13分。相信我，六月份的高考你也会正常发挥的。不过，你不是说不查成绩吗？"

"不查不行呀！黄妈说，查到了，有问题还可以报上去复查，所以小敏就帮我查了。"

我心里直发笑！带高三这么多届，从来没有哪个学生复查分数有效。因为阅卷情况不准查，电脑统计成绩，能查出什么问题？看来黄妈依然保持着一颗童心，对班里学生已经爱到骨子里去了。

好成绩带来了好心情，也带来了希望。昨天晚上若安的学习似乎更专注一些。前段时间佛山二模考试已经结束，她在年级排211名，几乎每个科目都是中等成绩，英语发挥不好。现在离高考只有40天时间了，我不祈祷有奇迹，只期待她能正常发挥，考个一般的重点，读个好一点儿的专业，至于其他的，就留给以后的时间努力奋斗吧。相信我的女儿，一定能拥有美好的人生。

昨天，一个朋友打电话给我，说她在衡山拜神，让我把若安的姓名与出生年月发给她，要帮我在菩萨那里点个卯。前段时间，女儿班级的家长群征集给孩子们的祝福语，家长们雄心勃勃，祝福孩子考"211""985"。我在感动的同时，又有些担忧个别同学，这些浓浓的祝福与美好的期待会不会成为他们前进的压力呢？这几天给学生评卷，女儿的好朋友陈曦拿着两张试卷在我那坐了好久，没问什么问题，也没聊什么。我怀疑她根本就不是要问什么学习问题，可能就是想在我那儿坐坐，听我说说话，告诉她情况还好，告诉她继续努力就好。

其实，在家长给孩子们写祝福语的时候，我也很想写一句："没有祝福出来的成绩，只有打拼出来的尊严。"这句话，我写给了我的 2017 届学生。虽然这一届的成功不是因为这句话，但学生也一定受到了触动，从而坚定了奋斗的信念。

当我默念这句话时，我也很想跟家有考生的高三家长说：这个时候，热腾腾的饭菜与温暖的怀抱胜过千言万语！相信孩子有能力面对与解决问题就好，做些琐事就好，不给孩子们添乱就好。因为教室里坐着的，本来就是远胜于我们的天才呀！大人们要学会安静一点！对孩子来说，大人们安静了，世界便安静了；世界安静了，孩子们便好了。

高考是要人脱层皮的呀：- O

4 月 28 日　星期六　雨

昨天晚上，若安哭了。

昨天的文综测试，她的历史选择题错了 6 道，只得了 24 分，而班级平均分是 37 分。我让她晚修后把试卷带回家，让她讲她的答题思路给我听。一开始的两道题还挺愉快，但讲到一道北宋政府滥发纸币的题时，她绷不住，哭了。题目如下——

北宋崇宁年间（1102—1106 年），政府成倍地扩大纸币发行量；大观元年（1107 年）改"交子"为"钱引"时，又"较天圣一界逾二十倍"，史称"不蓄本钱，而增造无艺"。北宋政府的这些做法

A. 有利于遏制经济危机　　　B. 增强了纸币的购买力

C. 加强了对经济的调控　　　D. 实则是国家与民争利

221

答案是 D，她选了 B。也不知她是被自己蠢哭了，还是不甘心，又或者是不满意我的态度（其实我不觉得自己的态度有多不好或者声音有多大），反正从这道题开始，她的眼泪就"吧嗒吧嗒"往下掉。等她哭了 3~5 分钟后，我问她要不要继续，她哽咽着点头，我就给她讲了一道比较难的题，然后又引导她自己往下讲，好不容易磕磕巴巴讲完了。我让她自己总结是什么问题，她一通分析，最后讲到一道与树有关的题，竟"噗嗤"一声笑了。题目如下——

罗马《十二铜表法》中的第八表规定："不法砍伐他人树木的，每棵均处 25 阿司（古代罗马货币单位）的罚金。"这说明当时罗马

A. 法律只保护富有者的利益　　　B. 注重培养公民的法律意识

C. 法律规定具有一定教条性　　　D. 公共利益高于私人的利益

我问："你笑啥呢？"她说："我哪知道一棵树也这么麻烦呀？""树有大有小，有上等黄花梨也有普通杉木，哪里能一律赔 25 块（阿司）呢？不是教条是什么？制定法律有利于建设法治社会，但法律意识的培养终究得靠宣传教育，怎么能选 B 呢？"女儿"哼哼"两声："考试的时候我就是没想到呀，能有什么办法呢？"我白了她一眼，说："就算你想不到树的问题，你也要想到法律意识培养途径的问题呀，还是你思考不够清晰。"女儿又咧开嘴笑了。

12 道选择题，一讲讲到晚上 11:30。送她上床睡觉，我说："高考是要人脱层皮的呀，希望你能记住今天晚上的泪水，继续努力奋斗。"若安说："眼泪呀什么的，我经常忘记，但我一定会记住今天这棵树。"

好吧，宝贝，你就记住这棵树吧。我经常跟学生说，年轻时流过的每一滴泪水，都会在成年后变成财富。希望你今天晚上的泪水，既是对自己考试不佳后的情绪发泄，又是对自己的一种激励。妈妈不强求你考上什么名校，但希望你能在高三学会怎么努力奋斗！我坚信，能刻苦学习的孩子，未来都不至于太差。

加油吧，孩子！祝福你能拥有美好的人生！

第十三章

2018 年 5 月

女孩该读什么专业？ wow~⊙o⊙

5月29日　星期二　晴

　　这个学期的时间，像闪电一样，"唰"的一声，消逝得无影无踪。而三个多月紧张的二轮复习——备课、上课、出卷、改卷、评讲、课后辅导、错题汇总等一堆一堆的事情，也让我忙得像个陀螺，甚至连周末都"贡献"出来改卷。在这种情况下，我基本没有时间写陪读日志，也没有心思管理我的公众号。公众号的文章写不写都无所谓，但若安高三第二学期的成长实况，也因紧张的工作而被我"遗忘"了，实乃遗憾。从5月19日到今天，若安已经"放羊吃草"（佛山一中对高考前学生自主复习阶段的戏称）11天了，我也顺利完成了黄妈布置的任务——给重点班学生多准备十套历史选择题。今天终于有了空闲，凭记忆写了一篇有关专业选择的文章《女孩该读什么专业？》。全文摘录如下——

　　女孩该读什么专业，这个问题一直困扰着我。

　　我家女儿比较晚熟，当其他孩子已经有明确的人生目标时，她还沉湎于一些鸡零狗碎的喜怒哀乐。但高考就那么严肃地横亘在不远处，要求所有孩子按照同一个时间表准时到达，然后分流，奔向各自不同的人生。

　　我问女儿，有想过大学读什么专业吗？

　　女儿望着我嘻嘻笑："啊……这个问题嘛，没认真想过。我也不知道该读什么专业，好难选呀……"

　　好吧，问了等于没问。于是我换个角度诱导："有些人压根不认真读大学呀，玩游戏、谈恋爱、逃课，怎么舒服怎么来，白白浪费四年大好时光。这个，你怎么看？"

　　"这也不能怪他们呀！谁不想过舒服的日子呀？问题是为什么他们还能混

到大学毕业呀？这与我们国家的大学管理体制有很大关系，别人宽进严出，我们严进宽出！"女儿天生"反骨"，总是语出惊人。

"可能吧，但有些专业真的很好混呀！比如我的历史专业，完全不读书也是可以毕业的！"我把问题又拉了回来。

"嗯嗯！那就不要读这样的专业了！像我这样的人，从小到大都在'母上大人'您的严格管理之下，我害怕自己到大学后管不住自己！"小姑娘终于说了句靠谱的话。

"那你究竟想读什么呀？"我问。

"那就读个难读点的专业呗！"女儿将皮球踢还给我。

嗯嗯！这未尝不是个好思路！那么问题来了，大学哪些专业最难读呢？我立刻打开百度，翻到了一篇名为《大学什么专业最难学？这十大专业当之无愧》的文章。文章列出了大学最难学的十类专业，包括土木工程、物理学、机械设计制造及自动化、计算机类、临床医学、金融学、会计、小语种、法学、哲学。前五类专业只招理科生，女儿这种文科小萌妹连门儿都没有。金融和会计要与数学打交道，但女儿早就宣誓高中毕业后就要跟数学"再也不见"。如此只剩下小语种、法学与哲学三个专业：小语种适应范围窄；法学是多年就业的"红牌"专业；至于哲学嘛，苏格拉底死之前还欠邻居一只鸡呢，想想都凄凉，还是算了吧！

被挫败的我急于寻找一个答案，于是请教曾经的学生、如今大学校园里的天之骄子。结果小伙伴们纷纷吐槽：学金融的说学数学学到想哭；学中文的说训诂学超级"变态"；学计算机的问我是否知道"码农"；学工程的问小师妹会画画吗；而学医学的竟然想告诉我，人体有多少块骨头，每块骨头分别叫什么名字……

好吧，好吧，此路亦是不通，我只好再次转换思路，将希望寄托在那些功成名就的老朋友身上。

我先问了一个企业的老总。我说："你手下那么多精兵强将，麻烦你从就业出路、社会需求的角度告诉我，我女儿大学读什么专业才好呀？"他热情地给我介绍了自己企业的人才招聘、薪资水平以及专业发展情况，最后竟给出以下温馨提示："个人觉得嘛，女孩子，就不要那么辛苦了，读个人力资源管理什么的，坐坐办公室，轻松一点儿就好了。"

这个观点从我两个高中同学（都是大学教授）那里得到了高度认可，而那个正从事人力资源研究的大学同学说得更是直白："也不是说我歧视女孩子，但她们终究会被放到那个位置上去，结婚、生子、养育下一代，这是现实，没法逃避的。"

这时候，估计只有"嘴上笑嘻嘻，心里放狗屁"才能形容我听到这些"奇思妙想"后的心情。各位亲爱的老哥，二十一世纪都差不多过去五分之一了，你们怎么还能要求女孩子安心在家生孩子、养孩子、为男人服务一生呢？难道生孩子、养孩子、围着厨房转就一定轻松愉快吗？而且就算女孩愿意，你们就能保证她有那么好的运气能在人老珠黄时不被男人抛弃吗？就算男人有点良心、懂得"糟糠之妻不下堂"的道理，你们又如何评价那些想甩掉"渣男"却又被生活所困而选择苟且的女人的人生？

郁闷的我只得向罗先生求救。结果这个"女儿奴"想都没想，几句话脱口而出："教书呀，教书多好，你看你，白白胖胖的，日子过得多滋润！"被震惊的我几乎崩溃：你可真是亲爹呀！但你又能保证女儿真的愿意过我这种一眼能望到头的日子吗？如果你再自恋一点，是不是要建议在你心中长得比白雪公主还漂亮的女儿去做"范冰冰"，还"牛哄哄"地向全世界宣告自己就是豪门呢？

灰头土脸的我只得深情凝望那还在奋力冲刺高考的孩子，悲从中来："娃呀，你妈对不起你，你妈没本事，没王位给你继承，没企业让你守成，甚至连一亩三分薄地都没有，城市套路深，你也回不了农村！"人生不容易，世界也不怀好意，拜托你快点长大、快点懂事吧！

这篇只有1700字的小文章放到公众号上，引发了各路朋友热议。

在若安最喜欢的法律专业方面，有个在西南政法大学读书的学生说，法律虽然是红牌，但只要过了司法考试，出路还是很多的，当然再读个研就更好啦！另一个法学专业的学生这样说道："从一开始很抗拒法学，到现在有点喜欢。其实法学也不是大家想的那样要背很多法条，我们也要学经济学、社会学等课程。法学其实跟大家想象中的有很大不同。每门专业课都跟现实有很强的联系，知道世界的丑恶和灿烂。未来的话，如果是普通的公务员，就比较没有专业性；如果是公检法单位的公务员和律师，就需要继续好好学习法律知识；或者去做法务，也可以好好钻研合同法之类的知识。"已经从中国政法大学毕业并从事法务工作的黎旭提醒我说："平稳发展'公检法'，吃苦耐劳女律师，法学不好混呐。"读着这三个学生的留言，我对法学专业的粗浅印象是，虽然读起来辛苦，找工作也不容易，但专业性强，适应面广，也能更好地服务社会。估计到最后，若安会选择法学作为她未来的发展方向。

有人说小语种也不错："学小语种未必不是一个出路。的确，小语种出来后可能就只能从事翻译、同声传译、文化研究、外语教育等工作，但如果能够在大学阶段培养自己对新媒体运营、金融外贸、工商管理等专业学科的兴趣，就相当于是给自己的技能加成。当前市场格局下要求的人才不是独专于一个技能领域的，'斜杠青年'反倒更吃香，一个学外语辅修经管专业的大学生相比经管专业的大学生在外企会更受人力资源部门的喜欢。"若安有些语言天赋，语言类专业也可以作为一个备选项。

在中国人民公安大学读书的李雄攀说："来当警察。"我倒是想送女儿去军事院校锻炼来着，但她那可怜巴巴的视力，怎么能过得了体检关？给眼睛做手术？还是算了吧。

有的家长说："你女儿善良单纯，学校环境比外面简单，做老师适合她。至于白胖或黑瘦不用你操心，人家是美人胚子。"好吧好吧，虽然若安长得还不错，但我真不指望她靠颜值吃饭。记得若安曾经恶狠狠地对我说过："为什么别人总觉得我未来一定会做老师？凭什么我父母是老师，我就必须做老师？难道我就不能干点别的？！"所以，就算罗先生强烈要求，师范类大学也只能排在志愿的最后。

有个朋友说："父母可以帮孩子搜集资料，分析利弊，但最终的选择权最好还是交到孩子手上。我的父母就是这么做的，我到现在都很感激他们。过了十八岁，就是成年人了，要学会自己拿主意，并为自己的选择负责。如果孩子没有主见，父母更应该放手让孩子学习做决定，而不是孩子没主意就替他拿主意。在工作中，我遇到一些大学生，以专业是父母选的、自己不感兴趣为由，埋怨父母，整天浑浑噩噩，甚至最后得了抑郁症，要转学、退学。很可惜，他们都是因为一没学会自己拿主意，二没学会为自己的选择负责（让父母替自己拿主意也是一种选择）。请起码不要让孩子在以后后悔时怨恨父母。"我觉得他的说法最合我意。在就读城市、大学类别与专业发展上，我可以给若安提供信息，但最后做决定的必须是她。

　　除了上述观点、建议，还有许多人谈到就读城市、兴趣培养、社会现状及其对女性的歧视等，帮我打开了视野。由于留言很多，纷繁复杂，骆姐姐生怕我受骗上当，还给出了这样的温馨提示："你们两口子一直待在象牙塔里，千万不要太理想主义。很多人是干一行恨一行的，就不要参考了。学什么专业，还得首先看咱的孩子喜欢做什么，擅长做什么。"我觉得她的提醒很是靠谱，这也正是我将这么一个"私人问题"抛到公众号的初衷，因为我害怕自己被经历和视野所限，耽误了若安的前途。有了这篇文章，还有后面几千字的评论，相信能给若安的未来选择提供专业参考了。

被低估的女孩 ٩(>u<)۶

5月30日　星期三　晴

　　昨天对我来说，是头脑"爆炸"的一天。公众号上的文章引发热议，也引起了我对女孩成长的思考。"人生不容易，世界也不怀好意"，女性该如何谋生和谋爱？如何突破家庭与社会的重重包围，走出一条适合自己的路？今天，趁着学生自主学习的大好机会，我草成了《被低估的女孩》一文，抄录如下——

　　写这个主题很危险，因为随时都可能被扣上"女权主义者"的帽子，"好老师"人设从此坍塌，"强悍""专制""没有女人味"等富有攻击力的词语就将像鬼魅一样与我如影相随。事实上，尽管我没有能力也没有勇气做女权主义者，但我对女权主义者抱有无限崇敬，因为她们在根深蒂固的男权社会里，历经孤立、打击与痛苦挣扎后，还能不忘初心，跟粗暴无理的歧视、僵硬可怕的制度作艰苦卓绝的斗争。再申明一下，我从小在男人的世界泡大，喜欢男性也崇拜男性，对个人发展非常满意，对人民教师这一职业甘之如饴，但也正是人民教师这个身份，让我不能不为女孩代言，希望全社会都能正视女孩发展这一重大命题。

　　先讲两个故事。

　　第一个应该是两个女孩的故事。我有两个堂姐，婚姻都不太幸福。大姐出生在"文革"初期，胆小懦弱，加上我家政治成分不好，大姐从读小学开始，就被当成万恶的"地主崽子"，上学和放学路上经常被同学围堵打骂。大姐不堪欺辱，坚持几年后，便辍学回家了。等她长到十七八岁，伯父便给她张罗人家，将她嫁给了隔壁村一个父母离异的穷苦孩子。那时我还是个小屁孩，不懂爱情、婚姻为何物，但伯父有句话让我至今记忆犹新，他说："现在这样子很好了，总比嫁给'二醒子'强！""二醒子"是我大姑妈家的二表哥，其实也没啥不好，就是偶尔犯点小傻。二姐的情况比大姐好很多，她是家里的"老满"，读书好，人也泼辣，是兄弟姐妹中最厉害的那个。但不知为何，在婚姻大事上，她始终没能拗过我伯父。那时二姐正跟她的同学、一个帅气的"兵哥哥"谈恋爱，但伯父死活不同意，硬是逼迫二姐嫁给了一个她不喜欢的人。后来二姐离婚，一个人在外漂泊多年。有一次，我跟伯父聊起这桩陈年旧事，问他当年究竟为什么反对二姐自由恋爱。伯父说："你姐那个兵哥哥家里是当村干部的，他自己又是军人出身，我们这样的家庭哪里配得上他咯。女孩子嫁人，一定不能找家庭情况比娘家好的人，否则在婆家抬不起头，又哪来的婚姻幸福？"伯父的回答让我一时语塞。或者在他那里，女孩只能"下嫁"不能"上嫁"，而且无论"上嫁""下嫁"，女孩子终归是要嫁出去的，"嫁出去的女泼出去的水"，未来生活怎样得看自己的造化，与娘家没有关系。所以伯父对大姐，只要嫁的人不傻就可以了，而二姐，原本可以创造属于自己的美好生活，但伯父硬是活生生斩断了她通往幸福的道路。

从前有个学生叫余经七，是家里的第七个男孩。但他并不是今天文章的主角，我之所以要提他是想说明我从前工作的粤东某县重男轻女的思想有多厉害。我的第二个故事的主人公叫小雅，是我工作第二年所带初一（8）班的班长，是个聪明伶俐的小女孩，学习成绩特别好。除了成绩好之外，她还有其他孩子所没有的成熟与稳重，乖巧、懂事又能干，我对她是要多喜欢就有多喜欢，也给了这个在我看来前途无量的孩子很多锻炼机会。初一结束后，我被学校调到高中部任教，开学后不久就听以前的学生说小雅没读书了。惊愕的我立刻奔往小雅家，想劝她父母让小雅重返学校。不料她父亲避而不见，直到我第三次上门时才沉着脸跟我说了一会儿话。我说："小雅天资聪颖，是读书的好苗苗，您千万别耽误她的前程了。"小雅父亲说："我家家庭情况不好，供不起四个孩子读书。"我说我去找学校想想办法，看看能不能减免学费。小雅父亲说："要学校减免学费，我在这个地方还有面子吗？"我说："要不我资助小雅部分学费，您看行不？"小雅父亲果断地拒绝了我："莫老师，跟您说实话，我们也不是真送不起，但我们这里的女孩子初中毕业后，一般都会去工厂打工赚钱，然后结婚嫁人。就算小雅读完初中，也没可能读高中，所以她迟早都是要出来打工的。现在我有个亲戚在电子厂，能将小雅弄进去，这是个难得的机会。而且，早两年晚两年上班，也没多大区别，您说呢？"面对如此巧舌如簧又专制蛮横的父亲，年轻的我竟无言以对，只能"夹着尾巴"落荒而逃。

这些年，宝莱坞电影强势挺进中国，《三傻大闹宝莱坞》《摔跤吧，爸爸》《神秘巨星》等在中国吸金无数，特别是演员、导演兼制片人阿米尔·汗的几部电影，部部精品，以正能量、现实性、娱乐性在中国"圈粉"无数。《时代周刊》将阿米尔·汗评选为 2013 年"全球百大影响力人物"，并以《印度的良心：一个演员能否改变一个国家》为题，撰写有关他的专题报道。为什么阿米尔·汗的电影有这么大的魅力？最主要的原因是他有勇气直面印度社会问题，包括教育制度、非法堕胎女婴、儿童性骚扰、女性教育等，特别是《神秘巨星》对女孩教育的探讨，在印度与中国社会引起了广泛共鸣。《神秘巨星》里的爸爸法鲁克，不能说是坏人，毕竟他为了养活一家人而常年在外奔波。但我们也不能因此就认为他是个好父亲，至少他不是个开明睿智和拥有长远眼光的父亲。他禁止有音乐天赋的女儿尹希娅玩音乐，只准她好好读书挣个好文凭，以便将来嫁个好人家，为此他当着孩子的面挑断了她的吉他弦，将孩子用来制作音乐视频的电脑从楼上扔下去摔得粉碎；他没征得女儿同意便准备将女儿嫁给一个从未谋面的穆斯林，还当着女儿的面家暴妻子……在这个印度男人心中，妻子的现在就是女儿的未来，他的任务便是将女儿的未来打造成妻子现在的样子。可能他从来就没有想过，除了嫁人生子这一条路，女儿还可以有另外一条路，或者几条路，甚至无数条路。从这个方面来说，我特别佩服美国那个"满嘴跑火车"的"大嘴巴"特朗普，尽管他财力无限、能够给子女提供无限的发展未来，这些非普通家庭所能企及，但并不是所有具备类似条件的家庭都能把孩子培养成社会精英。尤其是特朗普的大女儿伊万卡，她在很小的时候就坐在爸爸办公桌旁，一边看爸爸建真实的大楼，一边用乐高搭自己梦想中的小楼。如今，不招人待见的特朗普当了美国总统，而美国媒体也预测伊万卡或将成为美国未来首位女总统。

还好中国现在对女性的歧视没有印度那么严重，当然女孩们也别想拥有

"美国第一女儿"那种一路开挂的人生。我写这篇文章的目的不是想要回到母系社会，我只是想提醒天下父母：女孩跟男孩一样，都是上天赐予的礼物，做父母的要用培养男孩一样的精力、财力与期望值去培养女孩，要发现女孩的潜力，给予女孩选择的自由与发展的可能性，并尽最大的努力帮助女孩克服困难，以获得跟她天资相适应的成就；而不是在女孩发展的关键期，将社会对女孩的固化形象与要求强加在女孩身上，告诉女孩本该怎样怎样，社会怎么阴险，发展怎么艰难，女孩的能力怎么低下，所以就承认现实，安于现状，听从爸妈的安排吧。对女孩来说，最残忍的恐怕不是社会的残忍，而是父母以爱之名剥夺了她选择与发展的可能性。就算将来女孩要成为世人所期待的养育机器、男人附庸，也得是女孩自己心甘情愿的选择而不是基于谁谁谁的诱导或者逼迫。

毕竟你要承认，父母是过去时代的人，孩子是未来时代的人，过去时代的人不能也不该左右未来时代的人的人生。

"临门一脚"伤到"脚趾头"了/(ToT)/

5 月 31 日　星期四　晴，好热

前几天，兰姐姐问我若安学习状态如何，我告诉她，只愿今天跟昨天一样，明天跟今天一样，若安能平稳高考完毕，安稳进入下一阶段。谁料昨天的"临门一脚"，将这种渺小的期待变成了奢望，我知道自己还有一场硬仗要打。

佛山一中最后一场"非正式考试"，被戏称为"临门一脚"，意思是说，学生离大学仅一门之隔，只差这轻轻一脚了，踹完这一脚就万事大吉了。因此这也是一场鼓舞信心的考试，难度一般比高考低很多。学校也没有硬性规定要批改试卷，有的老师选择改，有的老师选择不改，有的老师选择部分改，就算改，给的分一般也比较高。总之要让学生感觉自己很厉害，自己应对高考已经是小菜一碟，只需要去考场走一圈就可以了。只是万万没想到，这次"临门一脚"的数学，不是轻轻松松、简简单单的一脚，而是非常艰难的一脚。若安用力一"踹"，伤到"脚趾头"了。

下午若安考完数学回家，我问她感觉怎么样。她皱了一下眉，说："我想爆粗！"我问："很难吗？"她"嗯"了一声。我问："其他人也这么感觉吗？"她说："普通班同学都感觉很难，我们班的学霸们笑着说好难啊……"我说："是不是基本不会动笔呀？"她说也不是，选填应该还可以，但后面的大题好多都不会。看着女儿情绪低落，我飞舞三寸不烂之舌，给她做思想动员，强调三点：第一，既然老师们将这些题目作为考前的最后训练，一定是他们研究的结果，所以考后每道题都要会做；第二，要学会判断这些题目跟高考题之间的差距，高考前的最后几天要将时间重点放在高考真题的研究上；第三，不管考得怎样，它毕竟不是高考，跟平时一次普通训练没有任何差别，因此，要调节心理状态，不要急躁，不要因此影响明天的考试和接下来的自主复习。

女儿点头称是，但我知道问题并没有解决。如果这么轻描淡写几句，就能解决一次考试对她的心理冲击，那她就不是罗若安了。

晚上若安回家，做我印发的 12 道历史选择题，错了 5 道，要我给她讲解。其中有几道是中等难度的材料阅读题，以她的能力，是能做出来的，但由于她心慌意乱、心浮气躁，根本没有关注到关键信息。给她讲第三题时，她已经有些许不耐烦；讲第四题时，滚落了几滴泪。我想缓和一下气氛，讲第五题时便想先举个鲜活的例子，结果她开始凶我说："你能不能快点？"弄得我火冒三丈。我反问她："快点干吗？快点能让你理解清楚吗？你情绪这么恶劣，讲什么讲？道理都跟你讲清楚了，你还是这样，有用吗？都这么大人了，遇上屁大点事，就这么不冷静！"若安无言以对，眼泪继续往下滚。

这时，我的"猪队友""女儿奴"——罗先生站出来"护犊子"了："行了，行了，别说了！"我正在火头上，立马将火势蔓延到他身上："平时你也不管，高考你也不懂，这个时候别说话！"然后回头吼了女儿一句，"哭什么哭！遇到什么事情，你除了哭，还有什么解决办法没有？！"于是那委屈的人儿哭得更厉害了……

好吧，好吧，这个时候，我就怕你不哭呢，哭出来，你的情绪就宣泄完毕，问题就好解决了。哭了一会儿，若安拍了一下试卷，说："你！快点儿！给我讲完！讲完我要睡觉！"我忍不住调侃她："还讲呀？认真听不？"

"哎呀，你少啰唆啦，快点讲啦！"

于是我三下两下讲完历史题，若安洗漱后上床睡觉。我躺在她床上，摸了摸她的头，捏了捏她的手，还抱她在怀里，拍了好久的背，又跟她讲了很久的话，直到 12 点，她才沉沉睡去。我在若安床上又躺了一会儿，她果然睡得不太安稳，于是又在她背上拍了一阵，才回到自己房间。此时，我的"猪队友"正幸福地打着小鼾，而我竟怎么也睡不着了。高考犹如一场大战，不光对孩子，对家长亦是。我天天陪着女儿，知晓备考全过程的点点滴滴，尽管心里有数，却也无法波澜不惊。可怜其他家长，不知有几多担心几多不眠夜。

真是作孽咯……

第十四章

2018 年 6 月

考前刷马桶 (o'▽ °o)

6 月 1 日　星期五　中午下暴雨，但依然炎热

　　昨天折腾了一天，我今天感觉昏昏沉沉的，上午监考、协监，不用进教室，可以走来走去。于是，跟办公室几个文科班班主任聊天。他们都说昨天的数学太难了，很多学生受到了打击。老龚说班里一个学生昨天晚上跟她聊了一两个小时，一半时间聊地理，一半时间聊数学考试。我问她那个学生哭了没有，她说没哭，但她很希望学生能哭。我跟她讲了若安的情况，说若安情绪也很不好。老龚问，那你"撩"她哭了没？我说"撩"了，若安还哭了好久，只是"撩"的方式有些残忍。老龚笑了，说："反正这个时候，哭出来总比憋在心里强，你是这方面的高手，结果才是重点，至于方法，只要不太过火，还是可以接受的。"

　　你看，你看，这才是"专业队友"该有的样子嘛！而我的"猪队友"罗先生，也不知道出于什么目的，竟然给我发了六块一毛钱红包，难道就因为今天是六一儿童节？简直让我哭笑不得！但他如此有心，我怎能拂了他的好意？于是，我耐心地在微信里跟他解释："昨天是故意骂女儿呢，她情绪积压，必须要哭出来才行。结果你在旁边插嘴护犊子，很烦呀！你知道不？"罗先生委屈地回答："她哭，你又不让她哭！"我基本无语："你要先不准她哭，然后她才能哭得出来！高考又不是请客送礼，必须得流血、流泪、流汗呀！女儿我也有份，难道我动不得吗？"罗先生知道这个时候最好别惹我，便立刻从微信里消失了。

　　今天继续"临门一脚"的文综和英语考试。早上回到办公室，我发现若安在我的办公桌上放了篇英语作文，便拿去隔壁办公室请佳宁姐姐帮忙批改，而佳宁也很快改完，于是我立刻送去教室还给女儿，顺便观察她的情况。我看到

她虽然有些累，但情绪稳定，便放下心来。

下午放学，我跟若安一起回家，一起煮面。她负责煮、负责吃，我负责看、负责说话："文综选择题扫完卡了，你地理很不错，比年级平均分高 4 分，但政治和历史做得不太好。今天晚上我给你评讲历史试卷，政治你去找要鹏哥哥。"若安说好。我说："还记得有一次你文综选择题也做得不好吗？后来我们调整了一下，好好研究了一下题目，第二天再测试，你的成绩就排到年级前 30 名了。"若安说记得。我说："所以呢，一次考试遇到挫折，不要太在意，要学会放松一点，自信一些。我看你今天情绪稳定，表现不错呀！"若安朝我吐了一下舌头，笑了。

吃完饭后她去补习班上数学课，我回办公室批改试卷。由于大家基本不改试卷，因此所有学生的试卷都堆在办公室。我把若安的试卷翻出来，发现她的文字题全部做完了，真是难得呀！若安的历史文字题做得不错，但存在一些审题与技巧方面的小失误，还需要再完善一下。10 点左右，若安从补习班回学校找我，我问她感觉如何，她不好意思地笑了："可能我错怪出题的老师了，听'黄较瘦'讲完后，我发现也没那么难，只是我忽视了一些条件，所以就做不出来。妈妈，你是不是跟'黄较瘦'说了我的情况呀？"我说是。若安说："难怪'黄较瘦'说，我一定要自信、大气一些。他还表扬我数学思维不错呢！"我摸了摸她的头："这些不是早跟你说过吗？你哪有那么差呢？从小到大我都说你挺棒的，但你的自我评价往往低于实际情况，这方面，你要多反思啦。"其实还有几句话我没有说出口，我想说，假如高考数学也这么难，也面临这种情况，希望她能吸取教训，沉稳应对。但这种可怕的"预测"怎么能说出来吓唬即将上高考考场的人呢？越临近高考，她的压力越大，我这个妈妈兼老师，也只能走一步看一步，见招拆招。

还好若安压根没看出我的担忧，反而兴奋地告诉我："妈妈，你知道吗，我今天在宿舍刷马桶！你都不知道那有多恐怖，我刷完后冲水，那水黑得呀，简直无法形容。我冲了好几遍水，第一遍黑，然后没有那么黑，然后黄，然后没有那么黄，啧啧，真是……"我瞪了她一眼，说："是呀，是呀，我把你生下来，就是为了让你给别人刷马桶的！"若安嘻嘻笑："哎哟，没关系的啦，反正我也是用零碎时间刷的，也没替宿舍里的同学做过什么事，都要高考啦，做点小事情，应该的。"

嗯嗯！确实是应该！我的女儿最让我骄傲的也是这一点——善良、肯付出、不计较。只是你啥时候才能学得宠辱不惊，成为那个大气、霸气、有底气的人啊？怪我，怪我咯，从小到大，给予你锻炼的机会太少了；也怪罗先生，对你呵护得实在太多了。高考之后，一定要放手让你锻炼才行。

回到家后，我开始给若安评讲历史试卷。这次她表现出前所未有的认真，效率也很高。一晃讲到 11 点，还剩两道题没讲完，我说不讲了，明天再讲，你看你的小动画片吧。罗先生趁机将满满一盘西瓜端进房间，问："今天不是星期五吗？怎么到了看动画片的时间？"若安跟罗先生解释道："今天我们学校放假呢，这可是我们高考前的最后一个假期——一个晚上的假，然后就要一直坚持到高考了。"罗先生一边听，一边准备用叉子叉西瓜给若安吃，但若安突然拿眼瞪罗先生："给我，我要喂我妈妈！"于是她从罗先生手里接过叉子，又起一块西瓜，自己吃了一大口，剩下的放进我嘴巴里："吃！我的口水，很甜的！"我又好气又好笑，吃了几块，说："你赶紧开电脑看小动画片，我去洗澡，12 点前必须睡觉。"

洗完澡出来，听到女儿看动画片时发出的哈哈大笑声，我觉得这真是世界上最美妙的声音！美好的日子又回来了！高三学生真不容易，他们可以算是世界上最辛苦的劳动者：娱乐时间、睡觉时间被无限压缩，笑点变得好低，对生活的要求也不是一般的少。他们如此辛苦，又如此纯粹，还要顶住如此大的压力，真是这个世界上最可爱的人！但愿每一个积极奋进的孩子都能被世界温柔以待，祝福每一位高三学子都能考出最优异的成绩！

替老龚打抱不平（ˋㄟˊ）

6 月 4 日　星期一　暴雨

广东雨季来临，但天气依然炎热。天气预报说高考期间有可能生成今年第一个热带风暴，而广东省教育考试院说，推迟高考是不可能的，因为他们已经做好了充足的准备。呵呵，权且一笑。

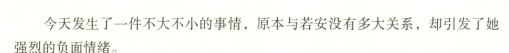

今天发生了一件不大不小的事情，原本与若安没有多大关系，却引发了她强烈的负面情绪。

上午在办公室，听到老龚很大声地训学生。大概原因是高考期间高三从西区搬到东区，（24）班的学生要跟老龚带的（17）班合并，一起在东区报告厅自习。（17）班有个别学生不愿意，估计整了个"小动作"，惹得老龚生气，她便将几个班委抓到办公室训了一顿。

我从未见过老龚有如此激烈的情绪，劝了她几句，便干别的事情去了。下午放学若安回到家，也不知我哪根筋儿搭错了，竟然把这件事情告诉了她。

"我知道呀，小芙子跟我说过。年级原本安排她们班在艺术楼四楼，但那个教室很小，她们班人又多。东区报告厅那么大，放两个班绰绰有余，（17）班的人凭什么不同意？"若安开始鸣不平。

"可能（17）班的同学不喜欢跟别的班合在一起吧，毕竟这次搬教室，基本上是一个班一个教室的。"我解释道。

"那也要具体问题具体分析嘛！（17）班人又少，又占着那么大地方，有什么不愿意的？不愿意就跟（24）班换呀！"若安情绪激动，说话的声音也跟前面有些不同了。

"你这么激动干什么？跟你有关系吗？志伟叔叔还批评我呢，说就是我们那届开了每班一个教室的先例，但我都没有生气。"

"他批评你干吗呀？分给小芙子他们班的那个教室真的很小，我们经常在那里上音乐课的，因此我知道。估计领导们又在拍屁股想问题，分配教室前根本就没有去看过！哼哼！老龚肯定生气啦，她那么有原则的人，肯定看不惯学生这么小气了。"若安继续愤愤不平。

"你能不能别这样激动？遇到一点事情就这样！早知道我就不告诉你了！"我开始批评她。

若安瞪了我一眼，埋头吃饭，吃了几口抬头，又瞪了我一眼，给我发通牒："你以后无论什么事情都要告诉我，不准瞒着我！"

"告诉你干啥呀？告诉你能解决问题吗？你还不是只能像只老鼠一样上蹿下跳？"看她那古灵精怪的样子，我不由得又好气又好笑。

"你不告诉我告诉谁呀？反正你要记住，以后有什么事情都要告诉我。"女儿边说边朝我吐舌头。

"好吧，好吧，都告诉你，你赶紧吃饭，吃完饭回学校学习。"还好这孩子，脾气来得快去得也快，看在她这么关心我的份儿上，我就大人不记小人过，不跟她计较了。

晚修值班，安然无事。晚修下课后，若安来办公室找我，我准备关空调下班回家。经过老龚办公桌时，我看到她桌面上贴着一张很大的请愿书，上面写着："强烈反对合班自习！这是对（17）班每个学生的不公平！"另有一张某某同学写的小纸条："但我绝对不会憋着。高中三年我学到的其中一样东西就是什么事都要自己争取，不然没人会管你到底愿不愿意。我很爱我的班级、所在的年级以及所在的学校，在高中也没有搞过事情，但这并不代表我不知道舆论的力量！"

我心想，白天都没见过这个东西呀，是不是老龚白天"镇压"不成功，学生们"再接再厉"，要斗个"鱼死网破"？要是老龚明天上班看到这个东西了，岂不又要被气个半死？我不由得在老龚办公桌旁多停留了一会儿，想着该怎么处理为好。不想我们家那"贼精贼精"的若安发现我有些不对头，立刻走了过来，看到那张刺眼的"请愿书"后，立刻火冒三丈："他们想干吗呀？想气死我们家老龚吗？不行，不能让老龚看见，我要把它放到级长那里去。"然后她不由分说，直接拿了那张"请愿书"，气呼呼走到要鹏的办公桌，还拿起笔给要鹏留言："在龚老师桌面发现的，为避免对老师的伤害……所以交给你了！"

看着她那不依不饶的样子，我马上拉着她离开办公室，往家的方向狂奔，边走边教训她："我知道你是个很善良的人，也知道你害怕别人伤害你最爱的老龚。但你只知其一不知其二，思考问题还是太不成熟了。你可知道老龚是成年人，是有专业素养的老师，学生是小气了点儿，但在高考这么关键的时刻，她知道怎么处理才对学生最好。（17）班的个别同学这么做是不对，但他们也有反对的理由。而且，他们的行为可能也是考前焦虑的一种表现，毕竟谁都希望最后几天能在一个宽敞明亮的地方安静学习，而不是跟不熟悉的其他班混在一起。学校和老师应该做好安抚工作，让他们开心、快乐、顺利走完高考，而不是像你现在这样，情绪这么激动，好像天要塌下来一样。"

"是是是！你说的都对！难道因为高考他们就可以伤害老师了吗？多大的人了？老龚对他们班那么好，他们怎么就不知道感恩呢？"每每顶嘴的时候，若安的脑子就转得特别快，反驳起来也甚是有力。

"他们是不可以伤害老师，不应该在即将离开学校的时候惹老师生气。但我已经说过了，老龚是成年人了，她知道怎么处理才是最好的。或者等高考结束后，她会跟学生好好分析其中的道理，但现在最好的处理方式就是冷处理、不处理，让大部分学生接受就可以了。"

"哼！反正你什么时候都有理！我打抱不平就没理！"若安依然气呼呼的。

"我并没有说你没有理，我只是不喜欢你在高考前发这么大脾气。对你来说，现在最重要的事情是让自己沉稳淡定，保持良好的情绪，将你所学到的东西发挥出来，而不是让自己陷入这么激愤的情绪当中。你自己好好想想，妈妈说得有没有道理？"

"我又没说你没道理，我只是难以控制罢了。你放心，我发泄完就没事了。"那个气愤中的人儿终于冷静了下来。

于是一路无言，过了一会儿，我终究还是没忍住，牵着她的手上楼回家。

回到家后，若安开始做高考历史题，做了一会儿竟然哈哈大笑。唉，看来我又为她白操心了一次！看她牙尖嘴利、一副梁山好汉的样子，真是太适合读法律了！只是她这情绪一上头，连我这头"母老虎"都镇不住，莫非她的性格真的要变了吗？真是神奇！

给学生做心理辅导ヘ|•͈ᴥ•͈ﻭ*~●

6月5日　星期二　雨

今天晚修的学科辅导，基本变成了心理辅导。

先是（20）班的"狐狸"（多有趣的小名儿！名如其人！哈哈！），她说昨晚跟爸爸发生了严重冲突。最后一课要来了，（20）班准备给老师们表演一个小节目以表达感恩之情。"狐狸"负责下载音乐，制作PPT课件。她说她只要五分钟就可以做完，但爸爸看她"不务正业"，很是生气。"狐狸"害怕被爸爸打，便把自己的房门关了，结果爸爸发了很大的脾气，家里的门也遭殃了，最后是妈妈死命拉住爸爸才没酿成"血案"。"狐狸"说她心情很不好，跟爸爸关系很糟，问我该怎么办？

　　"狐狸"是若安的好朋友可心的闺蜜，可心中考没能考上一中，去了三中，若安便跟"狐狸"成了好朋友。今年我到这个年级，又恰好教她，真是不小的缘分。"狐狸"上课有些打瞌睡，我便会在课堂上公开提醒。结果"狐狸"托若安跟我解释，说她上课没有睡觉，只是因为眼睛太小，看起来像睡着了，其实一直都在认真听课。她这种"颠倒黑白"的狡辩，被我狠狠地鄙视了一把。"狐狸"是班里的历史学习小组长，思维敏捷，牙尖嘴利，对老师的批评建议有时会不以为然。所以她跟我讲父女冲突，我大概能想象是什么情景，也能理解她父亲的心情。于是我便跟"狐狸"讲了一些我跟若安的冲突故事，告诉她冲突是怎么发生的，让她多站在父母的立场思考问题，毕竟要高考了，不要将关系搞得太僵，以免影响高考发挥。"狐狸"问："我爸这么生气，怎么缓和呀？"我说缓和还不简单吗？回去给你父亲道个歉、卖个萌、撒个娇不就好了，难道你父亲还真计较你的对错不成？"狐狸"点头称是，咧嘴一笑，然后"屁颠屁颠"地走了。

　　"狐狸"跟她父亲的冲突让我有些无语。虽然有时我也会因为若安对班级的"无私奉献"而生气，脾气上来会"吼"她几句，但总不至于闹到要砸门的地步。这位父亲的脾气该是怎样的火爆？孩子的高考，也是父母的高考，是整个家庭的高考。如果有一场考查高三家长的考试，我估计我可以得 60 分，不知道"狐狸"的爸爸能得多少分，又能否有些自我反省呢？

　　接着是（19）班的珊珊，她说晚上睡不着。我问她大概什么时间可以睡着，她说大概 12 点半。我问她为什么觉得 12 点半没睡着叫睡不着？她说不是应该早点睡嘛，这样第二天才有精力继续学习呀。我说问题就在于你这个"应该"，一定要求自己在某个时间睡着，所以精神就高度集中于这个时间点，越想在这个时间点之前睡着，就越睡不着了。珊珊是个冰雪聪明的人，听我这么一说，好像明白了点什么。

　　为了让珊珊听得更明白些，我给她讲了若安小时候的故事。那时罗先生初为人父，将若安视为至宝，经常拉着她的小手哄她睡觉，哄着哄着人是长大了，但良好的睡眠习惯就没有了。有段时间，罗先生很恼火若安在床上滚来滚去不睡觉，就会凶她，不准她动。若安虽然身体老老实实躺在那里，脑子却如同明月般清朗。有天晚上罗先生实在忍不住，凶若安，把她凶哭了。我去床上陪若安，问她为什么睡不着。若安说她也不知道为什么，就是睡不着。我问若安是人不，她说是。我问人是动物吗，她说是。我说只要是动物，就有睡眠的本能，只要累了，想睡了，就一定能睡着，她只要放松一点儿，不要逼自己睡着，将身体放松，摆个最舒服的姿势，啥都不想，慢慢就能睡着了。若安改变了对睡觉的认识，便逐渐会自己睡觉了。

珊珊听我讲若安的故事，觉得很好玩，笑了。我说："你之所以睡不着，绝对不是人的动物性所致，只要你还承认自己是个动物，就一定有睡觉的能力，如果睡不着，那就说明你还不够累，学习还不够努力。个人揣测，你之所以有睡眠问题，应该是焦虑了，内心没能达到和谐状态。"听我这么一说，珊珊突然眼圈一红，掉下泪来："谁不想考个好大学证明自己呀？"我问她什么是好大学？她不说话。我估计在她心里，清华、北大这样的大学才是好大学，但清华、北大在广东的录取率如此之低，哪怕她是年级学霸，能去的概率也不大，因此就跟她讲大学与未来发展的关系，建议她保持良好心态：<u>得之坦然，失之淡然，争其必然，顺其自然</u>。

我跟珊珊讲了很多人生故事，但不知她听进去了几成。当今社会风气浮躁，有莫名其妙的"英雄"崇拜，每年高考结束，"状元"都会被捧上天，而普通学生的喜怒哀乐却没多少人关心，所以会给那些失意的高考考生以及后来者很大精神压力，哪怕是学霸也不能幸免。我只愿我亲爱的女儿能保持对学习的热爱，不好高骛远，不妄自菲薄，勤恳踏实，努力奋斗，为自己的人生开辟一方天地。

高考前一天（>ᴈ<;）

6月6日　星期三　雨

今天是非常辛苦的一天，我啥事儿都没干，却累瘫了。

若安房间里的空调，关键时刻掉链子。从昨天晚上开始滴水，5秒左右滴一滴，"啪嗒"一声掉在地板上，在宁静的夜晚特别刺耳。今天早上起床，我跟罗先生说空调滴水了，他竟然不信，说："应该是你关空调的方式不对，都说了，要先关空调，再关电源。"

好吧，这就是我家男人的思维方式。有时候，这种方式真的很伤人，不仅不帮你解决问题，反而让你感受到指责与不信任。看在若安要高考的份上，我就忍了他吧！但空调滴水的问题必须解决，那黑夜里的"啪嗒、啪嗒"声可能不会影响女儿的睡眠，但也有可能会影响。而这种"有可能"，可能会带来比较严重的后果（焦虑？发挥失常？），也有可能让女儿一辈子都会记得它，谈论它、埋怨我。女人就是感性动物，我的潜意识告诉我，必须解决这个问题，不给女儿高考添乱，也不给自己留遗憾。

于是我拿起手机给学校总务处一位老哥打电话，请他帮我找个空调师傅。老哥说，负责学校空调维修的师傅应该没空。我说，这个你别管，反正你把他的电话给我，就算他不能帮我解决问题，他的公司应该也有其他员工，或者请他帮我介绍个熟悉的同行什么的。老哥拿我没辙儿，几分钟后给我发了一个名为肥仔的人的电话。我立刻拨过去，对方回答说走不开。我说："你能抽空过来我家看一下吗？我就住在学校旁边，劳务费我照给，拜托帮个忙。"师傅说："现在刚好没什么事情，我过来给你看看吧。"于是一个胖乎乎的师傅带着个瘦瘦的小师傅过来了。他们先检查水管，没有发现堵塞，再询问空调使用情况，判断不是冷凝水，然后把空调外壳打开，查了很久，说应该是内机老化，基本没得修。我说既然这样，那帮我换台新的吧，反正这台空调也用了很多年了。胖师傅给公司打了个电话，说帮我换台1匹的松下，但中午才有时间安装。

12点半左右，他俩把新空调搬了上来，开始安装。安装过程倒是顺利，我心情大好，一边看他们装空调一边跟胖师傅聊空调的历史以及相关知识。大概1个小时左右，空调装好了，胖师傅用遥控打开空调，不料窗外传来了剧烈的轰鸣声，原来是空调外机共振了，怎么都调不好，而时间已到下午2点，我要去学校参加学业水平考试的培训会议。胖师傅说："先用一个晚上，看看情况如何，如果不行，明天再调行不？"我说："绝对不行，过了今明两晚，就算没空调，我都无所谓了，但在女儿高考这么重要的时刻，我不想发生意外。"胖师傅见我态度坚决，便说："我先回学校处理一些事情，晚上再过来，加多两米铜管，将外机从外墙挪到楼顶上去。"我千恩万谢，再三拜托他一定要帮我

解决问题。

　　培训会议结束时，已经是下午 4 点半。从学校回家，看着满地狼藉，而空调却没有装好，我心情很是低落，开始胡思乱想：如果今天装不好，是该给若安开风扇呢，还是让她睡我们的房间？如果开风扇，会不会吵到她？如果睡我们房间，会不会换了床又睡不好？总之柔肠百转千转万转，生怕这件事情做不好。我知道自己紧张了，需要进行心理调适，于是便躺在沙发上斗地主！5 点左右，罗先生下班回家了。虽然他今天早上惹我生气了，但我此时见到他就像见到了大救星，开心极了。罗先生见家里一片狼藉，心里不是很舒服，但他知道这时只能由着我折腾，便三缄其口。6 点左右，一胖一瘦俩师傅回来了，于是三个男人在楼顶上折腾了差不多两个小时，终于把问题解决了。当胖师傅再次打开空调，空调送出安静的凉风时，我长舒了一口气，哎呀，谢天谢地，问题终于解决了！如果不是"男女授受不亲"，我一定要抱住这一胖一瘦俩师傅，狠狠地亲上几口。

　　两位师傅离开时，已经是 8 点多了，胖师傅的衣服脏了，瘦师傅的衣服湿了，我的眼圈儿湿了。如果不是高考，我相信没有人愿意在这么忙碌的日子还接个"私活儿"。特别是瘦师傅，冒着雨挂在外墙上工作了那么久。这就是普通劳动者的慈悲之心，朴实伟大，让人崇敬！这次修空调、换空调，让我再一次深刻感受到，从来就没有什么岁月静好，只是有人在替我们负重前行。一胖一瘦俩师傅离开后，我抱着罗先生，哭了。

　　我跟罗先生说，换空调的事情，如果若安发现了就告诉她，没有发现就不说，怕她觉得父母的爱太过沉重，有心理压力。不想若安晚修回家后，一进房间就发现了，问："空调怎么了？好像发生了点变化？"我说换新空调了。她说："难怪，怎么挪过来这么多了？"我说装空调的师傅说之前那个位置直接对着床头，不好。若安"噢"了一声，就开始学语文。11 点，我问若安是不是准备睡觉了，她说好，然后收拾书包上床。我跟她在床上打闹了一小会儿，问："明天几点起床？"

　　"6 点 50 分。"

　　"可以晚一点的呀，高考又没有那么早。"我说。

　　"班里同学都是这个时间起床呀，我要跟他们一样。你记得一定要 6 点 50 分叫我，否则我要跟你绝交。"

"呵呵，不用绝交这么严重的呀。我历来尊重你的决定。"

"我才不信你！你看，今天早上，你差不多 7 点才叫我！"若安"哼"了一声。

"那也是尊重你的决定呀！今天早上你 6 点 20 分起床上厕所，告诉我说要再睡一会儿，是你说的，要再睡一会儿，又没有告诉我要睡多久，难道睡两分钟叫再睡一会儿吗？"

若安无言以对，只得拿眼瞪我："你保证，明天 6 点 50 分叫我。"

"行呀，我保证！"

于是她开始背语文名言警句，乱七八糟的，毫无章法，但竟准确地背出了一句苏霍姆林斯基的教育名言。我说我可讨厌苏霍姆林斯基了。若安问为什么。我说，全中国的老师写论文都是苏霍姆林斯基怎么说，看多了就烦了，我喜欢写自己的名言。若安想了想，哈哈大笑："那行，明天我写作文，就写'我著名的妈妈说过……'，你说改卷老师会给几分？"

"哈哈，那必须是满分呀！"我开心地抱紧若安，摸了摸她的头发。

然后她又碎碎念，继续背乱七八糟的名言，我"嘘"她，让她摆个最舒服的姿势睡觉，于是她滚过来滚过去，几分钟后便发出了轻微的鼻鼾声。在我看来，这小小的鼻鼾声是世界上最美妙的声音，这说明她很认真，学累了但不紧张，但愿明天的考试，她也能保持这样的状态，正常发挥。

高考第一天ヾ(°▽°)ﾉ

6 月 7 日　星期四　暴雨

早上 6:50，我准时叫若安起床。她洗漱完毕，说："我今天想在家吃早餐。"我说好。罗先生将若安的早餐盛在碗里，端给她，我坐在旁边，跟她讲话："跟你谈谈今天的考试。"

"嗯嗯！好！"

"先说结论，再说理由。今天的高考，是你一个人的高考，别人的喜怒哀乐都与你没关系，你只要顺利走完过程就好。"

"嗯嗯！知道！"

"讲两个故事。我们年级有两个学生，一个叫李家昊，一个叫李哲浩，都是学霸。李家昊因为玩手机被处分，高二分班时我们将他踢出了重点班。对一个学霸来说，进不了重点班确实有点惨。但他高一下学期已经在走下坡路，有一次考试还考到了100名后。分班时他的综合排名在年级20名后，虽然已经很好了，但还是算不上年级数一数二的学生。作为级长，我亲眼看着他如何端正态度、自我调适，在高二、高三如何努力进取，最终考进了清华大学。"

"哇哇，好厉害！讲这个故事说明什么？"

"你学习很努力，特别是高三，一直都在努力奋斗，所以我相信你也能收获你该收获的，你只要相信自己就好！"

"嗯嗯，那李哲浩呢？"

"李哲浩呀，李哲浩是个小傻瓜。他虽然在普通班，但也是年级前50名的学生，曾经考过年级第二。高考的第一天晚上，他们班有个叫曹杰的，考过我们年级第一，在网上查了语文答案，他说他全对了，李哲浩也凑过去看，发现自己做错了好多，便光着膀子去宿舍部猪一样地号哭，林级长花了好长时间才安抚好他。"

"结果呢？"

"结果他考得比曹杰好呀，总分排年级15名，考去了中国科学技术大学。我是觉得，如果他不去对答案，不受语文的影响，可能还会考得更好一些。"

"那曹杰呢？"

"也不错呀，第51名，去了武汉大学。"

"呵呵！那这个故事又说明什么？"

"刚才不是说了吗？这是你一个人的高考，不要受别人的喜怒哀乐影响。别人笑，不一定考得好，可能是他为了鼓励自己而笑；别人不笑，也不一定考得不好，可能他是为了不让别人感觉自己考得太好而故意不笑。你要做的是专注自己的考试，细心一点就行。"

"嗯嗯，好的！"

"需要我再给你讲讲考试流程吗？"我换了个话题。

"不需要！去年学业水平考试已经走过流程了，我记得。"

"那黄妈讲了注意事项没有？"

"讲了。"

"你说说，她讲了什么？"

"她说，总之一句话，有任何问题举手。"若安呵呵一笑。

"是呢！监考老师都是我们自己人，他们都是很 nice（好）的，而且这也是他们的职责所在，所以你尽管求助就是。再提醒你一下，广播没说动笔不要动笔，广播说停笔就立刻停笔。"

"嗯嗯，我知道，这个我已经成习惯啦。"

"今天妈妈不去送考了。"我抛出了最重要的一句。

"随便你。"若安抬头看了我一眼。

"中考没送，学考没送，听说考试也没送，所以高考也不准备送了，我相信你自己能搞掂！"我说，"你知道送考大概是什么情形吗？"

"知道呀，一群老师穿着红衣服，将天桥塞满了。"若安还剩几个饺子没吃完，捂着肚子。

"你肚子痛吗？"罗先生关切地问。

"不痛呀！"若安看了罗先生一眼："你知道我早上吃东西没有那么快的。"

"那就打包拿去学校吃吧！"我说。

于是一家三口一齐起身，罗先生拿保鲜袋将若安剩余的早餐打包，我看着若安穿鞋子、背书包、拿伞。罗先生把早餐拿给若安后，蹲下身来帮她穿水鞋。在若安即将离开家时，我笑着说："你过来，妈妈抱你一下，我们就在家里给你送考了，你加油！我们相信你，你也要相信自己！"

若安"嗯"了一声，挥手跟我们说再见，去开始她人生最重要阶段的征程。罗先生有些不放心，问我："你不去送考真的行吗？"

"有什么不行？她已经很幸运了，有几个人的高三能被自己的妈妈教？佛山一中的学生全部住宿，家长们都不送考，为什么咱们女儿要例外？"罗先生无言以对，摇了摇头便上班去了。

我中午往若安宿舍打电话，问她怎么样，她回答说很好。

下午考完数学，若安回家了。我问她怎么样，她回答说还好，数学只差一点点就做完了，会做，但没时间了。我说那很不错呀，数学顺利考完了，就相

当于成功了一大半。若安点头称是。吃晚饭时，我们谈起了语文，若安说："其实语文有点难，议论文做了很久，等到写作文时，已经只剩50分钟了。"

"那你写完了吗？"

"写完了。"

"写完就很好了。"

"但是我不喜欢作文题目，看到那个题，心里在想，哎，怎么又是这样的题型。"若安叹了一口气。

"那不是很好咯，说明这样的题型你们已经练过很多遍了，轻车熟路，没问题的。高考是一个整体，不是某个科目的问题。语文难不表明你做得不好，但数学相对容易对你是有利的，所以今天的上半场，咱们可以说已经赢了，关键是打好明天的下半场。"

"嗯嗯，我知道。"

"今天晚上文综和英语的学习，再看看老师强调过的重点知识。还是同样的策略，将考试注意事项写下来。"

若安说好，吃完饭背着书包回学校了。

晚上我值班，回学校给学生辅导，有关语文和数学的考试信息扑面而来。有些老师说数学太简单了，对佛山一中这样的学校，不知是好是坏，因为题目容易，改卷也会相对严格。我说佛山一中火了105年，我相信它今年也一定会火。我在自己所教的两个班巡视，发现学生们情绪稳定，专注复习，心想，高考数学题就该出成这个样子，不要太难了，高三学生已经很辛苦了，为什么一定要在高考第一天还要让他们遭受那些没必要的打击呢？从小学开始，若安的数学就不好。虽然她待数学如"初恋"，但数学虐了她几十万遍。现在数学考完了，跟"初恋"分手的时候也到了。这么一个凶残的"恋人"，这辈子，永不再见。

晚修下课时，我跟几位同事在操场走了几圈，说起了学生们的表现。要鹏说，不知道为什么，这届学生表现得特别紧张。我说："正常呢，若安说在考场听到了隔壁同学发抖的声音。"要鹏问："那你家若安怎么样？"我哈哈一笑，说："她也在发抖。"于是一帮人都笑了。散步者当中有几位老师跟我一样，他们的孩子也参加高考，于是大家一起讲起了自家孩子的表现。原来别人家的孩子跟若安一样，都有一些紧张，只是程度不同而已。于是大家你一言我一语地讲起了各种与高考有关的故事，迎着凉风，舒缓紧张情绪。家长们这种抱团取暖的精神让人感动，也有些凄凉。在中国，高考已不单纯是考生的事情，对考生家长也是极大的挑战。在我，自我感觉已经调适得很不错了，但听老师们说起各种情况，心里也淡定不了。真是作孽咯！

晚上睡觉时，若安告诉我说，下午数学考完后，她直接去风雨走廊跑步，跑到一半想起没过状元桥，怕黄妈还在那里等她，便回到三楼重新过状元桥，没想到黄妈还在那里。我说："你一个人过状元桥有什么感觉？"她说不是一个人呢，还有班里的"老鼠药"和乐瑶。我问："黄妈看到你们三个"慢乌龟"有什么感觉？"若安说："不知道她有什么感觉，反正她抱了我们。"若安讲完后哈哈大笑，问我："妈妈，你觉得我好笑不？"

"嗯嗯，有点儿！不过我觉得你不错呀，要是别人，可能就直接跑完吃饭去了，压根不管老师怎么想。你还能折回去，说明你真的是一个非常体贴的乖宝宝。"我表扬她。

"黄妈对我们很好呢，不能让她担忧的呀。"若安感慨道。

"嗯嗯！我也挺敬佩她的！睡觉吧……"

于是若安在床上滚了几滚，不一会儿就发出了轻微的鼻鼾声。

高考第二天 (⊙u⊙)

6 月 8 日　星期五　暴雨

昨天下了一晚上的雨，今天上午也一直没停，致使交通瘫痪、学校停课。我在佛山一中多年，从没见过这么恶劣的高考天气。看来老天对这群"龙宝宝"特别关照，一定要苦其心志、劳其筋骨。好事儿，好事儿来着。

若安 6:50 按时起床，洗漱，吃完早餐后回学校。她背着书包（里面多放了两件校服），拎个袋子（里面装着鞋子和袜子），拿把雨伞，穿着拖鞋，像个逃难的难民，颇有喜感。

若安前脚出门，我后脚便跟上。雨下得太大，佛山一中校道积水严重。去

学校饭堂吃完早餐后，我直奔教室，看到若安已经换好鞋子，正端坐在教室里学习。每年送考，我考前都要动员一番，今年的心情有所不同，因为自己的女儿就坐在教室里。我先跟学生们强调保分和捞分策略，保分就是"三涂一看"（涂 AB 卷、涂选择题答案和涂选做题选项，看答题卡是否答对位置），捞分就是"慢审题""快写字""跳一跳"（勿在难题上逗留），并阐述了一些理由。讲完后，我跟学生说，自从有了文综卷，佛山一中都是第一名，就算是全国卷那么难，我们还是第一名，所以应该有充分的信心；然后自吹自擂说，政治老师要鹏级长、地理老师老龚和历史老师都是佛山一中最优秀的老师。为了强化鼓动效果，我还故意问黄妈："您对我们三个文综老师还满意吗？"黄妈大声说很满意，学生们听了开心地笑了。我说："名师出高徒，相信你们一定能考出优异成绩，把握这难得的碾压对手的机会。"学生们受到鼓舞，开始热烈地鼓掌，若安也咧开嘴笑了。

讲完话后，我们开始送考。老师们穿着鲜红的送考服，整整齐齐地站在状元门前，等着学生们鱼贯而入。不一会儿，学生们陆续进场，将送考老师的手掌拍到通红，状元桥上传来各种夸张的加油声与笑声，非常欢乐。几分钟后，若安穿着校服外套，笑吟吟地走了过来。我握了握她的手，温热，手心有些汗，看来有点小紧张。不过这都是正常情况，等她进了考场开始做题就会好很多。

送考完毕，我蹚水溜回家写东西。上午 10:30，要鹏打电话给我，我没接到。几分钟后我看到未接来电，立刻拨回去，不通，于是"惊恐万状"地在微信里问他何事，他回答说想确认一下这届教师子弟高考体检的乘车情况，因为涉及一些经费要计算。原来就这么一件小事儿，吓得我的老心脏"扑通扑通"狂跳，还以为若安在考场上出了什么问题，于是将他一顿臭骂，说："没啥大事儿不准给我打电话，看你把我这老母亲的老心脏吓得……"

昨天晚上我差不多 1 点才睡，今天早上刚到 6 点就醒了，非常困，但午睡时躺在床上，怎么都睡不着。暴雨一直下，虽然知道若安在学校不会有什么事，但还是有些担心。睡不着就睡不着吧，我不也一直这么教若安吗？于是我拿手机看新闻，一直看到下午两点半。这个时间若安已经进考场了，基本不会有什么事情了，于是我扔掉手机睡觉。

差不多 4 点起来，我见罗先生在客厅百无聊赖地看电视。因为台风与暴雨，佛山停课，他今天不用上班。洗漱完毕后，我拉着罗先生一起回学校接若安。一路跟罗先生"吹水"，我心情大好，感觉人都要飘起来了。回到学校，我看到送考的老师们也都是满脸笑容。高考考完了，与高考相关的人，包括学生、家长和老师，都可以休息一段了。大概 17:10，学生们鱼贯而出，跟老师们击掌、拥抱、说感谢，老师们笑着跟学生们说"你很棒""恭喜恭喜"。这个时候的状元桥，简直就是感恩的天堂、欢乐的海洋。若安的考场在 7 楼，她下来得稍晚一点。罗先生在比较靠前的位置等她，我则忙着迎接我的学生。等学生差不多走完了，若安也出来了。她虽然看起来有些累，但心情不错，我拉着他俩，拍了一张自拍合照，便让父女俩自娱自乐，而我则进入考场，开始布置学业水平考试试室。

结束学校的工作回到家，已接近 7 点，饭菜已经煮好。一家三口坐下来，开酒庆贺。吃完饭后，若安洗碗、洗澡，然后看她那幼稚的小动画片，一直看了 3 个小时。差不多 11 点，我叫她关机睡觉，竟毫无难度，她乖乖洗漱然后上床。我问若安要不要抱一抱，她说当然，便如条"癫皮狗"一般，黏在我身上不动了。

我一边拍她的背，一边说："今天不陪你睡了，高考已经结束了，没这个福利了。"

"知道啦，你这个势利的女人。"若安搂着我的脖子，不让我走。我继续拍她的背，问她今天考试考得怎么样。没想到她说："你好烦呀，还问这个干吗？"然后立刻换了个话题，"妈妈，你知道吗？那些每天陪你睡的小动物都是小精灵，所以我们家小健就是我的守护神。"

"嗯嗯，知道啦。"

"妈妈，我给你讲个灵异的故事吧。"若安看完小动画片，余兴犹存。

"不听，你也别讲，别到时候又怕鬼怕黑，不肯让我走。你这两天高考非常累，该好好睡一觉了。"于是我果断地从她床上下来，离开了她的房间。

下午拍完一家三口的自拍照后，我用那张照片发了个朋友圈，配发了以下文字："从今往后，你自己的事儿包括填志愿、选专业，上大学、读研、读博、读博士后，找男朋友、找工作、找房子、结婚、生娃、带孩子、赚钱、养家、买别墅，爸妈的事儿包括哄我们开心、夸老母亲好看、夸老父亲很帅，给我们按摩捶背、陪我们运动、看电影，一家三口到处去耍，给我们过生日、过各种节，给我们钱花，买各种好吃的、好喝的、好玩的，家里的事儿包括买菜、做

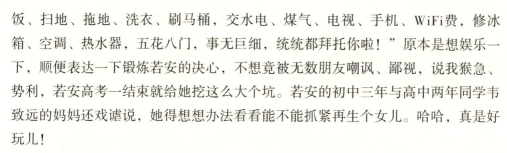

饭、扫地、拖地、洗衣、刷马桶，交水电、煤气、电视、手机、WiFi费，修冰箱、空调、热水器，五花八门，事无巨细，统统都拜托你啦！"原本是想娱乐一下，顺便表达一下锻炼若安的决心，不想竟被无数朋友嘲讽、鄙视，说我猴急、势利，若安高考一结束就给她挖这么大个坑。若安的初中三年与高中两年同学韦致远的妈妈还戏谑说，她得想想办法看看能不能抓紧再生个女儿。哈哈，真是好玩儿！

这几天送考，基本啥事没干，却把我累得不行。从理性上说，我知道怎么做是最好的，但从情感上，难免有些担忧。感谢自己这些年在教育和管理上的瞎思考，让我感受到了专业的力量。回顾这几天的送考，我认为至少有三件事情做得非常对：第一是当机立断换空调，排除了对若安睡眠的可能性干扰；第二是不送考，让若安获得了一种信念，任何事情相信自己就好；第三是陪睡，包括睡前的小嬉戏、拥抱与鼓励，让若安拥有了比考前更好的睡眠质量。回顾这一年，她的高三，我的高三教育与陪读，有太多经历太多感动。她很努力，我也很努力，过程已经尽量做到最好，至于结果，就随缘吧。

在我看来，高考只是人生的一个阶段，它的重要价值在于成长，高考成绩与大学只是这种成长的其中一个结果。有人说，人生原本就是一条直线，只是因为坑太多，才会遭遇诸多挫折。因此一个人能爬得多高、走得多远，关键看填坑能力。高考这条路，若安是认真走过了，但她身上还存在非常多的不足，还需要学习与锻炼，不断提升填坑能力。

加油吧，若安！你的老父亲、老母亲能不能安享晚年，就看你的了！

第十五章

2018 年 7 月

尘埃落定（一）

7月2日　星期一　晴

　　高考结束后，若安准备UIC（北京师范大学–香港浸会大学联合国际学院）的自主招生考试，而我则去陕西师范大学学习一个星期。对若安的这次考试，我们给予了高度重视，联系了一个雅思老师给她进行专门辅导。在陕西学习的这段时间，罗先生上班，若安一个人在家准备考试。6月17日上午，若安在广雅中学参加考试，先是笔试，后是面试。若安是第一批面试的学生，但面试情况似乎不理想。若安说面试老师给了她一张图片，让她描述图片内容。若安想借题发挥，结果还没"发挥"到一半，面试老师就打断她，让她走人了，弄得她相当忐忑，说："这试题也创新得太无语了，浪费了我这么多钱，还有时间！"

　　从陕西回来后，我没有继续追问若安的面试情况，但心里觉得有点可惜，因为她的英语口语和表达都不错，又进行了强化训练，可这样一个题目确实无法发挥，老师的问题也没有什么针对性。又或者这个题目原本就是描述一下图片就可以了，而不需要什么高大上的发挥。人生就是如此，付出了不一定有收获，但不付出就一定没有收获。UIC面试成绩如何，就听天由命吧，原本我们也只是将UIC作为保底，增加一个上重点的可能性而已。

　　等待高考成绩不是一个愉快的过程，全国一卷各省超高的重点分数线（基本比2017年高出40分），让人不寒而栗。还好广东省重点线没有那么变态，只划到了550分（比去年高了30分）。6月25日查到若安的高考成绩，总分561分，在全省文科生中排12 815名。真是一个让人无语的成绩，当然也不是一个不可以接受的成绩。若安很后悔高二没能好好读书，说如果高二能像高一那样认真，估计高考成绩就会好看一些。在我看来，若安基础教育阶段的学习困窘，很大一部分原因还是因为数理逻辑能力不强，初中花了大量时间学习数理化，高中又被数学虐了千万遍，但这些科目的学习效果都不佳，还耽误了文科科目的学习。进入高三后，重点班的数学难度加大，对若安来说，也是不小的挑战。如果她待在一个适合她的普通班，数学可能不会学得那么辛苦，高考成绩可能也会不一样。

周女神说，今年高考语文的难度比较大，对若安来说是不小的挑战。而我也感觉若安在历史学习上花的时间远远不够。另外，她还有一个怎么都不想学、怎么都学不好的政治学科。整体来说，她离高考的能力要求还有一定距离：钻研不深，成绩漂浮不定，情绪控制不够好，学习方法也有些问题。或许，跟周女神说的那样，（19）班还需要 2 个月才可以参加高考，而若安，或者再给她 4 个月，应该够了吧……

填报志愿的过程更是辛苦，因为若安在专业选择上偏执得让人抓狂，她唯一能接受的只有法学！

"法学！法学！法学！重要的事情说三遍，我只读法学！"若安见我好几天都在电脑上研究招考政策与省外的重点大学，一门心思想去外省捡个漏，急得在房间里跳脚。

"你要读法学的话，就去不了省外的好大学。以你这个成绩，说不定可以去省外捞个'211'回来读呢。"

"为什么一定要'211'？'211'大学能让我读到法学吗？"

"现在找工作，'211''985'大学是很吃香的呀。当然去省外读大学也不一定能读到法学，因为它们一般只招一两个人，填报的话，风险很大。"

"所以就不要去了嘛！找工作的事情以后再说嘛，反正我只读法学，其他专业我没兴趣。"

"UIC 也不考虑了？它的会计、财务和英语翻译都挺好的呀。"

"不想跟数学打交道了，虽然他们说会计的数学也没有那么难。英语肯定不读啦，我可以很认真地学英语，但不想将英语作为自己的专业。"

"法学要过司法考试呢，据说好难的。四年后，你既要司法考试，又要考研。行不？"

"行呀！高考都这样了，不认真读书怎么行呀？！"若安长叹了一口气。

好吧，那就这样吧！未来是一条看得见的荆棘路，既然你铁了心要选择艰难困苦，妈妈自然只能祝福"玉汝于成"了。若安从小到大，她的学习我

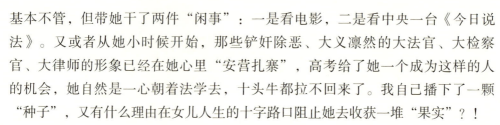

基本不管，但带她干了两件"闲事"：一是看电影，二是看中央一台《今日说法》。又或者从她小时候开始，那些铲奸除恶、大义凛然的大法官、大检察官、大律师的形象已经在她心里"安营扎寨"，高考给了她一个成为这样的人的机会，她自然是一心朝着法学去，十头牛都拉不回来了。我自己播下了一颗"种子"，又有什么理由在女儿人生的十字路口阻止她去收获一堆"果实"？！

刚出成绩那几天早上起床，我都觉得很难过，觉得这个分数实在对不起若安高三一年的辛苦。但一想到 2018 年广东 75.8 万考生和差不多 32 万的文科考生以及文理录取的重大差距（理科重点线 500 分，重点人数接近 8 万，文科重点线 550 分，重点人数约 1.7 万），再联系到她学习的具体情况，又觉得可以对得住观众了。高考之前我对自己说，若安高考考成怎样都可以接受。现在看来，我还是有几分虚荣心，也不够沉稳淡定。在做家长这件事情上，我始终不合格。

这段时间，若安做的家务明显增多，基本把我从厨房赶了出来，虽然做事速度有点慢，但煮出来的饭菜味道还不错，色香味俱全。前天文凌阿姨带天朗来佛山询问一些志愿填报的事情，若安表现非常好，吃晚饭的餐馆是她定的，菜也是她点的。高考结束后，罗先生给若安报名学车，因此最近她在学习交通方面的知识。前几天，她开始在网上学习英语。今天，她搬出了柏杨的《中国人史纲》，煮饭洗碗的时候，还开始听中央人民广播电台的《中国之声》……

今天中午吃饭时，我对若安说："昨天听侯卓哥哥的意思，美联有少儿英语、初升高培训、高考培训、雅思托福培训、成人培训，就是没有高考后大学前的培训。你看你们这些'后高三狗'，学校不管，社会不管，家庭不管，真的成为'狗不理'了。"

若安耸了耸肩，说："哎，是这样的啦，还好我有爸爸妈妈管！我们班有些同学，天天一个人在家，因为他们爸爸妈妈都很忙，没时间理他们。"

"我也不想理你呀，你以为理你好玩吗？"我拿她开涮。

"妈妈你不要这样嘛，我才两岁，你还要好好教育我呢！"若安放下碗，拉住我的手，不停"哀求"我。

"好吧，好吧！这辈子算是被你缠上了！你这磨人的小妖精！"我忍不住将若安抱进怀里，心里却不由得感动——这个世上，估计也只有她，我亲爱的孩子，才如此信任我，需要我，宽容我，挚爱我。有女如此，夫复何求？！人生到此，已是圆满。

哈哈！

后　记

爸爸在哪儿？

若安高三这一年，我写了接近 20 万字的陪读日志。这 20 万字，无论对我，还是对若安，都是极为宝贵的财富。虽然这些文字鸡零狗碎，近乎流水，但它们真实、纯粹。其中涉及罗先生的文字非常少。日志中的罗先生只是偶尔插个话，做个陪衬，形象不高大，地位不突出，若隐若现，可有可无。

有一天若安告诉我，她和室友在宿舍聊得很开心。我问聊什么，她说，聊怎么欺负爸爸。我问："你们室友都怎么欺负爸爸的呀？"若安哈哈大笑，说："跟我差不多咯，鄙视他，拿眼瞪他，打他，勒索他，什么事儿都赖他。"我再问："你们室友欺负她们妈妈吗？"若安瞪了我一眼，"哼"了一声，说："哪儿敢呀？！你们这群母老虎！"

去年年底，我跟一帮同事去粤西某高中交流研讨。返程路上，我们研究起了湖南、湖北和广东老婆的差别。在分析诸多案例后，老师们得出了结论：广东老婆不管钱管饭，湖北老婆管钱管饭，湖南老婆管钱不管饭。我大声说："反对！我在家，既不管钱也不管饭！"结果招来老师们一顿好骂："你这样是要丢湖南女人的脸啊！"

没错！我就是那个既不管钱也不管饭的湖南女人。我不管钱，但我的钱包或者银行卡随时都要有 3000 块，少一分我也要找罗先生算账。说我不管饭，虽然有些夸张，但家里的饭，终究是罗先生做得多。罗先生买菜前会问我想吃什么，我说随便，但他若真弄些"随便"来吃，我就会发脾气或者"哭"给他

看。罗先生说，聪明的女人像只猫，你应该学着温柔点儿。我说，我怕你这只老虎寂寞，所以不能做猫。

罗先生喜欢护犊子。自从有了若安后，罗先生的人生就只剩下一条原则：谁对他女儿好，他就对谁好；谁对他女儿不好，他就对谁不好。但他这条原则到了我这里，就像中举后的范进那样，发生了"精神错乱"，因为我一会儿对他女儿好，一会儿又对他女儿不好。若安小时候学古筝，总记不住乐谱，节奏也乱七八糟。我脾气暴躁，若安一弹错，我便用力往她手背上拍一巴掌。若安委屈得直掉眼泪，又不敢向罗先生求助，只得老老实实继续练琴。罗先生不知道该怎么处理我这悍妇，有时候他会跟我吵，但每次都是铩羽而归，因为他嘴笨，逻辑思维不强，还不忍心说狠话。所以每次吵架，他都会举手投降："好！到此为止！恭喜我老婆又赢了耶！"弄哭若安后，我会一个人蒙着被子哭，罗先生不知道如何安慰我，只能在旁边递纸巾，帮我擦眼泪。又或者是跟我"作斗争"久了的缘故，他终于悟出了我教育若安的终极"大招"——像教学生一样教女儿。他觉得这是我通往"完美妈妈"路上的"九阴真经"，但我在当妈妈的前 17 年都没练到一成功力，直到我当了若安的高三历史老师后，才能把若安当学生一样教。因为，她真的变成了我的学生。

若安读高三这一年，是我当妈妈最靠谱的一年。或许是若安长大了，长成我理想中的学生样子了，又或许是我终于有所改善了，总之我终于把罗先生从若安身边赶走了。我雄心勃勃地接管了若安，每天买菜做饭，叫若安起床，催若安睡觉，给若安辅导，当若安的心理与情感导师。若安似乎离罗先生越来越远了，罗先生变成了可有可无的摆设。有次罗先生去外地学习，若安晚修回家后忙着赶作业，直到上床睡觉都想不起她还有个爸爸。经我提醒后，她才回过神来，瞪着一双无辜的大眼睛问我："爸爸去哪儿啦？"

是呀！高三这一年，爸爸去哪儿啦？爸爸每天早出晚归，上班赚钱；爸爸是周末勤劳的小蜜蜂，给忙碌的高三母女加餐；爸爸是出纳与采购员，购买家里所需要的一切；爸爸是清洁工，每天都在扫地、拖地、洗碗、洗衣；爸爸是"外交部长"，要处理好外面的一切……

有一次跟罗先生在佛山一中操场散步，他长叹了一口气，说："你说我们学校的老师怎么那么无聊呀？竟然嫉妒我太闲了！有好几个老师说：'你女儿高三，你怎么还那么闲呀？'"我没好气地问罗先生："难道你不闲吗？"罗先生遭此"暴击"，竟无话可说，想了好一会儿才"请示"我："你说我该做点什么好？"我说："很简单，你搞掂我，我搞掂你女儿。你多陪我说说话，我不紧张了，你女儿自然也不紧张了。时不时给我发个红包，我开心了，你女儿自然也开心了。"罗先生欢快地答应了，说："搞掂你还不容易吗？"

搞掂我真的实在太不容易了。生活与工作中的不如意比比皆是，我又是个感性之人，是那种有话必说、有屁必放、有仇却不敢报的主儿，所以总是将各种委屈隐藏在最隐秘处，积攒到一定程度便找个机会挑罗先生的刺儿，将各种情绪垃圾倾泻在他身上。罗先生来自一个有爱的家庭，从来都舍不得亲人受半点儿委屈，更何况是老婆孩子。原本他也是那个脾气火爆的体育系男生，却因为我这个脾气更火爆的女人而变成了一个性情温和、宽容大度的住家男人。20年婚姻，我将他变成了我想要他变成的样子，而我，依然任性。

陪若安上高三，走的是一条坎坷路。我教的是重点班，班里学生大多是学霸，若安在一群学霸中犹如"鸡匿鹤群"。看着学生个个成绩优异，而若安却被远远抛在后面，我时常感觉心虚、遗憾。我问罗先生："如果若安高考考不好，你会怪我吗？"罗先生竖根小拇指鄙视我："高考考不好，她就不是我女儿了吗？你就不是我老婆了吗？高考考不好，日子就过不下去了吗？你是历史老师，难道忘了我们那段一文不名、白手起家的日子了吗？"

高考成绩出来后，我对若安的成绩不满意，但罗先生欣喜若狂，说他女儿好厉害，文科那么难考，他女儿却能考上重点，比很多孩子强。若安填报志愿时，罗先生不闻不问，对此我颇为恼火。罗先生说，志愿填报安全与否，你是专家，有你把关就可以了，至于最终怎么选择，随女儿喜欢就好。我说："罗先生，这次填报志愿，我发现了你的第二条人生原则，那就是你女儿想要的都是好的，你女儿认定的都是对的。在女儿人生选择的重要时刻，你能有些自己的意见吗？！"罗先生哈哈一笑，说："我的意见重要吗？不是你说的吗？人生一辈子，找个喜欢的人，买张喜欢的床，做自己喜欢的事。我们家女儿已经这么乖巧、懂事、惹人疼了，你就随她怎么选吧，父母就不要指手画脚让她不开心了。"

不得不说，罗先生有时候挺让人感动。"铁娘子"撒切尔夫人说过，一个好的社会应该有一把梯子和一张安全网，梯子用来供人们努力奋斗、追求美好生活，安全网则用来防止人们跌入深渊。我想家庭也应该如此，既能给孩子一

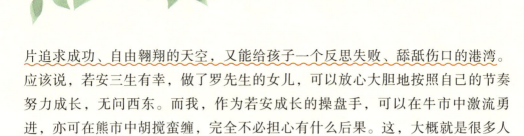

片追求成功、自由翱翔的天空，又能给孩子一个反思失败、舔舐伤口的港湾。

应该说，若安三生有幸，做了罗先生的女儿，可以放心大胆地按照自己的节奏努力成长，无问西东。而我，作为若安成长的操盘手，可以在牛市中激流勇进，亦可在熊市中胡搅蛮缠，完全不必担心有什么后果。这，大概就是很多人所追求的安全感吧。

教育专家说，爸爸能给孩子的最好礼物，就是爱孩子的妈妈。罗先生是体育老师，没有我那么多弯弯绕，也讲不出那么多深刻的道理，但他有爱，爱老婆孩子，无条件接纳我们的一切，包括我们的各种好与不好。从这个角度讲，罗先生是世界上最好的丈夫和爸爸。

我想下辈子、下下辈子，我和若安，都会热爱罗先生，爱他那块柔软的腹肌，更爱他那颗柔软的心脏……